JN201660

柏木亨介

阿蘇神社の夜明け前

神々とともに生きる社会のエスノグラフィー

藤原書店

はしがき

本書は、私が学部生の時から続けている熊本県阿蘇地域でのフィールドワークの成果をまとめた阿蘇神社のエスノグラフィー（調査記録にもとづく社会や文化の記述）である。

阿蘇でフィールドワークを始めたきっかけは、学部三年生の平成十一年（一九九九）八月初旬、春田直紀《なおき》先生（熊本大学教育学部）が主宰する中世阿蘇社領湯浦《ゆのうら》郷の現地比定調査に参加したことである。ところが初日、公民館（地区集会所）で老人たちに集まってもらって図面を広げての聞き書きだけでは、情報と情報が自分の頭のなかで繋がらず、何が何だかよくわからない。老人たちもそれに気づいて、私たちを軽トラックに乗せて山中にある古代の遺跡やら山の神の祠やらに連れて行ってくれた。このとき地元の方々の空間認識や言語表現に直《じか》に触れることができたが、後から考えるとこれこそがフィールドワークの核心だったわけである。そして、自分の時間ができると戸別に訪ねて調査内容の確認をとり続けていった。人は、本気で知りたいと思っている人には立場を超えて教えてくれるものだということを、私はフィールドワークで知った。

そのうちに、資料の相互の関係性からフィールドの暮らしぶりを摑むには信仰面、とりわけ阿蘇神社祭祀への理解が必要な気がしてきた。そこで大学院進学後もフィールドワークは一人で継続し、阿蘇神社摂社で延喜式内社の国造神社が鎮座する手野《ての》で調査を始めた。平成十三年（二〇〇一）七月、例大祭前日の国造神社を訪れたのが最初である。例大祭翌日、祭りの後のムラの様子を知るため散策していると、山岡タミコ氏に出会った。話しかけるやいなや彼女はニカっと笑って、前日に私が祭りを見学していた姿を目にしていたと言って、自宅に手招いていろいろ話を聞かせてくれた。また、彼女の紹介で同じムラに住む山部チマ氏のイエに居候させていただき、まるで家族のように接していただきながらムラ付き合いや年中行事の様子を窺い知ることができた。また、阿蘇神社では先々代宮司の阿蘇惟之《これゆき》氏をはじめ神職・職員の方々のご好意もあって、同社の祭りや所蔵資料を継続的に、細部にわたって調査することができた。阿蘇の人たちとはあれから四半世紀以上の付き合いになる。

研究成果としては平成二十年（二〇〇八）三月に博士論文を提出し博士号を取得したが、書籍刊行は見送ってきた。その理由は、論文内容は専門家にしか通じない性格のものであって公益性に乏しいこと、そういう類の書籍は往々にして紹介された理論の新規性のみに値打ちがあって、長期保存媒体である書籍として残す積極的理由が見当たらないこと、論文審査中に指摘された今後の課題には時間をかけてでも真摯に応答したかったこと、などである。私は書籍刊行の機会を待ち、今まで収集してきた資料をまとめ、上記の課題に応える準備をしてきた。

御代替わりの翌年の令和二年（二〇二〇）四月、私は縁あって國學院大學神道文化学部に着任した。本学は阿蘇治隆前宮司や宮川経幸禰宜《ねぎ》たちの母校であり、私が見聞きしたものや考えたことを後進のために伝える立場になった。さらに、阿蘇地域では平成二十八年（二〇一六）四月の熊本地震以降、地域社会や神社を取り巻く環境に大きな変化の兆しが見えているとの話を聞き、先人たちが守り伝えてきたものを大切にしていきたいと願う阿蘇の人びとの切実な声が上がるなかで、いよいよ私の研究内容を公開する夜明けのときがやってきたとの思いに至ったのである。

本書が末永く繙かれ、先人の苦楽を分かち合い、時間の深みのなかで物事を考えるための手引きになることを願う。

令和七年（二〇二五）二月初卯　立春

柏木亨介

阿蘇神社の夜明け前　目次

阿蘇神社の夜明け前

神々とともに生きる社会のエスノグラフィー

凡例

一　註は本文中において（1）（2）……で示し、巻末にまとめた。

一　引用文においては、原則として原文どおりの表記とした。それ以外の場合については、それぞれ（　）で註記した。

一　参考文献は〔　〕で示した。著者名、刊行年、引用がある場合はその頁を示し、巻末に一覧した。参考資料は出典名を記し、巻末に一覧した。

一　年表記は和暦を原則とした。ただし、各章で初出の年表記および便宜上必要な箇所には（　）で西暦を併記した。

一　民俗語彙は、原則として読みやすさを考慮して漢字で表記し、ふりがなを付した。

序論　民俗学と神道

――本書の目的と方法

はじめに――本書のねらい

私たちは日々生活するにあたって様々な人間関係を取り結び、社会集団の一員として暮らしている。古来、農耕生活には人びとの協業が必要であり、定期的に行う儀礼によって社会の結束を図ってきた。現代生活も高度に複雑化した政治・経済システムの下で営まれているから、総じて私たちの生活文化は社会のなかで育まれ伝えられてきたといえる。その社会のあり方は古代から現代に至るまで様々に変わってきたが、とりわけ明治以来、急速な近代化やグローバル化を経験してきた私たちは、社会生活上の関心をどのように祭祀に仮託してきたのだろうか。それを知るには人びとの日常生活の移り変わりに視点を置く民俗学的研究によって進めることが望ましい。

本書は近現代における地方大社の祭祀の伝承過程を民俗誌的記述によって分析し、私たちの社会生活における規範意識の歴史性を見出そうとするものである。

序論では、氏子崇敬者の社会生活を踏まえて神社祭祀を考察するための方法論を検討していく。

本論（第一章〜第七章）では、はじめに本書の調査地である熊本県阿蘇地域の社会と神社祭祀の全体像を示すために、過去の由緒書や郷土誌を検討して、「阿蘇」の範囲が各時代の政治経済的背景によって恣意的に設定され（第一章）、その中心に位置する阿蘇神社の主要祭祀や祭祀構成も神社を支える主体の交替によって移り変わってきたことを指摘する（第二章）。次に、明治維新と先の敗戦という近現代神道史上の転換点における地域社会と神社との関係性を考察し、西南戦争（明治十年（一八七七））の最中に発生した農民一揆において阿蘇神社はいまだ地域社会で前近代的権威を保持していたこと（第三章）、第二次大戦後は華族制度と国家神道の廃止を受けて、地域社会の要望に寄り添った神社運営が進められた過程を述べていく（第四章）。そして、戦後の神職たちは氏子との交流を通して地域社会の論理に従って神社に奉仕し（第五章）、氏子たちも地域社会の人間関係や地域固有の歴史的背景にもとづいて祭祀を担っていたが（第六章）、熊本地震（平成二十八年（二〇一六）発生）からの復興では地域社会外部からの支援も多く寄せられたことで、インターネットを活用した教化・広報活動など、グローバル社会に対応した運営になりつつある現状を論じる（第七章）。

結論では、本論で描いた地域社会と地方大社との関係性を整理し、人びとの繋がり方は時代によって変わっていくこと、それぞれの社会的関心が開拓・治水、農業振興、防災へと移り変わってきたとともにそれらが人びとの行動を一定の方向に促す社会規範として作用していたこと、さらにその規範意識は阿蘇神社祭神に仮託され、開拓神、農耕神、火山神の御神徳として物象化されてきたことを指摘する。

こうして近現代の地方大社の動向をみていくことで、自然環境と社会環境は不断の人間関係に基づいて意味づけられ、さらにそれが「歴史」や「伝統」という名の社会規範となって社会生活が営まれてきた様相を描いている。

第一節　神社祭祀の民俗学的研究の意義と課題

（一）位置づけ――神道概念のなかの「民俗」

神社祭祀研究における民俗学の役割を考えるにあたって、まずは神道学における「民俗」という術語の扱われ方を確認する。

文化庁発行の『宗教年鑑』では神道の概要説明において、「神社を中心とした神社神道」、「幕末以降創設された教派神道」、「前二者のように宗教団体を結成せず家庭や個人において営まれる民俗神道」という三つの領域を挙げている〔文化庁編 二〇二四 二〕。神社神道と教派神道については解説が与えられているが、民俗神道は「広く生活の中で伝承されている態度や考え方」の類として記されるのみで具体的な記述はなく、付帯的領域であることがうかがえる。

神道学者のなかには神道を説明する際にこの三分類を用いる場合がみられるように〔平井 一九九〇 二二一～二二二、など〕、この分類自体は神道学の知見に従ったものであって、民俗神道を神道分類の末端に据えることは一般的である。神道学の入門書的書籍の『プレステップ神道学』や『神道祭祀の伝統と祭式』では、神道の祭祀を国家祭祀・皇室祭祀・神宮祭祀・神社祭祀・民間祭祀に大別しているが、最後の民間祭祀とは民俗神道の範疇とみなしてよいであろう〔中西 二〇一一 九六～九七、沼部 二〇一八 序文〕[1]。

ここで各々の祭祀を確認しておくと、国家祭祀は古代においては神祇官が、近代においては国や地方公共団体などが主催する国家の平安を祈る祭祀のことを指し、皇室祭祀は宮中で皇室が行う祭祀、神宮祭祀は皇祖神をまつる伊勢の神宮の祭祀、神社祭祀は中央・地方大社や集落の氏神社などの例祭をはじめとする一般の神社の祭祀のことを指す。それらに対して民間祭祀とは、家庭内の神棚や邸内社をはじめ、路傍の小祠、森などの聖地、田畑での豊穣祈願といった、神社以外の場所で一般の人びとが私的に行う祭祀のことを指す。

このことから、神道には公的側面と私的側面があって、国家祭祀・皇室祭祀・神宮祭祀・神社祭祀が公的側面を与るのに対して、民間祭祀は私的側面を与るという理解が得られる。また、前四者が社殿を構えた祭場、期日の決まった祭日、神職による祭りの主催、といった特徴があるのに対して、民間祭祀では生活の場で行われるために祭日や主催者は必ずしも固定されず、地域的特色が顕著であるという違いがある。

しかしながら、神道の解説ではしばしば民俗神道の説明が省かれるように、神道学では私的な祭祀よりも公的な祭祀に関心を寄せる傾向にある。とはいえ、終戦後まもなく柳田國男《やなぎたくにお》が『新国学談』三部作を著して民俗学の立場から神道を説き〔柳田 一九九九（一九四六）、同 一九九九a（一九四七）、同 一九九九b（一九四七）〕、さらに神職養成を担う國學院大學の教授に就任して〔在任期間昭和二十六〜三十五年（一九五一〜一九六〇）〕、新設の大学院神道学専攻の「神道理論」と「神道教理史」の講義を担当したことは(2)、民間祭祀から神道と神社を考える必要性が、国家神道廃止直後の神社界に求められていたからであろう。

（二）民俗学的神道研究の成立背景

①積極的理由

昭和二十年十二月十五日、連合国軍最高司令官総司令部（GHQ）から発令されたいわゆる神道指令によって国家神道が廃止された(3)。国家神道の意味するところの議論は措くとしても、神社界と神道研究をめぐる社会状況が一変したことは確かである。それから一〇年後、神社界の新聞『神社新報』の新春座談会で神道研究の現況について次のように語り合われた。

司会　戦後は民俗学的な神道研究が多くなったと云はれてゐるが。
岩本　神道学といふ体系、方法論が確立されてゐない。明治期の考証学的研究から始まって史学的研究民俗学的研究等と移って来てゐる。戦後岸本英夫博士が神道の研究は民俗学で行け、史学的研究は国家主義的になり易いといふので国学院では民俗学と宗教学の二方面から研究することになった。現在では史学的研究も復活してゐる。戦後の研究方法を反省する必要はあるが、先づ神道学の体系、方法論を確立することが必要

〔『神社新報』昭和三十一年一月七日四面〕

である。

岸本英夫はＧＨＱの民間情報教育局（ＣＩＥ）で顧問を務めていたから、この発言のとおりならば、岸本は時局に対応するために神道を宗教として位置づけようと画策したこと、さらに神道の基盤は民衆の生活にあり、ゆえに神道は民間習俗から捉え得るという認識があったとみられる。司会に応答した岸本とは國學院大學助教授（当時）の岩本徳一であり、当時の関係者には昭和二十年代の神道研究は民俗学の影響が強かったとの認識があった。

昭和二十二年（一九四七）に國學院大學内に神道宗教学会が設立された際、発起人には折口信夫《おりくちしのぶ》や柳田國男などが名を連ね、さらに昭和二十六年、同大大学院修士課程設置の際にはすでに高齢であった柳田國男（数え年で七七歳）が教授に招聘された。当時の神道学専攻の陣容は、柳田國男、折口信夫、堀一郎、岸本英夫など、民俗学、国文学、宗教学の当代一流の学者を揃えていた。したがって、当時の神道学界は神道学者、民俗学者、国文学者、宗教学者が集う学際的様相をみせていた。

こうした状況を受けて昭和二十年代から三十年代にかけて、神道研究に民俗学的方法の導入が図られていく。例えば、大学院神道学専攻で「祭祀研究」を担当した西角井正慶《にしつのいまさよし》は、その著書『祭祀概論』の随所において柳田國男の著書や『民俗学辞典』〔民俗学研究所編　一九五一〕などを参照している。同書「あとがき」には「ところで文献的な考証を持つてのみ神道学と盲信するものは今はないであろう。民俗は何よりも現実に行つてゐる事実なのであるから之を度外視しては、祭祀論も成立すまい」とまで記している〔西角井　一九五七　一八一～一八二〕。

こうした学際的研究環境を背景に、昭和三十一年（一九五六）、神道文化会では日本民族固有文化調査部を設置し、高千穂（宮崎県）と阿蘇（熊本県）で中部九州の古代文化の探求を目的とした現地調査を行っている〔神道文化会編　一九六〇〕。調査団の構成は、考古班（班長駒井和愛《こまいかずちか》、東京大）、宗教班（班長原田敏明《はらだとしあき》、熊本大）、民俗班（班長今和次《こんわじ》郎《ろう》、早稲田大）、美術史・文献班（班長安藤厚生《あんどうこうせい》、早稲田大）のほか、西角井正慶（國學院大）、岡田米夫（神社本庁調査部長）を含め三〇余名が参加する学際的な体制であった。

また、國學院大學では昭和三十年（一九五五）に日本文化研究所が設立され、所員に坪井洋文《つぼいひろふみ》や伊藤幹治《いとうみきはる》などがいて、後の民俗学界において従来の学説（稲作文化一元論）の再検討を迫る重要な研究成果を生み出す母体となった。(4)

こうした民俗学に造詣の深い学者が神道の研究・教育の現場に関わる状況は、神道指令によって主要な神道学者が教壇から追われたことに起因するものであった。そして、神社本庁設立一周年には折口信夫が（折口 一九九六b（一九四七）二八二〜二八五）、二周年には柳田國男が記念講演を務めたように（柳田 二〇〇四（一九四八）四四四〜四四七）、国家の後ろ盾を失った神社界では氏子崇敬者との関係強化のためにも民俗学に対する期待の声が上がっていた。『神社新報』創刊号（昭和二十二年七月八日）の二面には「官僚臭を一洗し楽しみと魅力を」という各地の祭りの紹介記事が掲載され、その冒頭に「全國各地の神社は官僚的形式主義を一擲し、民間宗教として潑剌たる新生への巨歩を踏み出しつゝある」（傍線筆者）と書かれ、祭礼の主体が氏子に移っていること、しかもそれを「民間宗教」と位置づけている（『神社新報』昭和二十二年七月八日二面）。

戦後の神社は宗教法人として存続するにあたり、氏子の立場に寄り添った教化活動が重視されるようになったが、その点に関しても青年神職からは民俗学によって戦後神道の再構築を図る期待が寄せられた。『神社新報』による青年神職の座談会では、教化活動には教義が必要であるとしつつ、「宗教的な人身観、霊魂観、罪穢観を突きつめて行ってこそ眞に救ひの宗教として傳道性を持った神道が生れる」ので、「それには古典のみに頼らず凡る宗教の面からも、又民俗學的方面からも追求」されるべきとの意見が寄せられている（『神社新報』昭和二十二年二月三日一面）。また、「古式一點張りで中世的な行事を否定して一足飛びに古代の例に帰るの愚をなさ」ないためにも「一、神職自身の意見を捨てゝ民間人の意見を求め、二、有名宗社にのみ例を求めず諸社に於ける祭禮の研究と採用、三、所謂有識學者の説に耳を傾ける以上に廣く民俗學者の意見をきくことが必要」との意見（『神社新報』昭和二十二年四月二十一日一面）、「神道の新しい転換脱皮は古典に原據をもち其他一般に民俗学等の歴史的心理の事実に充分根據をもつものでなければならない」との意見（『神社新報』昭和二十二年九月二十二日二面）、「国学としての復古神道が及び得なかつた一般社会に於ける現実に生きてゐる信仰としての神道」を「民間伝承を資料」としながら戦後神道の将来を考えたいとの声（『神社新報』昭和二十六年十二月十日四面）など、古典研究に偏った従来の研究を克服する方法として民俗学が期待されていた。こうした意見は祭式に対しても寄せられ、民俗学・国語学・考古学などからの知識を望む声が寄せられていた（『神社新報』昭和三十八年五月四日四面、同年六月二十二日四面）。

また、神社・神道の民俗学的解説も歓迎された。『神社新報』には民間習俗の連載記事として昭和二十五年には「習俗ごよみ」（全四七回）、昭和二十六年には「信仰と習俗」（全四六回）が一年間にわたって連載された。それに対して読者からは、「原田敏明、石井鹿之助、柳田国男の諸先生方に神道の本質的な問題について書いて頂きたい」、「実際神社でやってゐる行事を氏子等に説明する際便利」という要望や意見が寄せられている（『神社新報』昭和二十五年七月十日二面）。そして、牧田茂、能田多代子、宮良當壮《みやながまさもり》、祝宮静《ほうりみやしず》など、民俗学者あるいは民俗学に造詣の深い者からの民間習俗の紹介・解説記事がたびたび掲載されている（『神社新報』昭和二十三年九月六日四面、昭和二十七年一月七日四・五面、昭和二十八年一月五日四面、昭和二十八年一月五日四面、昭和三十八年一月五日八面）。

そのほか、全国各地の神社関係の文化財（民俗資料）も紙面で取り上げられ、文化財調査に関する情報もしばしば紹介された（『神社新報』昭和三十二年一月十九日二面、昭和三十五年八月二十日四面）。

NHKのラジオ放送「宗教の時間」では神社神道も取り上げられていたが、「折口、柳田氏等の放送は好評だが、西角井正慶氏も民俗学的な話を誰でも理解するやうに講演するといふので評判が高」いと評価されて、一般聴者からも民俗学的解説は受容されていたようである〔『神社新報』昭和二十七年十月六日三面〕。

この時期に注目された民間習俗のテーマとしては、神と祖霊との関係、祭祀組織・神職組織、祭りの構造、などが挙げられる。神観念については柳田・折口、祭祀組織については萩原龍夫、肥後和男、原田敏明、祭りについては柳田・折口の学説がたびたび参照されている。

②消極的理由

一方、神道研究における民俗学的方法の導入は、教学を重視する人びとにとっては必ずしも歓迎できる状況ではなかった。とりわけ後継者育成の観点から國學院大學の陣容を憂慮する声がみられる。次は河野《こうの》省三《せいぞう》と岩本徳一の発言である。

「殊に敗戦と同時に、東京帝大に於ける神道学講座は撤廃され、神道専門の学校と考へられた神宮皇学館は廃止されると同時に、従来、漸く成育して来た哲学的、思想的神道は所謂超国家主義的、軍国主義的なものとして、専ら民俗学的神道によつてその存在が許されるやうな実情に遭遇したことを、本当に忠実に冷静に一考してみる必要があろう。国大に在つても、さういふ方針のもとに、その方面の道すぢを通つて来た哲学的、思想的色彩の濃やかな若い学徒（尤も今では大抵、孫も出来そうな年輩になりかゝつてゐる）は、多く教壇を追放されたのである。（後略）」〔『神社新報』昭和二十九年一月四日七面〕(5)

「國學院大學の神道学博士課程の認可に対して、数年に亘る問題は理論神道学・神道哲学の専門家と後継者との問題であったやうである。（中略）それにしても神道学者は少な過ぎる。勿論、終戦以前の神道研究は考証学を主流として、たとへば道義学科に哲学科と倫理科とがあったやうに、国民道徳・倫理の方面が主体になされたのである。それが敗戦によって神道指令のもとに国史に基づく神道研究は国家神道の究明であるとして否定され一挙に庶民の神道を目途として宗教学・民俗学的研究に移行させられたのである。」

（『神社新報』昭和三十三年十月四日二面）

両氏の発言にみられるように、昭和二十年代の神道研究は斯学発展の結果として学際的になったわけではなく、あくまで政治的事情で研究方法が限定されたにすぎなかった。言い換えれば、これは神道研究の停滞あるいは断絶の危機であったといえる。そのことが顕在化したのが大学院博士課程神道学専攻の設置不認可の件である。

國學院大學では昭和二十八年度（一九五三）の大学院博士課程の開設を目指して文部省にその設置を申請したが、日本文学専攻と日本史専攻は認可、神道学専攻は不認可となった。文部省からの指摘は、「純粋な神道学者、殊に若手学者の不足」「神学、哲学的要素の不足」であった。当初の設置計画では教授職として柳田國男、河野省三、西角井正慶の三氏を配置していたが、そのうち神道学者と見做されたのは河野のみ、また学部教員の助教授職は岩本徳一のみであり、中堅教員が少ないとの指摘を受けたのであった。石川岩吉《いしかわいわきち》学長の談話によれば、「神学、哲学的要素の不足」の理由は、「従来神道学と云はれてゐたものゝ内容は神祇史、思想史といったものや古典の解釈といった文学的なもの、最近は習俗、民間伝承の中から帰納するといふ民俗学的な研究などで神学、哲学的な研究は少い」という神道学の性質によるものであった（國學院大學校史資料課編 一九九四 一一六五～一一六八、『神社新報』昭和二十八年四月十三日一面）。

そこで翌二十九年（一九五四）、兼任教員の専任化によって教員の充実を図るとともに、理事も一五名から二〇名に増員し、学内や神社界以外で神道に理解ある人を据えて経営体制を強化し、さらに顧問として渋沢敬三を迎えた『神社新報』昭和二十八年六月十五日一面〕。周知の通り、渋沢は元大蔵大臣という政財界の重鎮であるとともに、民俗学にも積極的に携わっていた人物である。

（三）批判

①民俗学的視点を受容する前提

神道研究において民俗学的視点をもつことの学術的意義があるとすれば、それは従来の研究では等閑視してきた神道の一面に焦点を当てたことにある。『神道研究』三六号の共同討議「神社神道の現状と将来」で平井直房〔國學院大學助教授、当時〕は、「神道は、血縁集団〔家・同族など〕や地縁集団〔部落・村・町など〕に代表される自然発生的社会集団を、主要な基盤として存立」し、「神職のような専門的指導者による、意識的自覚的な教化活動は、ほとんど取り立てて言うほどのものが」ない代わりに、家庭内、村落内で両親から子どもへ、年長者から若者へという躾教育のなかに氏神への奉仕が含まれると述べた〔小野ほか 一九六四 三八〕。つまり、歴史的にみて神道教化は農山漁村において家庭や地域社会内で年長者から若者に対して、口頭伝達のかたちで、年中行事などの慣習のなかで行われてきたという認識があるわけだが、ここに民俗学的視点を積極的に受容する理由があった。

しかし、平井が戦後日本社会における神道教化上の問題として指摘する「農漁村的民俗社会の解体」が生じれば〔小野ほか 一九六四 三八〕、民俗学的視点の受容の前提は揺らいでくる。神道教化の方向性も神職の自覚的な活動や都市生活者への教化活動に舵を切っていくと、前近代を念頭に置いた民俗学的解説よりも現代社会に即した神道教学の確立に意識が向けられていくようになる。そのような時代背景において、神社本庁設立一〇周年には実践綱領として「敬神生活の綱領」が定められて神社神道の指針が立てられている。

②民俗学的神道研究批判の内容

昭和三十年代には戦後一〇年間の神社界の総括が行われ、諸学からの神道研究の成果も出揃う時期にあたる。神社本庁調査部長の岡田米夫は『神社新報』への寄稿で、神社神道は社会生活とともに発展してきたので、様々な問題に対処するためにも様々な対処方法を用意しておくことが重要であると説き、次のように述べる。

「神社神道について言へば、その神信仰の本質が、どういふものであるか。又それが社会の推移と共に、どういふ展開を見せて来たか。その本質と展開面との二つの問題を更に各角度から検討分析し、その真相を摑み取らうとする努力があって、初めて今日置かれた神道の意義と、明日への誤りなき展開とが期される。そのやうな努力は一人のよくする所でない。幾多の人々のそれぞれの面から取り組んだ努力と、これを綜合把握することによって、初めて完全を期することが出来る。」

（傍線筆者）〔『神社新報』昭和三十年一月二十四日二面〕

続いて岡田は、折口信夫、宮地直一《みやじなおかず》、河野省三、武田祐吉、加藤玄智《かとうげんち》の五先学が、国文学、国史学、道義学、宗教学の立場から著書を刊行して「神道の本質と展開面」を明らかにしてきたこと、さらに「柳田国男先生が民俗学の上から、原田敏明先生が宗教社会学の上からも、斯道に明るい基礎的な道標を置かれつつあることは、等しく後輩の指針となすべき所」と述べる〔『神社新報』昭和三十年一月二十四日二面〕。

岡田は神社神道の「本質と展開面」の両方から研究が行われる必要性を述べるが、これに従えば、民俗学は帰納的方法を採り、現象の把握を重視する姿勢から展開面で効果を発揮する学問といえよう。

ただし、占領期を過ぎた昭和二十年代後半から高度経済成長期に入る昭和三十年代の神社界では、時代に即した教化活動を求める関係上、神道の本質面の探究への要求が高じてきていた。そしてその声は民俗学的神道研究に対する不満や批判を伴ったかたちでみられるようになる。

「我が大学のごとく、今日の神道は遂に昔日のそれではない。成程神社の経営は一応立直ったであらう。然し神道は中心を失ってゐる。中心のない神道は天照大神が天の石屋に幽居された時のそれである。「万神（邪神、土俗神）の声は狭蝿なす皆湧き、万の妖ことごとく起」り、神社はシャーマニズムの祠と化し去った。神道学は徒らに神祇史、民俗学の領域を低徊するにすぎず、社会主義、民主々義の弊を匡正すべき高遠なる理念の萌芽だに認められない。」（傍線筆者）〔『神社新報』昭和三十年六月十三日三面〕

「戦後十年、神社界も一往の安定を見た感はある。参拝者の増加、殿舎の造営の盛行等、それはそれとして喜ばしいことながら、解決すべき問題は行く手に山積してゐる。神社神道の教理体系の確立、経典の編成、社会的布教活動の方法、神職の錬成とその後継者の養成などは基本的な案件であろう。（中略）今日までの神道の研究でいふと、専ら神祇史、神道史、神社史といふやうな史的研究に注力が注がれ、Sollenの方面は、等閑に附せられて来った。（中略）例へば民俗学・考古学といふやうな補助学で、それだけを以てしては、全貌を把握し得ないものに偏倚して、神社神道を規格づけることのないやう考慮しなければならない。」〔『神社新報』昭和三十一年一月七日八面〕

さらに葦津珍彦《あしづうずひこ》は小林健三著『現代神道の研究』（理想社、一九五六年）の書評のなかで、「終戦後の若い神道人の間には、民俗学の研究が熱心に歓迎されてゐる。従来の神道的教説に拘束されないで、古い民俗を研究し、そのやうな研究の中から、何か新しい時代の神道を生み出し得るのではないか、と云ふやうな期待を有ってゐる人も少くないやうである。果して、民俗学と云ふ学問は、このやうな期待に対へる目的なり方法なりをもっ《ママ》ものであらうか。」との一文を紹介し、「〝将来の神道の在り方〟を示唆し得るものでない」という小林の意見に賛同を寄せている〔『神社新報』昭和三十一年十一月二十四日四面〕。

以上、民俗学はあくまで補助学であって現在的問題に直接には寄与せずとの発言がしばしばみられたが、これら痛烈な批判で着目すべきは、民俗学は神道研究の中心たりえないことに加え、それが折口批判にも結びついている点である。昭和三十九年に神道宗教学会で「神道とは何か」と題する特集が組まれた際、その内容に対する読者の感想として次のようなものがある。

「神道宗教学会が戦後折口博士の民俗学の線にそって発足し、それがやうやく国大の学風として定着してきたことが特集号の論文でわかるが、それならば国大建学の精神である国学はどこへ行ったのであるか。」

〔『神社新報』昭和三十九年十一月二十八日四面〕

國學院大學を代表する学者の一人と評価される折口が腐心して主宰した戦後の神道研究に対して、それが國學院の建学の精神に悖るとの不穏当な批判である。茂木《もてぎ》貞純《さだすみ》が折口の言説を整理して的確に論じているように、彼の戦後神道をめぐる一連の言説〔「天子非即神論」「神道宗教化論」〕は[6]、あくまで占領期間中の時局対応として位置づけるべきである〔茂木 一九八六 四〇九〜四二五〕。しかし当時は時局対応の学説であることを知りつつも感情面で納得できない批判も寄せられた〔『神社新報』昭和五十年七月二十一日四面など〕。そしてそれは終戦直後の民俗学的神道研究への批判というかたちで現れた。

確かに、当時の民俗学的研究は徹底した帰納主義をとったものばかりではなく、根拠のない閃きめいた発想をもって安易に解釈を加えるものも散見されたから、考証学的態度をもつ神道学者にとっては受け入れ難いものであったと思われる。しかし、柳田自体は実証的、帰納的な方法を説いていたからこそ民間の風習に着目したのであったから、民俗学自体の問題ではない。むしろ直接的な言及は折口の研究に集中した。西角井は折口の研究の特徴を「誰もが出来る方法ではない。先生だけの読書と採訪、その上に天才的な能力がなくてはならない」と述べる〔西角井 一九七五 一六二〕。そして「柳田先生の方法はより民俗学的で、文献や伝承を並べて実証的に説かれるのに対して、折口先生の方は古代の神道以前の神道を、ひろく民族学的用意を以て解明し」たと評している〔西角井 一九七五 一六五〕。また、折口の「天子非即神論」は神社本庁の公認の学説ではないが、「氏は亡くなられる迄、国大のみならず神道学の中心実力者であり、その皇室と神道関係に関する発言は昭和三十年代も終り頃まで影響を与へた」ことも〔神社新報社編 一九七一 八四〕、批判がより厳しくなる原因であったと思われる。(7)

國學院大學日本文化研究所所長の内野吾郎は、柳田も折口も新国学を提唱するが、その内容には違いがみられると論じる。折口は明治時代の國學院に興った近世国学への復古運動の流れを汲み、古代文化探求の方法として民俗学を採用した。一方の柳田は民俗学という新しい方法の導入によって近代文化の探究を目的としたと述べている。両者の違いの背景には、折口が飛鳥坐《あすかにいます》神社（奈良県明日香村鎮座）の社家の血筋を受け、國學院に学び、國學院の教壇で過ごした旧国学の伝統に生きた人生だったのに対して、柳田は東大法学部卒の農政官僚、西欧で見聞を広めた近代エリートという立場の違いがあると論じている〔内野 一九七六 一～五五〕。

昭和三十年代以降の神社界で求められたことは、近代化していく日本社会と生活様式の変化に即した神道教化であったから、不確かな根拠にもとづいて古代文化を語る折口の学説は参照しづらい状況にあった。したがって、その後も折口批判は散見されていく。(8) 柳田への直接的な批判が少なかったのは、彼の学問の志向が近代的な部分に目をつけていたこと、実証的であることを旨とする研究態度にあったと考えられる。

（四）研究動向

①民俗神道への問い

神道の一領域として民俗神道という術語が与えられた経緯をみてきたが、その定義や内容は明確ではない。神社本庁設立五〇年にあたる平成八年（一九九六）、佐野和史《さのかずふみ》は『神社新報』紙上で『民俗神道』といふ概念」と題する意見を提示し〔『神社新報』平成八年八月十九日二面〕、歴史を振り返ると神道を説明する際に仏教の教説を借りた場合は神仏習合、儒教の教説を借りた場合は神儒一致として展開し、戦後は民俗学の学説を借りたのでいわば「民俗学的習合神道」であると述べつつ、神道学が「民俗学的固定概念に囚はれ」ることを危惧し、神社神道と民俗神道の概念整理を問いかけている。

これに対して茂木栄《もぎさかえ》は、神道学の理論的支えになったのは戦後の民俗学ではなく戦前の民俗学の成果にすぎず、神道に関心を持つ民俗学者は國學院大學出身者のみであったと述べ、戦後の民俗学者の神道に対するアプローチには①折口系、②柳田系、③東京教育大系、の三つがあるが、戦後の神道学に影響を与えるほどの研究成果を出してきたわけではないとする〔茂木 二〇〇八 一八六～一九五〕。

茂木の見解は研究者の系譜関係に着目した属人的分類であるが、佐野の問題提起に正面から応えようとするならば、具体的な研究内容（主題・資料・分析方法）に基づいて整理すべきであろう。注目すべきは、民俗学者による神社・神道研究では「民俗神道」という術語はほとんど用いられていないことである。それでは戦後から現在に至るまでの神社・神道をめぐる民俗的研究の内容とはどのようなものであったのか、以下に研究動向を俯瞰していく。

②四つの研究動向

先にも述べたとおり、民俗学は神社・神道の公的側面ではなく私的側面、つまり人びとの日常生活との関わりから研究してきたが、柳田以後の研究成果は内容別に整理すると大きく四つの動向にまとめられる。すなわち、①祭神をめぐる議論（氏神論）、②氏子組織をめぐる議論（宮座論）、③祭りをめぐる議論（祭礼論）、④近代の政策や学知の影響をめぐる議論（国民国家論）である。

①氏神論は民俗学が早くから取り組んできた研究であり、氏神・祖霊・稲霊の連関構造や氏神と氏子との関係性を説いてきた。この研究の先鞭をつけた柳田國男は祭神と祭りの関係性を次のように説明している。

〈死者は一定期間を過ぎると祖霊となり、集落近くの山に留まって定期的に里に降りてきては子孫繁栄と農耕の無事を見守っている。そして、子孫は農耕の折り目に柴等のミテグラを立てて山から神を招き、神と一緒に饗食する。これが祭りの本来のすがたであった。もともと氏神は氏族の祖霊であったが、中世あたりに氏族集団が解体していくなかで、同じ土地に住む者どうしで祀るようになった結果、産土神《うぶすな》が成立した。〉〔柳田 一九九八（一九四二）、一九九八（一九四二）、一九九八（一九四六）、一九九九（一九四六）、一九九九a（一九四七）、一九九九b（一九四七）など〕

それまで雑多な様相を示すにすぎなかった諸々の祭祀のあり方を氏神＝祖霊の枠組みによって体系化し（祖霊信仰論）、かつ氏神社と産土社を歴史的前後関係に位置づけた学説は、民俗学による神社祭祀研究の大きな成果であった。その後、この仮説にはさらなる事例の集積によって氏神観念の地域的多様性と歴史的変遷の検討が加えられた〔直江 一九六六など〕。そして、柳田の学説を反証する研究も現われ、原田敏明は地縁社会を重視する立場から産土神を氏神に先行する神観念であるとの見解を示し〔原田 一九七五〕、坪井洋文は氏神論が稲作農耕文化を基準とした一元論的理解であると批判して畑作農耕文化を対置し、多元論的立場から神観念を提示するなど〔坪井 一九八九（一九八三）〕、祖霊信仰論に再考を迫る議論も繰り広げられた。近年でも柳田の神道論の特徴やその成立過程が検討されているほか〔由谷 二〇一八a 一一～三二、二〇一八b 六一～七三、二〇二〇 三三～四六、二〇二二 七〇～九二など〕、一般読者向けに柳田の学説が紹介されるなど〔例えば新谷 二〇一七〕、氏神論は神社・神道研究において独創的な研究成果を提示している。

②宮座論は神社祭祀を担う社会組織の研究である。神職ではなく村落の特定集団が神事を主催する近畿地方の祭祀制度について、歴史学者の肥後和男が株座と村座という二種類の宮座概念に分類した作業を嚆矢とし〔肥後 一九三八、一九四一〕、中世末から近世にかけての惣村形成過程のなかでその成立が検証されてきた〔和歌森 一九八〇（一九五〇）、萩原 一九六二など〕。そして、水利や入会といった村落内の諸組織と宮座との連関構造や〔国立歴史民俗博物館編 二〇〇三〕、それらが年齢階梯の原理に基づいて運営されていることなどが指摘されてきた〔高橋 一九七八、関沢 二〇〇〇、二〇〇五など〕。近年では、宮座文書の記帳状況の分析から戦後の宮座の動向や集落側と神社側の祭りをめぐる志向性の違いが明らかにされたり〔渡部 二〇〇九 一～二五〕、関東地方のオビシャ文書の発見を通して同地方の祭祀組織の分析が進められたりするなど〔水谷・渡部編 二〇一八〕、これまで中世末から近世初期の近畿地方の事例分析に偏ってきた研究動向に対して時代と地域を相対化する研究が進められている。

③祭礼論は、氏子崇敬者をはじめ一般の人びとが積極的に携わる神賑・奉祝行事の社会的機能やそれを通じての都市住民の心性などを論じる研究である。柳田が風流《ふりゅう》と見物人の発生による「祭り」から「祭礼」への展開を論じたことを受けて〔柳田 一九九八（一九四二）〕、氏子組織外部の人びとの存在意義に注目してきた。したがって、祭礼論は民俗学だけでなく、社会人類学や宗教社会学など、宗教と社会との関わりに着目する学問分野から学際的に研究され、祭礼を表象する事物の分類体系から隠れた全体性の意味を把握する象徴論的分析が行われたり、

日常性の破壊を通した社会秩序の再生を説く祝祭論として論じられてきたりした〔柳川 一九八七、松平 一九九〇、薗田 一九九〇、など〕。しかしその後、これらの研究は任意設定の指標に基づく研究者側の恣意的解釈の提示にすぎず、担い手自身の認識世界を捉えていない問題が指摘され、現在では祭礼に関わる人びとの語りと行動からこれを分析する現象学的アプローチが進められている〔中野 二〇〇七、中里 二〇一〇 四一～五六など〕。一方、祭礼には風流という特性があることから社会動向の分析と親和性が高く、変化や新規性に着目した事例研究は絶えず行われており〔矢島 二〇一五、阿南 二〇一八 二二三～二五二など〕、近年では文化政策の影響をめぐる議論が行われている〔村上 二〇一〇 一四一～一四六、中里 二〇一九 五一～七三など〕。

④国民国家論はおもに近代社会の学知や国家政策の影響を解明する研究で、神社を時代背景や地域社会の文脈のなかに位置づけたうえで、現在みられる祭祀のあり方は氏神論が説くように古くから連綿と続いてきたものではなく、近代化の過程のなかで創られたものであることを指摘する〔市田 二〇〇一 三五～六六、二〇〇八 一一一～一四五など〕。この立場の研究は近代批判の歴史研究に端を発し〔孝本 一九七三 六七～一一二、米地 一九七七、森岡 一九八七など〕、それまで無辜の民衆が日常生活のなかで育み伝承してきた神社の祭祀が諸政策によって天皇崇拝に動員させる国家的装置に化したという、為政者の悪意を糾弾する研究が当初はみられた。しかしその後、神社復祀の報告などにみられるように、神社祭祀のあり方は宗教政策の影響を受けつつも、それにも増して氏子自身の対応や地域社会固有の社会的・経済的・歴史的背景に支えられている側面が大きいことが明らかにされ〔櫻井 一九九二、鈴木 一九九八 七三～九一、喜多村 一九九九など〕、近年では地域社会の実証的研究が着実に進められている〔畔上 二〇〇九、由谷編 二〇二〇など〕。

以上、神社・神道の民俗学的研究の四つの研究動向を概観すると、「民俗神道」の解明を研究目的としてきたわけではなく、人びとの神社・神道に関わる生活実践を民俗学的視点と方法によって記述・分析してきたことがわかる。つまり、民俗学者のあいだには民俗神道という独自の民間習俗があるという認識はみられない。個々の研究テーマの実体把握とそれに対する説明に注力し、構造機能主義、構造主義、現象学、構築主義という戦後日本の人文学に影響を与えた諸理論を適宜参照しながら学際的に研究を進め、伝承母体、ハレ・ケ・ケガレ、祭儀と祝祭などの視角を生み出してきたのである。そして、これらの説明モデルの一部は神社・神道の概説書や辞典類の項目解説にも援用され、神道学に一定の寄与を果たしてきた。ただし、民俗学者は実態把握とその説明に注力するが、氏神論の一部を除いては神観念を直接的に言及しない。だからこそ、神道学者から神道の本質をつかない学問であると批判されるのである。

③方法論上の特徴と課題

近年の研究動向では初期の氏神論のような社会と神との関係性を問う研究は停滞している。神や祭祀の意義や機能という神道神学にも影響を与えうる研究は、教学的性格をもつがゆえに主観の入り込む余地があり、努めて客観的、実証的であろうとする現代の民俗学者は神への直接的言及を避けて、そのかわり儀礼、祭祀という現象面を論じる。

岡田米夫や小野祖教《おのそきょう》が指摘したように、神道研究には「本質」と「展開面」〔『神社新報』昭和三十年一月二十四日二面〕、あるいは「内面的な、神学的基礎」と「客観的記述学的」の二つの側面を持っている〔小野 一九六四 六五〕。そして、民俗学的研究は神道のあるべき姿の探求ではなく、現象の記述的分析を進めてきた。ここで注意したいことは、神社・神道の民俗学的研究は、民俗神道という神道学が定立した領域ではなく、神道の現象面を民俗学的に分析してきたにすぎないことである。

したがって先の佐野の問題提起に民俗学者から応答するならば次のとおりである。

民俗神道とは時間や場所や主催者という表面的な基準によって分類される実体概念ではなく、そうした表面的現象が立ち現れる因果関係を、人びとの日常生活の具体的経験のなかに求めてくることからみえてくる神観念のことを指している。あくまで形而上学的な概念であるが、実質的には地域社会や家庭内で行われる神祭りを想定しており、これらの一部は神社の諸祭や教派神道の儀礼として行われているものもあることから、「民俗神道は神社神道と教派神道の下部構造」であって「神社神道や教派神道との間に明確な学問的境界線を引くことは困難」なものである〔平井 一九九〇 二二二〕[9]。むしろ民俗神道とは神道研究の一方法論として、伊勢神道、吉田神道、垂《すい》迦《か》神道、復古神道などの神道説に位置づけられる性質をもつ。民俗学的視点で認識可能な神道現象を民俗神道と呼ぶのであって、例えば民間の収穫祭との関連が認められれば宮中祭祀の新嘗祭も研究対象になり得る。

民俗学者が民俗神道を実体概念として捉えない理由は、少なくとも現代の民俗学は民俗を研究するのではなく民俗学的視点（人びとの日常生活への眼差し）によって世相を把握し、これに説明を加えるからである〔古家編 二〇一八〕。このように考えると、折口の学説が神道学者から批判を受けつつもなお無視できない理由を挙げるとするならば、それは分析概念として今も一定の効用があるからである。「まれびと」にせよ「真床《まどこ》覆衾《おふすま》」にせよ実体として存在するわけではないが、これらを補助線にすると説明がつく現象が認められるのである。

さて、冒頭で述べた神道の定義で民俗神道が定立されていること自体、神道とは民衆の生活文化を基盤として存立するものと考えられている。そして、内野吾郎が指摘するように、柳田の民俗学が近代文化の探求（眼前の事実の実証的把握）を目指しているものならば、神社・神道の民俗学的研究は現代の生活の実態を記述していく立場を継続していくことが順当である。この方法によって生産される研究成果が「民俗誌」「民族誌」「エスノグラフィー」などと呼ばれるものである。神社・神道の伝承を支える社会あるいは個人の現代生活を記述的に分析し、生活のなかに垣間見られる信仰的側面を取り上げることが、今後の民俗学的研究が採るべき方向となろう。

そこで今後の動向の一つとして民俗誌論を挙げておきたい。そして、日本社会が高度経済成長期を経てグローバル社会の一画へと変貌していく現代において、人びとが神や祭祀に仮託する内実自体の理解は、形而上学的にではなく、儀礼や祭祀組織の構造と実践のあり方、およびそれらから把握される祭神の表象を通して理解する方法が適切であろう。

第二節　研究方法――「伝承の場」における社会規範への視点

(一) 民俗から「伝承の場」の研究へ

民俗誌とは、フィールドワークから得られた資料をもとに研究者の視点に基づいて調査対象社会の生活や文化事象を記述したもので、民俗学のほか文化人類学や社会学などでも民族誌やエスノグラフィーという名称で行われているものである。ここで地域社会と民俗に関わる研究史を押さえながら、本書の学術的位置づけと方法論を述べていく。

民俗学が学問として確立されていく昭和初期、昭和九年(一九三四)から三ヵ年にわたって山村調査が行われた。山村調査は正式には「日本僻陬諸村における郷党生活の資料蒐集調査」といい、昭和九年五月から昭和十二年(一九三七)四月までの三年間計画で、柳田國男の門弟たちが全国各地の農山村五〇余ヵ所を民俗調査したものである。調査員たちは一〇〇の調査項目が記載された『郷土生活研究採集手帖』(いわゆる『採集手帖』)を手にして統一的な調査を行ったが、調査項目ごとに民俗資料が記述され、さらに調査成果をまとめた『山村生活の研究』では調査地固有の文脈を切り離して資料がまとめられたため、調査地村落の民俗の全貌が不明になるという問題があった〔柳田編 一九七五（一九三八）〕。こうした批判は早くも山村調査後からあって、民俗はそれが展開する村落と関連づけながら把握すべきとする意見が寄せられていた〔山口 一九三九a 八〜九、一九三九b 二〜三、一九四八 一五〜一九、有賀 一九六九（一九五四）七四〜八五など〕。

なかでも桜田勝徳は伝承の問題としてこのことを提言した。彼は九州北部の漁村を歴訪するなかで漁具や漁法に漁村ごとの違いがあることに気づき、民俗事象の地域差を生じさせる条件と民俗事象の変貌に関心を寄せ、全国から収集した民俗事象をただ並べて比較するだけでなく、「どのようにして村はその民俗をもち伝えてきたか」という視点から民俗事象が伝承される場であるムラとイエの研究を求めた〔桜田 一九八〇（一九三四）五五〜二〇八、一九八〇（一九四八）二五九〜二九一、一九八一（一九四七）五三〜六八、一九八一a（一九五八）八〜三七、一九八一b（一九五八）一八九〜二〇〇〕。

この主張を受けて福田アジオは、民俗事象を保持・伝承している社会集団を伝承母体と名付け、その社会構造を分析して諸民俗事象の存立条件を明らかにするという個別分析法を提唱した〔福田 一九八二、一九八四〕。桜田は民俗事象の地域的差異の要因を自然環境と社会構造の差異に求めたが、福田はこの発想をさらに発展させて、社会構造の地域的差異を歴史的発展の差異として捉えた。社会構造分析は民俗学的社会研究における主要な方法論となった。

しかしその後、社会構造分析によって社会を捉えることは、変貌著しい現代社会を静態的・不変的にしか把握できないとの批判が出され〔岩本 一九九八 四八〜六七〕、そこに住む個人の生き方を問う方法を模索すべきとの意見があがるようになった〔湯川 一九九八 一五〜二五、関沢 二〇〇一 一〇一〜一一五、安井 二〇〇二 一三四〜一四四など〕。こうした動向のなかで、例えば高桑守史は、個人の才覚や役割分担が重視される漁民社会の特質を捉えるにあたって、従来のように村落という一面的なレベルで分析するのではなく、「民俗を生成し、保持管理し、変革する主体としての人間、およびその集団」のレベルで分析するための「伝承主体」という概念を提示した〔高桑 一九九四 三三〕。これを受けて徳丸亞木が語りの分析を通して担い手の心理的側面と伝承の構成の把握を進めているように〔徳丸 二〇一三 一五～三二〕、ライフヒストリー分析なども取り入れながら個人の内面の把握を目指す研究が提言され〔中野 二〇〇三 一～三〇など〕、現在では一般的な研究方法になっている。こうした流れを受けて、民俗学は民俗事象という客体の研究から担い手という主体の研究への移行が主張されている〔門田・室井編 二〇一四〕[11]。

ただし、民俗は伝承性を帯びていて集団のなかで保持されるものであることを考えれば、社会との関わりのなかで個人を考えなくてはならない。さらに現代はグローバル社会ということもあり、個人の外縁を枠組みとして把握するのではなく、ネットワークとして把握することが実態に即した視点といえる。こうした状況において、直近ではドイツやアメリカなどで進められてきた民俗研究の成果が参照され、人びとの行為自体に着目することでみえてくる、文化が創発されていく固有の文脈――ヴァナキュラー――が注目され始めている〔小長谷 二〇一六 一～三〇、島村 二〇一八 一四～三〇、加藤 二〇二一など〕。

このような学史を受けて、現在の民俗研究は民俗事象ではなく担い手を考察の主軸とし、彼ら／彼女らの語りや行動が創発される場を記述し分析する動向にあり、民俗誌的研究として成果が出されつつある〔例えば門田 二〇一二、塚原 二〇一四など〕。伝承の場を問おうとする民俗誌的研究の今日的意義は高いものがあるが、担い手による固有の文脈の受け止め方やその動態を、調査者はどのような視角から把握し、どのように記述していけばよいのか、という点の理論化が必要になる。

（二）社会規範への視点

①規制力への視点

学史を振り返れば、桜田勝徳が「どのようにして村はその民俗をもち伝えてきたか」と問いかけたように〔桜田　一九八一ａ（一九五八）一三〕、山村調査後まもなく民俗事象の伝えられ方を議論していたことは重要である。

桜田の論を受けて福田は、民俗とは「超世代的に存続する社会集団が規制力をもってその構成員に担わせることで伝承されている事象」のことであり、ここでいう社会集団とは、「その構成員は時間と共に具体的存在としては変化し、交替して行くが、その構成のあり方や秩序は存続して永くその構成員に対して一定の規制を加えて」民俗を担わせる存在であるという（以上傍点筆者）〔福田　一九八四　二五八〜二五九〕。

この「一定の規制」という部分は従来あまり注目されてこなかったが、実は村落研究では民俗事象を保持・伝承させる力学として核となる要素であって、分析作業では民俗事象の相互連関を経てこのレベルまで掘り下げて論じなければならなかった。というのも福田自身、「伝承母体の規制のあり方も共に把握されねばならない。むしろ、規制のあり方が明らかになることで」民俗事象が現在まで伝承されている理由を把握できると述べているからである〔福田　一九八四　二五九〕。

このように桜田にせよ福田にせよ、両者とも民俗を支える規制力にも言及していたが、その後の村落研究では規制力を社会組織の制度や規則と同一視して論じる場合がみられた。(12) 村落の社会構造のみ析出して規制力への言及を欠いたことが、社会のあり方は分かるがそこに住む人びとの生き方は分からない、という趣旨の批判を受けることにつながったと考えられる。この批判に応えるためには、規制力を、そこに生きる個人のものの見方・考え方を方向づけるものとして捉え直したほうがよい。

②規制力としての倫理的規範

この規制力について、民俗学の伝承論の立場から論じていたのは和歌森太郎である。和歌森は柳田の著書以外では最初の民俗学概説書となる『日本民俗学概説』（昭和二十二年刊行）を著し、歴史学としての民俗学を提示して当時の民俗学研究者の一般的見解とは一線を画する独自の論を展開したことで知られる。一方でその論は戦後民俗学の硬直化を招いたとして批判もされている。(13) そのような和歌森の業績のなかで、「民俗学の歴史哲学」は、当時としては民俗学では数少ない伝承論の論考であり、彼独自の伝承観をよく表わしている。和歌森の伝承の定義でよく知られている箇所は次の部分であろう。

「世代が更新して行っても、相変らずの生活の習いというほどに意味をもって三世代以上もその土地にとどめられるような性質の行為とか口碑、観念、それが伝承と言ってよいものである。」

〔和歌森 一九八一 a（一九四八）一一〕

「伝承は、それぞれの郷土地方社会において、それが形成された当初の型を以て継承し保持されて行くところに特色がある。」

〔和歌森 一九八一 a（一九四八）一六〕

周知のとおり、和歌森の考える伝承とは世代を超えて共有される行為・口碑・観念のことを指し、それらが「型」をもって三世代以上にわたって伝えられるというものである。和歌森批判の多くはこの「型」について問題視している。その批判の内容とは、伝承の担い手は彼ら自身が属する社会的文脈（コンテキスト）のなかで新たな解釈や意味づけを通して民俗を伝えている側面があるにもかかわらず、伝承を「型」として捉えることはその点を看過している、というものである〔例えば小池 二〇〇二 五三〜五四〕。ただし、和歌森は伝承の「型」を論ずる一方で、次のように論じていることはこれまで注目されてこなかった。

「私たちは過去からの伝承的しきたりの中に産み出され、育てられて、またそれを投げ伝えていく。これにそむくとき、つまり、何らかの点で新しいくらし方を試みることには、かなり強力な決断を伴わなくてはならない。（中略）このしきたり、習俗は、そこでは倫理的規範性を帯びているわけであるが、伝承にはこのような性質を認めることができる。伝承にはかように、日常性とあわせて、倫理的規範性がある。伝承的なしきたりに背くと、あの人間は変人だとか、つきあいにくいとかいわれて、暗黙の反感を買ったり制裁を蒙ったりする。」（傍点筆者）〔和歌森 一九八一 a（一九四八） 一三〜一四〕

和歌森によれば、伝承は倫理的規範性を帯びて暗黙のうちに地域社会の人びとの行動を律しており、彼らの日常生活のうちにそれが表われるのだという。つまり、和歌森は民俗の見方（認識方法）として「型」の把握に努めたが、世代を超えて「型」を共有させていく社会規範にも着目し、それを倫理的規範（性）と呼んだのである。[14]

上述の和歌森の伝承の説明のうち、着目すべき箇所は三世代という時間幅である。これについて平山和彦は伝承の「型」が不定型から定型化する時間幅とみているが〔平山 一九九二 二一〜六三〕、これは前述の引用文中に出てくる伝承の「日常性」を反復性と読み替えた場合の考え方であろう。確かに和歌森は世代を超えて共有される行為・口碑・観念の「型」の継承を伝承の説明として述べているが、[15] ここで目安となる時間幅をあえて三世代に設定した理由は、伝承の倫理的規範性を念頭に置いたものである。それは次の箇所によって示される。

「一つの時代の親・子・孫というものは、それぞれの世代のものらしい人生観、世相観をもっていて、この相違が、前世代人のもったものを必ずしも固守せずに反撥したり、忘却したりする。けれどもまた、その三世代が、ともかく一つの時代に併存するという事情から、互の間に親密な共同感情を通わせることができ、その次から次へと及ぶ竪の伝承を可能にすることもある。」（和歌森 一九八一a（一九四八）一一～一二）

一時点に生きている少なくとも三世代（親・子・孫）には共有する倫理的規範というものがあって、これにもとづく規制力によって伝承が成り立っていると読むことができる。つまり、和歌森の考える伝承とは日常性と倫理的規範性から成り立っており、前者についてはその後平山の研究によって精緻化されたものの、後者についてはこれまで論じられることはなかった。

ところで和歌森のいう倫理とは、人が社会生活を営むにあたり、他者に対してどのような態度を執るべきか、ということに対する規範意識のことをいう（和歌森 一九八一（一九五〇）五一～五二）。したがって、上記の和歌森の文章から読み取れば、倫理的規範とは他者からの評価を受けて各自の行動を自制していくような社会規範のことであり、社会集団内の人間関係を維持していくための生活態度ということになる。伝承は一個人で成り立つものではなく、人から人へと伝わっていく行為であるから、そこには担い手集団内部の人間関係が関係すると仮定しているのである。

さて、和歌森がこのように考えた理由を知るには、『日本民俗学概説』で提示した彼の民俗観・社会観をみなくてはならない。和歌森は本著でフランスの民俗学者サンチーブ（P. Saintyves）の分類案を参考にして、民俗資料を経済人的生活伝承・社会人的生活伝承・文化人的生活伝承の三つに分類したが、このように分類した根拠を次のように解説した。すなわち、人が生活するにはまず生産活動が必要で、生産活動にあたっては社会を形成しなければならない。その社会とは二人以上の間柄的存在であって、その維持には倫理が必要である。そしてその倫理は信仰意識と密接に結びつく、[16]という論理構成を取っていた〔和歌森 一九八一（一九四七）一六〜一九〕。つまり、日常生活のあらゆる場面に社会関係が認められるのであって、その社会関係を律する規範意識が民俗事象のあり方を規制していると考えたのである。

それでは、和歌森は倫理的規範を具体的にどのように捉えたのかというと、家格・親方子方・贈答・共同労働・制裁を事例に挙げ、ムラ人は家格の分に従い行動して村落内部の人間関係を律しつつ、その上下関係を対立関係とせずに親子関係と見立てることで協調関係を築き、そうして村落の共同社会性を保って民俗を伝承させてきたとする〔和歌森 一九八一（一九五〇）五一〜七二〕。こうした生活態度を求めてきたのが日本村落の倫理的規範であり、諸々の民俗事象を保持・伝承させてきた社会規範であるとみなしたのである。

（二）民俗誌における社会規範の記述方法

実際のところ、柳田も村落の社会規範には関心を寄せていた。『山村生活調査第一回報告書』の序言で調査の狙いを次のように述べている。

「我々の共同の課題は、村が一個の有機体として、命長く活きて来た生理を明かにしようといふに在った。新たに付与せられた法令以外、及び記録に書き残された僅かなる條目以外に、どういふ昔からの約束が住民を団結させ、又その繁栄と平和とを支持して居たか。それが或は稍弛緩した為に、骨に滲み入るやうな今日の衰微意識と、看過すべからざる一般の地方不安は生れたのでは無いか。是を実地に就いて確かめて見たい

のが、今回の調査の主たる目的であつた。」（傍線筆者）〔柳田 一九三五 一〕

このような目的のもと一〇〇の調査項目が設定され、そのうち「村づきあいの義理」「村制裁」「義理固さ」「笑ひ」「褒められる若者・女性」といった項目が社会規範に該当する〔柳田編 一九七五（一九三八）五五七〜五五八〕。これらの項目は村落内で臨むべき生活態度とそれに反した場合の批判と制裁の内容を調べるものであった。

これらは調査項目のなかでも重要な位置にあって、一〇〇項目を大まかに区切ると、①経済→②社会→③年中行事→④信仰という順に並べられ、社会の項目を承けて経済から信仰まで一連の流れのなかで村落生活全般を調査する構成になっていた。詳述すると次のようになる。①「村の起こり」から始まって調査地村落のかつての生活ぶりを尋ね、次に「職業の変遷」「物売り」「出稼」等で経済の変化にともなう社会構造の変化に関心を寄せる。そして、②「相互扶助」「村づきあいの義理」「村制裁」等で社会規範を尋ねて村落組織の把握へと進む。それから、③村落内の付き合いである「酒宴」「贈答の機会」を尋ねて年中行事を把握し、その場で信心されている④信仰へと調査項目がわたっていく〔柳田編 一九七五（一九三八）五五六〜五六二〕[17]。序言に書かれた調査の狙いを見てもわかるように、社会規範の項目は村落生活の全貌を知るうえで軸となる位置づけであったといえる。

以上は、和歌森が民俗資料を経済人的生活伝承・社会人的生活伝承・文化人的生活伝承に分類した順序と一致している。この見方で著されたのが『美保神社の研究』である〔和歌森 一九八〇（一九五五）〕。本著は秀逸な民俗誌として知られているが、ここでの記述は美保関社会の経済の変遷から信仰までを右記の順序どおり描きつつ、社会規範を軸に美保神社祭祀を分析しているのである。

和歌森はまず、美保関社会の変遷に着目し、明治になって港湾が整備されたり観光客が多くやって来たりして経済的に豊かになったこと、もとは氏子たちのなかから神主を出してきたが、近世以降、特に明治になって職業神主の役割が増大したことで両者のあいだで確執が起こったこと、このような時代背景を記述することで、彼の手による観察記録の内容が中世以来連綿と続くようなものではないことを確認する。しかしながらその一方で、美保関を中世的な神道生活を体現する社会としても捉える。矛盾した見解のようにも思えるが、和歌森は美保神社祭祀を次のように考察している。

美保神社の祭祀組織には、専業の職業神主のほかに氏子選出による頭家神主と一年神主という二種の神主が存在する。これについて和歌森は、もともと頭家神主だけで祭祀に当たっていたが、年齢尊重の風潮が社会に広がった結果、新たに年配の一年神主が設けられたと推測した。さらに、頭屋神主・一年神主の物忌潔斎は、職業神主の役割が増大した近世末期以降に厳格化したとも推測した。その理由は、厳格に潔斎した者のほうが神に仕える者として相応しいという氏子の潜在的意識を、彼が参与観察を通して読み取ったことによる。そして、その潜在的意識は氏子と職業神主との確執を機に具体的な「型」となって発露したという論理展開において、氏子の生活態度は現在においてなお中世的な神道生活を引き継いでいるという評価を下したのであった。こうして美保関社会における諸々の意識なり価値観なりを参与観察によって読み取り、それらの因って来るところを過去に求めることで、複雑な美保神社祭祀の全貌を歴史的展開過程のなかで記述した。

和歌森の発想には、協力同心の関係のなかで人生観や感情への思考様式が人びとのあいだで共有されることにより、民俗のあり方が規定されていくとの見方がある。つまり、民俗事象の存立条件を人間関係のあり方に求めており、このあり方の変遷とともに民俗事象の歴史的変遷を論じようとする。文献史学が絶対年代を手がかりに史実を支えた諸条件を把握していくのに対して、和歌森の協同体論では民俗事象の存立条件を「村の雰囲気のようなもの」という機微に触れる部分に求めている〔和歌森 一九八一（一九四七）三八〕。そしてそれを「村の型」として把握しようとし、人間関係のあり方に応じて、古代・上代・中世・近世・近代の五類型に分類したのであった〔和歌森 一九八〇(一九四七) 一一五〜一一七〕。倫理的規範に注意して読めば、和歌森のいう「村の型」とは、社会構造ではなく人間関係のあり方を根底から支える心意の型とでもいうべきものである。

しかしながら、美保神社祭祀を支える氏子集団の倫理的規範を彼らの行動や語りといった日常生活の具体的様相の分析のなかから取り上げて明示していないから、結局のところ和歌森が論じた美保神社祭祀の歴史的展開過程がどこまで正確なものかは疑わしい。倫理的規範の把握方法について、本書ではさらに検討を加える必要がある。

(四) 社会規範の捉え方

①倫理的規範の存在をめぐる問題——方法論的集合主義と方法論的個人主義

桜田も福田も文献史料に依拠したが、その内容は村落制度や家族構成を示すものであり、人間を取り巻く社会的外枠(制度)の理解には役立っても、そこで暮らす人びとが実際にどのように人間関係を築いて民俗事象を生み出しているのかという動態的側面を明らかにすることまではできない。その点に関しては、人びとの行為や意識は観察や聞き書きをおもな資料とする民俗誌というかたちでの記述が適している。そして、それには先述のとおり倫理的規範への視点を導入することが有効であろう。

ただし、倫理的規範という規制力は果たして社会にあるのかそれとも個人にあるのかという認識論的前提に関する問題に対処する必要がある。この問題系は民俗学を含め人文社会科学の分野で長年にわたって議論されてきたところである。

この議論の争点は、倫理的規範を実体あるものとして捉えることが妥当かどうか、という点である。そして、この二つの認識論的前提からそれぞれ方法論が展開してきた。そのひとつは社会に焦点を当てる方法論的集合主義であり、もうひとつは個人に焦点を当てる方法論的個人主義である。さて、倫理的規範をそれぞれの方法論で取り上げた場合、どのようなかたちで論じられるのかをみていこう。

方法論的集合主義では、社会にはアプリオリに倫理的規範が存在するという前提に立ち、社会が維持されるのは倫理的規範によるものであることを立証しようとする。一方、方法論的個人主義では、実存するのは生身の個人のみで倫理的規範は実体として存在しないという前提に立ち、個人は内面化された倫理的規範を参照しながら日常生活を送っているという考え方をする。そしてこれらのどちらも問題を抱えている。なぜなら論理構成上、両者とも必然的に以下の問題を抱えるからである。

方法論的集合主義では、①人びとの行動はすべて社会の仕組み（社会構造や倫理的規範）から説明され、人びとの自由な意志に基づく行動を捨象する。②社会構造や倫理的規範の存在を無前提に認めるという超越論に陥っている。③例えばムラ人という場合、それは「類としてのムラ人」のことであって具体的な個人の話ではない。個人が描かれたとしてもそれは「常民性をもつ一個人」である。したがって、この立場が描く歴史とは常民の歴史であって実存する人間の歴史ではない。

一方、方法論的個人主義では、①個人の内面に経験や意識（社会規範や倫理的規範）があって、各人はそれに照らし合わせながら行動しているという構制になっている。しかし、現実（身の回りに起こる現象）と、個人に内面化された経験・知識とはどのようにつき合わされているのかが不明であり、そもそもそれは観察不可能であろう。②もし個人が内面化した経験・知識を参照しながら行動しているのならば、他者との交流は原理的には閉ざされる。③仮に各人それぞれに内面化された経験・知識に共通項があるとしても、その経験・知識の内実はどのように形成されるのか、またどうして共通だと判るのか。④内部完結した個人を想定すると、個人が死ぬとそれで歴史が終わる。伝承が人から人への伝達行為であることを考えるとき、この考え方では伝承を説明できない。

このように、方法論的集合主義も方法論的個人主義も倫理的規範の（社会にとっての／個人にとっての）役割・機能については分析できるが、それがどのように構成されるのか（人びとに共有されるのか）は明らかにならない。

②倫理的規範の捉え方

先に見た和歌森の倫理的規範の定義を振り返れば、倫理的規範とは人びとが互いの行動を評価しあうことによって各自の行動を自制していく社会規範のことである。したがって、倫理的規範を社会／個人のどちらか一方に存在するという見方を採るのではなく、人びとの相互行為のなかから表われてくるもの、つまり不断の人間関係を通して立ち表われてくるものとして扱うことになる。つまり、単に個人に注目するのではなく、個人が他者とどのように関わりあいながらものの見方や感じ方を身に着け行動するのかを観察し、その内実を把握・検討する方法を採ることになる。したがって、倫理的規範とは人間関係に基礎をおいた村落生活のひとつのものの見方として用いるべきものである。

人びとの相互行為を捉えるにあたっては、調査方法も単なる聞き書きに終始せず、参与観察を基本としなければならない。倫理的規範を論じていた時期の和歌森は民俗学の調査方法について次のように推奨している。

「さて採訪に出向いて実情を観るには、できるだけ偶然に観るやうに注意し、無理に実演させるとか言葉を思い出させるとか考へさせることなどは避けた方がよろしい。そのためにはかなり長時間採訪地に滞在するほどよいわけであり、しかもその土地の雰囲気、村人の全体的な性格を識る上からも、そこの常民の家に滞宿、殆ど家族なみに生活をすることが最も望ましい。（中略）問題とする民俗はいづれも村人の生活としての民俗であり、全体との関係において意味をもつてゐるのであるから、一応その全体を心得るためにも、生活

一般の実情を観たり、たしかめておくことが必要である。」〔和歌森 一九八一（一九四七）二三〜二四〕(18)

こうした方法により地域社会内部の人間関係とそれらのやり取りを把握し、彼らの行動と言動の拠って立つところにも目配りしながら調査地における社会生活のあり方を検討する。具体的には、人びとの行為を参与観察し、その行為の背景にある当事者間の人間関係に配慮した行動と言動、つまり機微にまで観察の眼を向ける。行動や言動のなかに立ち現れてくる規範の内容を神社祭祀の場から捉えていくことになる。これは感覚的、感性的な把握方法だが、誰に聞いても同じことの繰り返しである客観的な内容とは行為の結果を示すものにすぎず、伝承自体は個人的で私的な部分が掛け合わさって創発する。

ここで注意すべきは、民俗調査とは調査対象の人びとと調査者との交渉であり、この過程で得られる情報は、調査者自身がもつ知識や認識、社会的立場などの個人的資質と不可分なものである。民俗誌は価値中立的、客観的な記述になりえないものの、一定の学術的観点から記述し、その分析結果に至る論証過程を明示することによって、第三者が論理的に検証できるようにしておくものである。さらに、学術的背景とは別の次元の情報として、調査者と話者との関係性も予め伝えておく必要がある。現在の日本民俗学は欧米や東アジア地域の民俗学界と交流し、その成果を積極的に取り入れているが、吉村亜弥子による北米民俗学の研究態度の以下の説明は、日本の民俗誌の記述方法を再考するうえで重要である。

「エスノグラフィーは、たいてい自分の文化圏の調査でも、他者について書くことになるが、そのとき、他人の生活を露わにするのであれば、自分についても表に出すことが公平である、（中略）、調査者自身が現場で感じたり、考えたりしたことを、調査報告や論文に盛り込むことによって、読者を現場にいるような感覚を持たせること、研究者としてインフォーマントから得た情報を単に代弁するのではなく、彼らの声をそのまま筆記して、最低限の訂正を加えて論文を取り入れること、それがいわゆる"folk"の声を伝えることだという考えに基づいているからである。エスノグラフィーには調査者自身の人格なども反映させ、調査者の主観性を、客観性を含めて書き込み、その視点を明確にすることは、調査者の誠実さを伝えることであるという論理と倫理に基づく研究姿勢だとされる」〔吉村 二〇一〇 一七三〕

調査者自身への言及の必要性が説かれているが、この点は日本の書籍では「あとがき」において感傷的に記されている。おそらく多くの研究者は「あとがき」を読んで当該書籍の内容理解の手がかりにしている(19)。それならば本文の調査方法の説明のなかで、筆者自身の調査地に対する態度を明示しておき、論証過程を検証できるようにしておいたほうがよい。

柳田國男は『民間伝承論』のなかで、民俗資料の三部分類のうちの言語芸術と心意現象は寄寓者や同郷人でなければ理解できないとしたが〔柳田 一九九八(一九三四) 九八〜一〇〇〕、これは調査者の感性に頼った資料採集と民俗誌記述を認めていたからにほかならない。以上を踏まえて、倫理的規範は筆者の体験にもとづく感覚と絡めて記すかたちとなる。

第三節　調査の概要

（一）調査地の選定

先行研究の課題と方法論の検討を踏まえ、本書の調査方法を述べることにする。前節において、人びとの日常生活を伝承の場として把握するにあたって民俗誌という方法を採ることを述べたが、実態を見据えた具体的作業としては、神社の社会的、歴史的、地域的性格を整理して論じることや、神職や氏子といった神社の担い手たちの社会的位置づけを時間軸上で押さえておく必要がある。そこで、旧官国幣社レベルの神社と集落レベルの神社が併存し、古代から神社と集落の存在が認められる、さらに全国の地方大社にも敷衍できるような調査地として、熊本県阿蘇地域のカルデラ火口原北部地域、通称「阿蘇谷」と呼ばれる地域を選定した。

阿蘇谷は古代から人びとが生活をしてきた地域で、水田稲作と入会原野を営むムラを形成し、阿蘇神社（阿蘇市一の宮町宮地鎮座）という古くから中央と繋がりをもった式内社、旧官幣大社が鎮座する。[20] また、古代の条里制、中世の開発荘園、近世の新田村など、多様な歴史的背景をもつ村落が集まる地域でもある。阿蘇谷は本研究が求める神社祭祀と地域社会との関係性を時間軸上で理解するうえで好個の調査地である。

（二）日程と内容

次に筆者の調査活動の概要を記す。先に述べたように、これは書く側（調査者）と書かれる側（被調査者）との権力の非対称性と、調査者のバイアスを予め明示しておく必要性によるものである。ここでは本書の着眼点や資料収集方法、分析に関わる部分を中心に述べることにする。

本論（第一章～第七章）の事例は、平成十一年（一九九九）から令和五年（二〇二三）まで、筆者が断続的に現地で観察や聞き書きをしてきた調査資料に基づくものである。

そのうち平成十一年（一九九九）から平成十七年（二〇〇五）までの七年間は、筆者が熊本大学の学部生、筑波大学の大学院生として論文執筆を目的とした調査期間で、春と夏の年二回ほど調査地を訪れ、調査日数は二八〇日を数える。[21] そのうち最初の四年間（一九九九～二〇〇二年）は、熊本市内から繰り返し調査地（湯浦・西湯浦・西小園・南宮原・手野など）に赴き、数日間にわたる聞き取り調査および年中行事の観察によって、生業から昔話・伝説までの古典的な民俗調査を行い、調査地の民俗の全体像の把握に努めた。稀ではあるが、話者のご配慮により一～二晩泊めて頂いたことも何回かあり、計六軒の家に宿泊してそれぞれの家庭の様子に触れる機会があった。そこでは、いただいた食事の食材や味付けの特徴、家屋と古い道具に込められた思い出、家族の近況など、教科書的な聞き書きでは得られない話（そのほとんどは当時の民俗学では学術的とはみなされなかったものである）を耳にすることができた。

次の三ヵ年（二〇〇三～二〇〇五年）は、それまで筆者のことを何かと気にかけてくれた当時国造神社の宮番を務めていた山岡タミコ氏（大正十五年生）が交渉してくれたおかげで、手野で一人暮らしをしていた山部チマ氏（大正十年生）の家に一～二ヵ月間ともに生活させていただくことができた。そうしたなかでムラ人の日常的なやり取りを見聞きして人間関係とその機微に触れることになった。チマ氏は手野では最高齢世代に属する女性であったが、当時は民宿を細々と経営していた。そして、彼女から民俗の聞き書きはもちろんのこと、日常的な会話のなかでこれまでムラで起きた様々な出来事を聞いた。また、普段からこのイエを訪問する近所のムラ人と一緒に茶飲み話をしたりして現在のムラの話題に触れたほか、食料や日用雑貨の買い物・通院・親類の病気の見舞いと快気祝い・盆の挨拶回り・精米の共同作業・祭礼・地区の運動会・寄合・選挙の集まり・大衆演劇の観劇など、機会あるごとに一緒に付いていった。また、台風が接近したため彼女の親戚のイエに避難し、一晩過ごしたこともある。たまに彼女の娘たちが訪ねて来ることがあり、筆者も会話を交わすことが度々あった。このように一緒に生活するなかで、民俗の伝承には担い手の人間関係が大きく関係し、その人間関係を維持する機微が生活していくうえで大変重要であることを教えられたのである。

彼女は令和三年（二〇二一）の夏に天寿を全うした。一〇〇歳であった。葬儀ではコロナ禍のなかにもかかわらずたくさんのムラ人が弔問したが、筆者が葬儀会場で感じた人びとの様子は、大往生とはいえ大黒柱を失ったような喪失感と悲哀がみられ、やはり世話好きで他者に対して優しく接してきた彼女の人柄と、夫を亡くしてから四〇年近くイエを守り、ムラやクミの行事でも熱心に取り組んできた姿が、多くの人の印象に深く刻まれていたのだろう。だから葬儀のあり方も、ムラのしきたりで一通りのやり方は決まっているが、その場の雰囲気は当事者の人柄によってかたちづくられていくことを改めて実感したのである。この実感を民俗誌記述のための学術的な分析方法として理論化した作業が、第二節で検討した民俗誌記述における倫理的規範の視点の導入である。

さて、筆者が大学院を修了した平成二十年（二〇〇八）三月以降、平成二十五年（二〇一三）までは毎年一〜二回、いずれも一〜二週間ほど滞在しての調査であった。その後は筆者が熊本に用事があった際に顔見せ程度の挨拶での訪問が四回あり、平成二十九年（二〇一七）から令和五年（二〇二三）のあいだに一週間程度の調査を計五回行っている。平成二十年以降の調査日数は一〇七日である。この期間の調査は、平成十年代の調査とは異なり比較的短期間の調査日数であることや、彼女のライフスタイルの変化（日中はデイケアサービスのための外出など）により、現地宿泊ではなく阿蘇市外のビジネスホテルを拠点に訪問することが多くなった。わざわざ阿蘇市外に宿泊する理由は、その日の調査記録をまとめるために必要な設備（デスクとチェア、通信環境）が整った宿泊施設で、さらに地元の研究者と情報交換するために熊本市内にもアクセスしやすい場所に滞在したかったからである。来熊のたびにこの宿泊施設の近くで阿蘇神社の池浦秀隆権禰宜と熊本の神社や歴史研究などについて情報交換をしている。このことは筆者が調査を通して立てた仮説に対する地元有識者の反応を知るうえで貴重な機会にもなっている。この期間の調査内容は、引き続き年中行事などの観察と聞き書きであり、平成十年代に得られた記録との比較に主眼を置いていたが、大水害（平成二十四年（二〇一二）発生）や熊本地震（平成二十八年（二〇一六）発生）によって地域社会が被災したこともあって、その影響や生活の近況を伺うことが主になっている。

筆者の身分としては、平成二十年までは学生であり、それ以降も調査地の人びとに何ら政治的、経済的便宜を図れるような立場ではなかったので、地元の人びとからすれば東京から熱心に調べに来る若者、という扱いで筆者に対応していたように思う。

近年は調査回数や滞在期間は短くなったが、平成十年代の一定期間、集中的にムラ内を歩き回ったので、当時の年中行事の参加者の多くは筆者の顔を見知っており、近年の調査でも顔を合わせると向こうから声をかけていただくことがある。そのなかで最近の地域社会の状況などについて、震災前の状況や故人となった方を思い出しながら世間話をすることも多くなり、話者と過去を共有しながらの聞き書きもみられるようになった。また、神社総代やムラの役職者などは代替わりをして、かつて筆者がよくお話を伺っていた方の息子・娘の世代になりつつある。筆者も社会人となり年齢も重ねたこともあろうが、彼らとは家族、仕事、病気など、生活上の私的な部分について世間話をする機会が現れ始めた。

調査自体は、神社祭祀など年中行事や野焼きなどムラの共同作業などを見学し、彼ら／彼女らの行動過程をメモに取るとともに写真撮影を行い、そのような行動や言動をした理由や判断基準について、その場あるいは直会《なおらい》や慰労会のときに確認するというかたちをとっている。したがって、筆者もその場で作業を見よう見まねで手伝ったり、一緒に飲食したりしており、そのときに行事や作業を円滑に進めるに際しての心構えなどを聞く機会があった。また、特に行事のない日には、ムラの共有文書、阿蘇神社所蔵文書、地元図書館の所蔵図書・資料などを閲覧・撮影をし、実際の行動の背景にある規則や過去の出来事などを調べて、成文化された規範を把握するように努めた。また、特定のテーマを詳しく知りたいときには、当事者などを訪問して、一〜二時間程度の聞き書きも適宜行った。筆者の手元の記録では話を伺った人数は二〇〇人強にのぼる。このような調査で得られた資料を、本書の研究課題に応えるように再構成しながら民俗誌としてまとめている。

おわりに——本書の構成

昭和二十年代、神社界は占領期という政治的事情から民俗学的研究に頼らざるを得ない状況に置かれ、柳田や折口などが神道学界に参画し、民俗学的神道研究が現れた。昭和三十年代になると、占領期の制限が除かれるとともに氏子崇敬者の生活環境が変わっていくなかで、神道の教学面の確立を求める声が強くなり、民俗学的神道研究からの脱却の声が上がり始める。そして、昭和四十年代以降は折口信夫の学説に対する疑義の声も高まっていく。一方、民俗学者による神社・神道研究は氏神論、宮座論、祭礼論、国民国家論として進められたが、これは神道現象の記述的分析という学問的特徴から「神とは何か」という神道の本質に関する言及はあまりなされなかった。

以上の検討を踏まえ、本書は、各時代における社会生活上の関心の記述的分析を通して人びとが神や祭祀に仮託する内実を民俗誌という方法で論じていく。その際、倫理的規範という視点を導入し、社会集団の人間関係を維持していくための生活態度に着目して、各時代の人びとの行動を記述する。以下の各章では、近現代神社史上の重要な局面を中心に各時代の動向を取り上げていく。通史（一・二章）、明治初期（三章）、昭和戦前・戦後期（四章）、平成期（五・六章）、現在（平成末・令和期）（七章）というように、時代を追いながら阿蘇地域の人びとの動向と神社祭祀との関わりを論じていく。

一方、民俗学史において民俗誌の記述について検討すべき点が残されており、それらは各章の冒頭で課題の要点を指摘しつつ事例分析を通して応答する。すなわち、調査対象社会を「地域」として認識する妥当性（一章）、民俗とそうでないものとの区別の仕方（二章）、担い手の社会的属性や個性（三・四章）、伝承の動態の把握方法（五・六章）、政治経済といった外部条件の影響（七章）など、本書は民俗学上の諸成果の検証も兼ねた民俗誌を目論んでいる。

第一章　阿蘇はどのように描かれてきたか？

——由緒書（近世）・郷土誌（近代）・民俗誌（現代）——

はじめに――研究対象地域の範囲はどこまでか

一般に民俗誌とは、一定の社会集団や地域社会の民俗とそれをめぐる人びとの生活を記述したものと理解される。そして、民俗誌の冒頭では、対象社会の人口、位置、地形、産業、沿革などの概要が紹介され、民俗が展開する場の特色が簡潔に記されている。

民俗誌の対象範囲は市町村などの行政区画の場合もあるが、概ね「空間としては周囲から区切ることのできる民俗が有機的な連関をもって結びついている領域」〔古家 二〇〇〇 六四九〕という認識が前提となっている。ただし、これはかつての民俗学的村落研究で主流であった構造機能主義的な考え方に特徴的な地域設定の仕方であり、研究者側が設定する分析指標に基づいた領域を民俗誌的単位としてきたといえる。しかし序論で振り返ったように、現在では研究者が一定の条件に基づいて恣意的に設定した指標から民俗を見るのではなく、担い手の意識や行動自体に注目し、担い手自身が主体的に生活を営んでいく様相を取り上げる研究へと展開している。そのような動向のなかで重要な指摘は、住民が発する民俗語彙としての「ムラ」の領域は、それが語られる文脈によって異なっており、住民は生活の様々な位相で生活領域を設定している点である〔石垣 二〇〇〇 九六～一二六〕。

以上のことから、民俗誌で扱う社会や地域の範囲を所与のものとして論を進めるのではなく、地元の人びとの意識に沿って分析的に設定しなければならない。そこで本章では、「阿蘇」という地域設定の仕方を地元の人びとの手による資料を通して明らかにし、本書が扱う「阿蘇」の範囲と内容が歴史的文脈（コンテキスト）によって可変的なものであることを述べる。本書ではこの作業をもっていわゆる調査地概観としておきたい。

第一節　現在における「阿蘇」の表象——自然・歴史・民俗

熊本県阿蘇地域は九州有数の観光地として知られている。観光客は阿蘇山の噴煙や、水田と牧草地が織り成す優美な景観を観賞しながら、阿蘇神社に参拝したり、温泉に入ったりして阿蘇の醍醐味を満喫する。現在、阿蘇地域の自治体では、この雄大な自然環境を活かして地域の活性化を図っている（図1—1）。

それでは現在、阿蘇は外部に向けてどのように発信されているのだろうか。次に掲げる文章は、平成十九年（二〇〇七）九月二十七日、熊本県と阿蘇郡市七市町村が、阿蘇を文化遺産として「世界遺産暫定一覧表」に記載するべく、文化庁に提出した提案書の冒頭部分である。

「日本列島は、火山が集中して分布する世界有数の火山地帯である。このうち、約二七万年〜九万年前にかけて四回の大規模な噴火を重ねた複式火山・阿蘇。特にその最後の噴火では流れ出た火砕流が中部〜北部九州を焼き尽くし、火山灰が遠く北海道まで堆積するほどの壮絶なものであった。その結果、東西約一八キロメートル、南北約二五キロメートルにわたる巨大な陥没カルデラが形成され、ひと目でそれが火山性の窪地と分かるものとしては世界最大級の規模となった。カルデラ内部では、中央火口丘群の活動が始まり、同時にカルデラ湖が形成されたが、その後、湖水は立野火口瀬から流出し現在に至っている。

中央火口丘群のうち、中岳（一五〇六メートル）は現在に至るまで活発な活動を続ける活火山である。直接火口が覗き込める稀有な例でもあり、古くから畏敬の対象となり人々に崇め奉られてきた。阿蘇神社（重要文化財）の祭祀をはじめ、修験者らもこの山を信仰の対象とし、民衆は「お池さん参り」と称して火口に参詣した。しかし、阿蘇は、単に信仰の対象としてとらえられただけではなかった。人々は、たくみに寒冷で痩せた火山灰の大地に挑み、畏怖すべき自然と時に対峙し、かつ共存しながら、すでに有史以前から生活の足跡を記していった。阿蘇神社の主神である健磐龍命（タケイワタツノミコト）は開拓神としての性格が強く、阿蘇開発にまつわる神話が多く伝承されていることや、「阿蘇の農耕祭事」（重要無形民俗文化財）が一連の米作りをモチーフにしていることもこれを物語っている。」

（引用に際して数字や単位の表記を一部変更した）〔熊本県・阿蘇市ほか 二〇〇七 一〕[1]。

まず阿蘇の自然景観の特色が解説され、次にその特色ならではの歴史と、それを今に伝える民俗の存在が語られる。ここでは自然と歴史と民俗が構造化されて叙述されており、こうした語り口は阿蘇地域の中心地である阿蘇市のホームページでも同様にみられる[2]。

ただし、阿蘇について今までに書かれた文献を繙くと、阿蘇は古くからこのような叙述形式で表象されてきたわけではなかった。例えば、近世後期の段階において阿蘇を表象する代表的なテキストとして阿蘇神社の由緒書が挙げられるが、そこには阿蘇の各地で祀られる神々が体系性をもった神話のなかに位置づけられ、各々の神社は神々の事績の場所として描かれている。それが近代になると、地元の名士が編纂した郷土誌において、この神話に替わって阿蘇の歴史が語られる。そして現代において、阿蘇神社を中心とする一連の祭礼が阿蘇の自然環境のなかで育まれ、神話を反復させてきた民俗として位置づけられ、上述の阿蘇が表象されていく。

つまり、自然・歴史・民俗の構造化された叙述形式は、近代以降に形作られたものである。それでは由緒書から郷土誌へ、神話から歴史へという叙述方法の変化には、その内容にどのような変化があって、それは近代日本のナショナルヒストリーのあり様とどのような関係にあるのだろうか。

世界遺産登録に向けて

世界文化遺産の登録条件として、構成資産は文化財保護法により保護されている国指定（選定）の文化財であることや、その資産（コアゾーン）を保護するために周囲に景観保全などの配慮が必要な区域（バッファゾーン）を設定することになります。

今後、すべての構成資産について文化財の国指定に向けた作業を進めます。特に、構成資産の中心である「阿蘇の文化的景観」については、阿蘇地域全体にわたる類例のない広大な範囲が対象であることから、今後、国指定（選定）に向けた学術調査等を数年かけて行うこととなります。

阿蘇の草地景観を未来へと引き継ぐ

「阿蘇の文化的景観」の核となるのは「草地景観」ですが、近年の社会情勢の変化等から、草原を利用し維持管理を行ってきた牧野組合などの地域住民のみでは、草原の維持が困難になりつつあります。

このような危機的状況の中、（財）阿蘇グリーンストックでは、野焼き支援ボランティアなどの草原維持活動をいち早く展開してきました。また、自然再生推進法に基づき、環境省を中心に、科学者・牧野組合・民間団体・行政機関が共通認識を持ちながら、連携して展開するプロジェクトが始動しています。

阿蘇の「草地景観」という宝を未来に引き継ぐためには、地域住民と関係機関が連携協力するとともに、社会全体で草原を維持・保全していくことが必要です。

中通古墳群

中央火口丘群

草原とあか牛

熊本の文化遺産を世界遺産に」（熊本県文化課世界遺産登録推進班作成、2009年頃作成）

阿蘇

― 火山との共生とその文化的景観 ―

コンセプト

「阿蘇」は、活発な火山活動の結果により形成された広大なカルデラの中に5万人の人々の暮らしが営まれている、世界にも類例をみない地域です。

古来から、火山に畏敬の念を表す信仰や阿蘇開発にまつわる神話・農耕祭事が伝えられてきました。また、人々の長年にわたる野焼き・放牧・採草によって維持されてきた二次的な生態系である広大な草原が残されています。

このように「阿蘇」は、古来より自然と人とが絶妙なバランスをもって共生している地域であり、火山地域という過酷な自然環境に向き合った人々の、たくましさと知恵との記憶を現在にとどめるという意味において、顕著で普遍的な価値を有する文化的資産です。

概要

上記コンセプトに基づく「阿蘇」の構成資産として、次の資産（文化財）等が考えられます。

①2万2千haにも及ぶ日本一広大な草原を核とした**「阿蘇の文化的景観」**
②収穫の米を積み上げたとの神話が伝わる**「米塚《こめづか》」**
③直接覗くことができる稀有な噴火口を持つ**「中央火口丘群《かこうきゅうぐん》」**
④信仰の証となる**「阿蘇神社」**
⑤阿蘇開発の指導者を祀る**「中通古墳群《なかどおりこふんぐん》」**
⑥阿蘇谷と外界とを結ぶ**「豊後街道《ぶんごかいどう》歴史の道」**

これらの各資産は人と自然との共生で一体を成しており、全体が壮大な**「文化的景観」**であるといえます。

古来から自然と人々の力で維持されてきた阿蘇の草原や、そこに営まれた阿蘇独自の文化は、世界にも例のない「自然と人間の共同作品」であり、まさに『人類共通のたからもの』です。

その反面、適切に保全しなければ、やがて消滅を免れないかけがえのない存在でもあります。『人類共通のたからもの』という世界的な保護の視点に立ち、私たちが、いかにして自然と共存していくかという未来を考えるうえで、他にない文化遺産といえます。

文化的景観とは
人間が自然を利用して長い時間をかけてつくり出した景観のことです。具体的には農村や山村、漁村の棚田や里山、あるいは信仰の対象となった自然景観などを指します。

構成資産

（平成20年12月現在）

名　称	文化財種別	文化財指定状況	所在市町村
阿蘇の文化的景観	文化的景観	未選定	阿蘇市、南小国町 小国町、産山村 高森町、南阿蘇村、西原村
米塚	名勝	未指定	阿蘇市
中央火口丘群	天然記念物	未指定	阿蘇市、高森町 南阿蘇村
阿蘇神社	建造物	国指定	阿蘇市
中通古墳群	史跡	県指定	阿蘇市
豊後街道歴史の道	史跡	未指定	阿蘇市、産山村

阿蘇神社

米塚

豊後街道歴史の道

図1–1　熊本県が作成した世界遺産登録推進パンフレット「めざそう！　世界遺産

このことを踏まえたうえで、本章では阿蘇という時空間が各時代においていかなる情報によって設定され、郷土として語られ、そして今日の言説へと繋がってきたのかをみていくことにする。

第二節　近世後期の大宮司による由緒書の編纂――神話の正典化

阿蘇について書かれたテキストは、『日本書紀』をはじめとして古代から見受けられるが、それらの叙述には一貫して阿蘇山と阿蘇神社が取り上げられている。阿蘇神社の祭神一二神のうち一宮の健磐龍命は、当社宮司職を代々継承する阿蘇家の祖であるとされ、阿蘇カルデラの湖水を抜いて火口原を拓き、農耕を始めたとする縁起をもつ。もっとも、健磐龍命の縁起には諸説あって、阿蘇神社にも複数の由緒書があるほか、阿蘇地域以外にも由緒書や伝説が伝わっているという〔佐藤 一九九八、同 二〇〇七〕。また、近世の地誌ではいくつものテキストを繋ぎ合わせながら阿蘇神社の由緒が記述されている。例えば『肥後地志略』（井澤蟠龍著、一七〇九年）では、「阿蘇氏の記」「社記」（ただし文書名の明記なし）といった阿蘇大宮司が所蔵する文書（阿蘇家文書）や阿蘇神社が所蔵する文書（阿蘇神社文書）のほか、六国史や『先代旧事本紀』『延喜式』『釈日本紀』『大日本国一宮記』『拾芥抄』等が引用されている。

そうしたなかで、現在の阿蘇神社が世間一般に紹介している由緒は、近世後期に成立した「阿蘇宮由来略」に基づくものである。同書中「阿蘇宮」の縁起は次の通りである（図1―2、図1―3参照）。

「阿蘇大神健磐龍命（一宮）は、神武天皇の孫で、神八井耳命《かむやゐみみのみこと》の子である。天皇は東征後、遼遠の国に王威を広めるため、大神を火の国に遣わして筑紫を鎮めさせた。神武天皇七十六年春二月朔日、大神は勅命により宇治郷から阿蘇に下ったが、そこは四面を山に囲まれた湖だったので、西の山を破って水を抜き（数鹿《すが》流《る》ヶ滝、鮎返《あゆがえり》ノ滝の由来）、民に農耕を教えて五穀を植えさせた。これにより土地が拓けて人が住めるようになった。そして、大神は自ら鎮まる処を卜して矢を放ち、その矢が落ちた所を宮処とした。このとき大神が愛育していた鶴や鷹がその地に集まったという（矢村社の由来）。

その後、大神は草部吉見神《くさかべよしみがみ》（三宮）の娘を娶って速瓶玉命《はやみかたまのみこと》（一一宮）を生んだ。そして、阿蘇山麓で贄狩をして鳥獣を天神地祇に供えて祀り、以後、この祭祀が途絶えることのないよう速瓶玉命に命じた（下野《しもの》狩《かり》の由来）。また、阿蘇では霜が降りる時期が早くて五穀が育たなかったので、霜神を鎮める祭りを始めた（霜宮の由来）。これで五穀が成るようになった。

大神は一〇七歳で亡くなった。孝霊天皇九年六月二十六日、勅命により阿蘇宮が修造され、そこに大神が祀られた（阿蘇神社の由来）。

その後、景行天皇が狩りに訪れたとき、大神と比咩神の霊が天皇の前に現れて、自らを阿蘇都彦《あそつひこ》、阿蘇都《あそつ》媛《ひめ》と名乗った（阿蘇の地名の由来）。

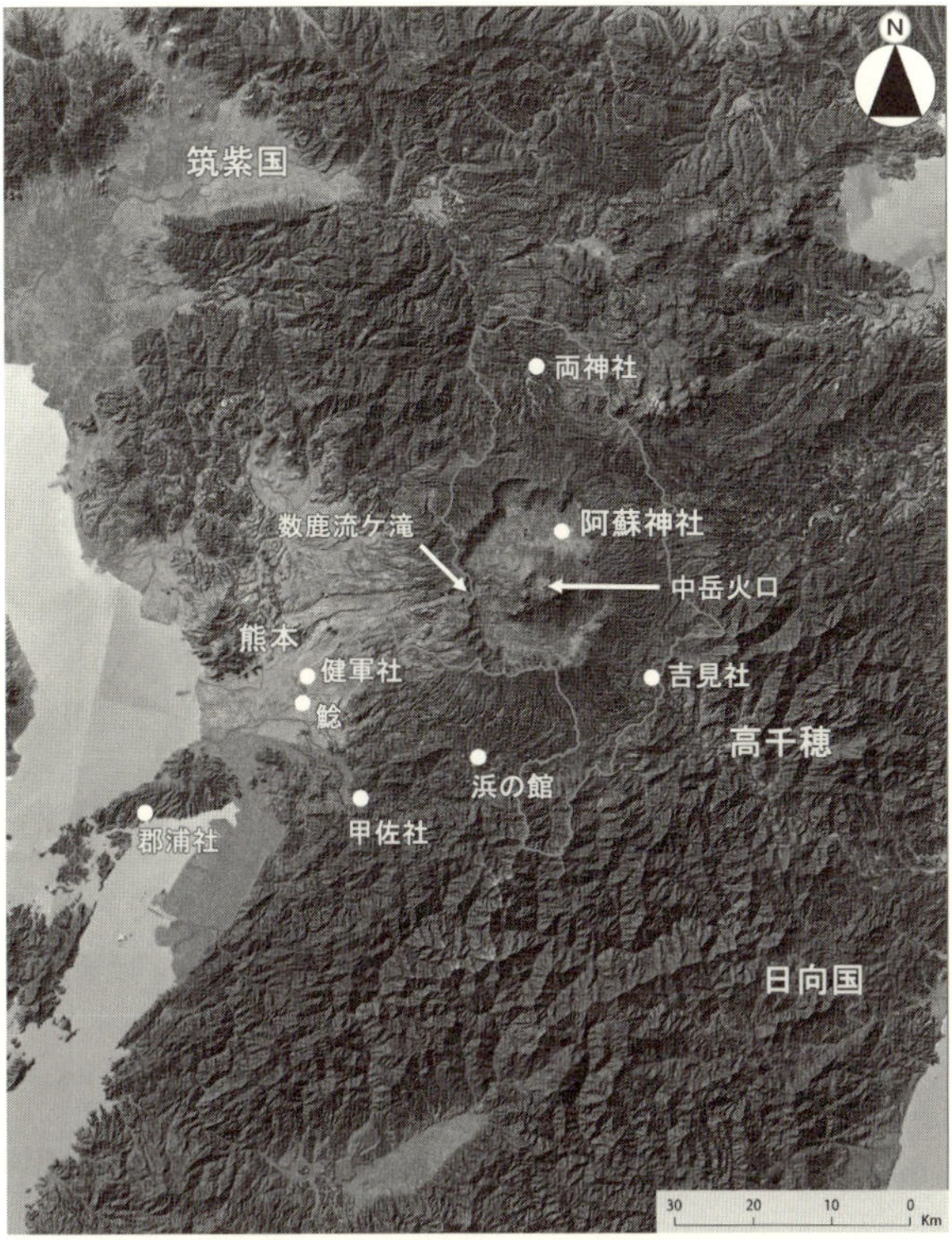

図 1–2　阿蘇神社由緒の関連地
（国土地理院 HP 陰影起伏図をもとに筆者作成。白線は明治時代の郡界）

そこで天皇は、大神の孫で速瓶玉命の子の惟人命《これひとのみこと》（五宮）に祭祀を命じるとともに、国造社《こくぞうしゃ》を修造した（阿蘇家の由来）。

年間の祭りは甚だ多いが、今は下野狩は廃れたため、六月二十六日の御田祭《おんだ》を最とする。農耕の祭りである。

速瓶玉命は崇神天皇の時世に阿蘇国造を賜われ、雨宮神《あめみやがみ》を娶って惟人命、高橋神、日宮神《ひのみやがみ》を生み、四八〇歳

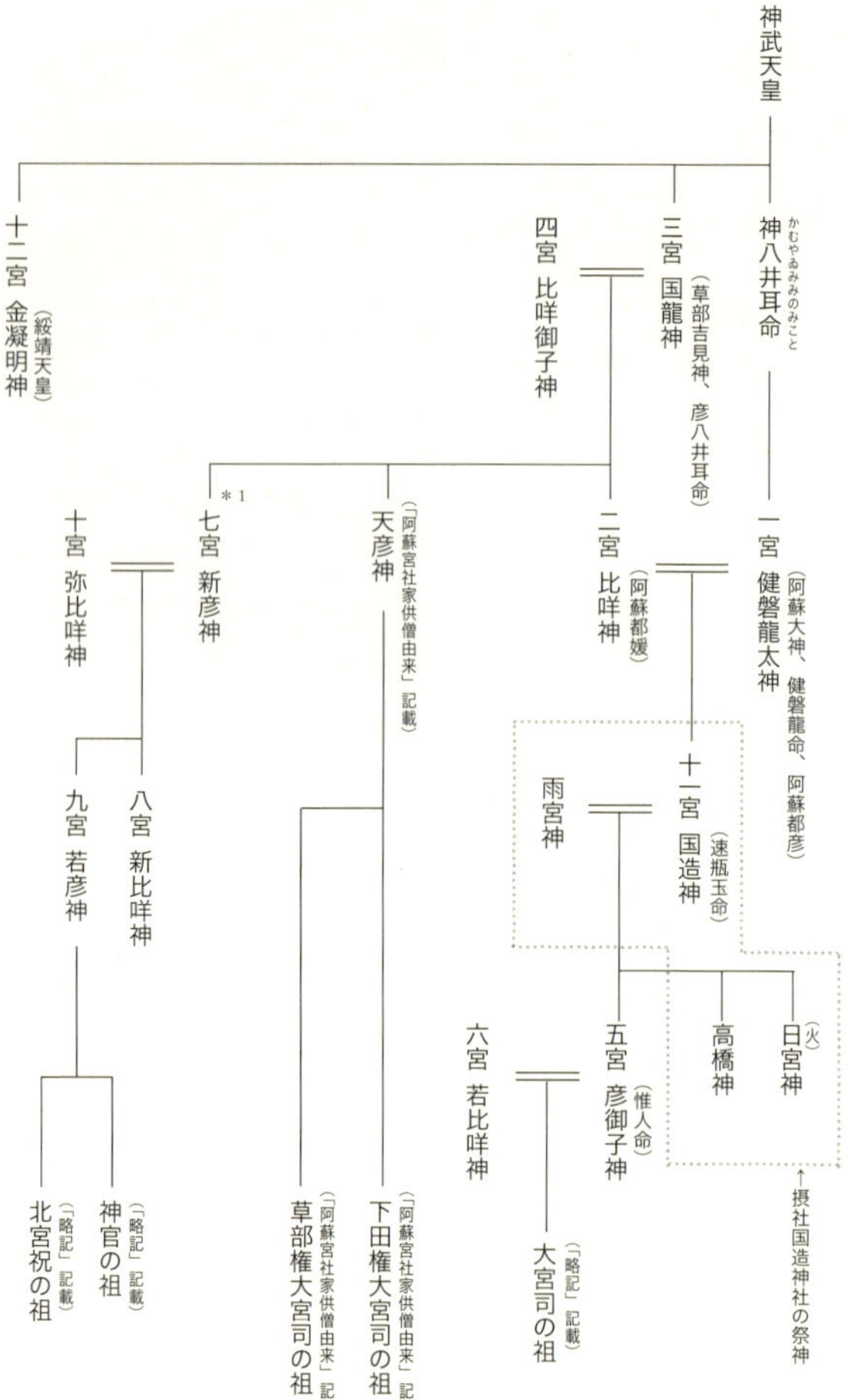

図 1–3　神系図

（「阿蘇宮由来略」「略記」「阿蘇宮社家供僧由来」（『阿蘇家伝』巻三所収）より筆者作成）

＊1 「阿蘇宮由来略」によると七宮は三宮の弟とするが、本図では現在の社伝や出版物掲載の図に従った。

で亡くなった。景行天皇十八年六月二十四日、勅命により北宮《きたみや》が修造され祭典が定められた。祭祀は六月二十四日を最とし、本宮の祭祀と同様に行う（国造《こくぞう》神社の由来）。

大神は鶴と鷹を愛育していたので今でも神地にこれらが集まってくる（現在の千町《せんちょう》牟田《むた》）。また、湖には大鯰がいたが、湖水を抜いた際に涸れ死んでしまったので、その霊を祀った社がある（鯰社の由来）。したがって、阿蘇の人びとは鶴、鷹、鯰を獲らず、獲った場合は罰を科される。」

（以下、祭神一二神、社殿、社領の記述が続く）

ここでは健磐龍命の事績が描かれ、その舞台となる阿蘇とは、阿蘇カルデラ火口原の南部と北部、通称南郷谷・阿蘇谷と呼ばれる地域のうち、おもに阿蘇谷を指している。[3] しかし、この由緒書には執筆者である大宮司阿蘇惟《これ》馨《か》の付言があり、それによると、上述の縁起に加えて、一二神に関連する吉見社《よしみしゃ》（草部吉見神社、阿蘇郡高森町鎮座）・両神社《りょうじんじゃ》（宮原両神社、同郡小国町鎮座）・甲佐社《こうさしゃ》（甲佐神社、上益城《かみましき》郡甲佐町鎮座）・健軍社《けんぐんしゃ》（健軍神社、熊本市鎮座）・郡浦社《こうのうらしゃ》（郡浦神社、宇城《うき》市鎮座）の縁起を新たに旧記から付け足したとある。これによって惟馨は阿蘇谷を大きく越える範囲で阿蘇神話を描いたのである。祭神の健磐龍命は神武天皇の孫として阿蘇の外部からやって来て、同じく阿蘇外部からやって来た草部吉見神の娘を娶り、阿蘇谷で活躍する様を描く。ここでいう阿蘇とは、健磐龍命が活躍した時空間を指すのである。

同書「吉見社」の項によると、吉見神は神武天皇の子、彦八井耳命《ひこやゐみみのみこと》ともされ、神武天皇六九年、日向国から草部《くさかべ》郷にやって来たという。草部の地は南外輪山上に位置しており、同社の縁起では健磐龍命はこの地で吉見神の姫神を嫁にしている。また「両神社」の項によると、両神社の祭神高橋神と日宮神（速瓶玉命の子）は、北郷の中央に鎮まってこの地を治め、父子の神々を扶けているという。両神社が北外輪山上に、吉見社が南外輪山上に鎮座していることを考え合わせると、外輪山上はちょうど阿蘇への入口として設定されている。残りの「甲佐社」、「健軍社」、「郡浦社」については、神功皇后征韓の際に武勲の功のあった神々を祀るとされ、いずれも阿蘇神社祭神の神系図に位置づけている。そして、これらの神々は阿蘇外部に鎮座して阿蘇を護る構図となっている。

この「阿蘇宮由来略」は大宮司友隆《ともたか》（一六四八〜一七一八）が宝永年中（一七〇四〜一一）に草案を作成、その後友名《ともな》（一六九二〜一七二六）、真楫《まかじ》（一七〇五〜一七六五）が校合し、享和元年（一八〇一）頃に惟馨（一七七三〜一八二〇）が完成させた由緒書である。それ以前まで阿蘇家には「阿蘇社日記」「阿蘇大明神流記」「阿蘇宮覚書」(4)などの由緒書が存在したが、「阿蘇宮由来略」は阿蘇神社および阿蘇家の権威を対外的に示すため、歴代の大宮司がそれまでに存在した由緒書の内容を精査し、史料の蓄積と考証を積み重ねて新たにまとめ直したものであったとされる〔吉村 二〇〇一 一九六〜二一六、村崎 二〇〇〇 一二一〜一三二、同 二〇〇一 一二七〜一四〇、同 二〇〇二a 七五〜八八、池浦 二〇〇七 九六〜一〇二〕。

この編纂の契機には、近世期における幕府の神社支配のあり方が深く関係している。幕府は寛文五年（一六六五）にいわゆる「諸社禰宜神主法度」を発布して、当時神社界で勢力を拡げつつあった京都の吉田家を通して全国の社家の統制を図った。この法度の第二条は、社家が官位を受けるにあたり、伝奏（朝廷に取り次ぐ公家の職名）が前々から決まっていれば従来どおりとするという内容であったが、それは裏を返せば伝奏のない社家については吉田家が執奏するということを意味していた。大宮司友貞（一六一七〜一七〇四）は、すでに万治二年（一六五九）には鷹司家（五摂家の一つ）の執奏により従五位下中司権大輔《なかつかさごんのたいふ》に叙されていたが、寛文七年（一六六六）には自らの希望で執奏家を吉田家に変更した。これは同法度第三条で、官位のない社人は白帳のみを着用し、狩衣や烏帽子の着用には吉田家の許状が必要であるとされており、阿蘇家は同条に該当する末社神職の支配を保つためにあえて吉田家の傘下に入ったとされる〔池浦 二〇〇七 八九〜一一五〕。こうして阿蘇家の官位の取り次ぎと、阿蘇神社の末社神職への支配権が吉田家に委ねられた。しかしこうした状況は、吉田家を凌ぐ家格をもつと自負する阿蘇家にとって望ましい事態ではなく、惟典《これのり》（一七三二～一七九三）の代から歴代大宮司は鷹司家への執奏復帰に向けて心血を注いだのであった。安永二年（一七七三）に条件付きで執奏が鷹司家に移った後、数々の折衝を経て、寛政十二年（一八〇〇）、阿蘇家はようやく吉田家から末社の支配権を完全回復したが、「阿蘇宮由来略」はこうした渦中で編集されたものであった。

そして、完全回復を果たした翌年の享和元年（一八〇一）、惟馨は阿蘇家の家格や阿蘇神社の社格の高さを誇示するため、阿蘇家および阿蘇神社所蔵の文書、その他の古典籍を参照しながら『阿蘇家伝』(5)の編纂を始めた。これは惟馨の死去後も数代にわたって阿蘇家で補遺がなされ、現在のところ八巻で構成されており、同書は現在、阿蘇家および阿蘇神社の正史として扱われている。上述の「阿蘇宮由来略」は同書第三巻に所収されている。惟馨は、神話の編集過程でそれまでの由緒にみられた仏教的・修験的要素を排除し、史料や各地の伝説を国学的思想に基づいて整理・編集し、阿蘇家による阿蘇支配の正統性と権威を誇示する努力を続けたとされる〔村崎 二〇〇二b 三三五～三五六、同 二〇〇三 一～一八〕。

このようにして阿蘇神話は、阿蘇家が阿蘇支配の正統性を藩主や公家・朝廷に対して主張するために所蔵文書や古典籍を整理して成立したものであった。だからこそ『阿蘇家伝』は阿蘇神社で正史の扱いを受けてきたのであるが、原本自体は阿蘇家が所蔵し、広く一般に公開されるような性格のものではなかった。基本的には阿蘇家の秘蔵とされ、阿蘇神社の社家でも容易に閲覧が叶わなかったという〔村崎 二〇〇二c 九六〕。写本が作成されたのは、惟馨の代に鷹司家の所望により提出された時と、明治になり太政官に同書が『阿蘇家譜』として提出された時である。したがって、この由緒書で語られる神話の内容は、巷で流布するようなものではなかった。阿蘇家をはじめ阿蘇神社の社家たちは、基本的に阿蘇の人びとではなく藩主や朝廷・公家を意識して阿蘇を記述し、祭祀を意味づけてきたのであった。だから、まだこの段階では祭祀は民俗としてではなく、祭神の事績として記述されるに留まっている。

つまり、阿蘇神社の由緒は、祭神の健磐龍命が神武天皇の孫であるといったように、記紀神話と結びつきを求めており、すでに近世後期の段階でナショナルヒストリーに組み込もうとする志向が存在している。官位執奏問題の渦中で編集された阿蘇神話は、阿蘇家が単なる熊本藩内部の地域的権威として存在しているわけではなく、阿蘇支配の正統性と神聖性を有する名家として存在していることを、そして阿蘇とは単なる支配領域ではなく神祇の故国であることを、藩主や朝廷・公家に主張するために編集されたものであった。

第三節　明治期の近代知識人による案内記の執筆——地理と歴史の参照

近代になると、一部の階層に対してではなく、広く一般の人びとに読まれることを前提にした阿蘇のテキストが現れてくる。この時代は阿蘇家自ら阿蘇を公表する動きがみられ、阿蘇惟教《これのり》（一八七三～一九一四）は明治四十五年（一九一二）に『阿蘇乃面影』という本を刊行している（**写真1—1**）（阿蘇 一九一二）。本書の奥付によると、熊本市内の長崎次郎書店で三五銭で販売された。

惟教は阿蘇神社宮司惟孝《これたか》（一八六四～一九三六）の弟で、明治二十九年（一八九六）に國學院を卒業した後（第四期卒）、国学と史学の探求のために欧米の学風を知ろうとして、明治三十二年（一八九九）より二年間フランスに留学した。帰国後、長崎県皇典講究所理事を務めて神職の養成にあたり、八代宮《やつしろぐう》、高良《こうら》神社（現高良大社）、樺太《からふと》神社の宮司を経て明治四十四年（一九一一）十一月に療養のため熊本に一時帰郷した（國學院 一九〇二 一二七～一二八、山本 一九六九 一一八～一二一、小林 一九九二 一七～五八）。このときに惟教は本書を執筆している。

本書の自序によれば、惟教の父、惟敦《これあつ》（一八三〇〜一八九三）は、『阿蘇乃面影』と題した上下二冊からなる阿蘇郡の地誌を編み、天皇皇族の九州御巡幸の折に上覧に供するために秘蔵していたが、現在下巻を失ったとある。続けて、近頃は阿蘇山が標式的火山としては世界一と称され、また阿蘇神社参拝、温泉入浴、避暑などで阿蘇を訪れる人は毎年一〇万人前後を数えているため、「故郷人士の口」で案内記のようなものを出すべきとの声があがっているという。それを筆者の惟教が編纂するよう迫られていて、父の志を継ぐ思いは長年持ち続けていたこともあって、思い立って同名の本書を刊行したと述べている。そして、本書は「旅行者に対する簡単なる栞」であるとし、編纂目的からいうと、いわばガイドブックとしての位置づけでもある（阿蘇 一九一一〜一二）。

自序に述べてあるように、著者の父惟敦は、天皇皇族への上覧のために自ら編纂した書物を秘蔵としていた。一方、惟教自身は補遺作業を続ける志を持ちつつ、観光客向けの書物の刊行を厭わなかった。それでは一般向けに紹介される阿蘇は、どのような情報から構成されているのだろうか。

写真 1–1　『阿蘇乃面影』（筆者所蔵）

本書の構成をみると、まず「里程表」、「軽便鉄道時間表」、「阿蘇郡内地図」、「口絵写真」一八点が掲載され、阿蘇に至る手順と風景が示される。「総記」の後、阿蘇の自然が三項目、社寺・旧跡・名勝が一五項目、温泉が九項目、最後に「阿蘇氏由緒略記」と、「付録」（各種資料・統計）が掲載されている。『阿蘇乃面影』の目次構成は、旅行者がこれを手に携えて阿蘇を巡るのに適した流れになっており、阿蘇外部の者が阿蘇をひとまず知るうえで手際よく情報が並べられているとみてよいだろう。

近世に阿蘇家が編纂したテキストと決定的に異なる点は、地形・地質など自然関係の情報が書き加えられた点である。その情報は、阿蘇の者が調べて書くのではなく、自然科学に通じた阿蘇外部の専門家に頼っている。地形・地質に関しては震災予防調査会の伊木常誠《いきつねなか》の解説に、植物については熊本県立中学済々黌《せいせいこう》教諭の池田耕介の記述に、阿蘇郡の統計については阿蘇郡役所第二課長甲斐友忠の収集資料に拠っている。

一方、阿蘇家および阿蘇神社の記述についてはどのような違いがみられるのだろうか。本書「阿蘇神社」の項目では、祭神の縁起は概略程度にしか記されず、おもに祭典（特殊神事）の紹介に紙幅が割かれている。ただし、それは現時点での祭典ではなく、記述内容から判断すると「年中祭式之次第」や『肥後国志』(6)等の史料からの引用であって、近世以前の祭典の姿が記されている。また、「阿蘇氏由緒略記」の項目では、阿蘇神話については触れられず、古代から近世にかけての阿蘇家の動向が記述されている。

そのうち特に中世の記述が厚みをもっている。そこには阿蘇家が荘園領主として勢力を誇り、建武中興の際には後醍醐天皇側に付いて鎮西探題や六波羅探題を攻め、足利尊氏の離反に際しては箱根竹ノ下や多々良浜の戦いで尊氏の軍勢と戦った勤王の歴史が描かれている。その後、南北朝期には阿蘇家においても勢力が二分して内部抗争が起こったことや、戦国大名島津氏との抗争によって弱体化したこと、そして文禄二年（一五九三）、大宮司惟光《これてる》は文禄の役中に肥後国内で起こった梅北の乱の責を負わされて秀吉の命により死罪となって、社家をはじめ家臣団が四散し、阿蘇家および阿蘇神社が没落した歴史が記される。そして、慶長六年（一六〇一）、熊本藩主加藤清正が所領を安堵して阿蘇神社を再興させ、阿蘇家と社家らは神職に専念するようになったことが記されている。

こうした歴史が描かれるにともない、阿蘇の時空間も近世のテキストとは異なった様相を呈している。『阿蘇乃面影』の「総記」は次のように記されている。

「(阿蘇郡は――引用者注) 上古に在りては阿蘇国と称せられ、崇神天皇の朝、健磐龍命阿蘇国造として西下せられしとは国造本紀、日本書記《(ママ)》等にも見えて、其境界は極めて広きものなりしならむが、降て平安朝時代に出来し和名抄及南北朝時代の阿蘇惟澄申状等にも、今日の日向の高千穂、鞍ヶ岡辺は阿蘇郡の内に属したりしこと明らかなり。(以下略)」 (引用に際しては現代仮名遣いに改め、適宜句読点をつけた)〔阿蘇 一九一二 一〕

上古の時代、阿蘇は阿蘇国として領域が広大であったとする記述は阿蘇神話と同じだが、ここでは阿蘇家所蔵の中世文書に依拠しながら、阿蘇を高千穂《たかちほ》(宮崎県高千穂町) や鞍岡《くらおか》(同県五ヶ瀬町) までをも含む範囲として紹介し、中世の阿蘇家が権勢をふるった範囲を阿蘇として描いている。文中に出てくる「阿蘇惟澄申状」とは、阿蘇家文書第七巻一四「恵良惟澄軍忠状」のことを指しており、南朝方からみた建武期以降の内乱の様相 (合戦日時・場所・人物名等) を詳しく知ることのできる史料で、阿蘇文書のなかでは『群書類従』に唯一採録された著名なものである。採録の経緯は、熊本藩の国学者長瀬真幸《ながせまさき》が『群書類従』の編纂者塙保己一《はなわほきいち》に同史料を紹介し、惟馨から筆写本の提供を受けたことによる〔阿蘇品 二〇〇七、熊本大学・熊本県立美術館編 二〇〇六〕。

近代の阿蘇の歴史叙述では、中世の阿蘇家の動向が阿蘇文書によって描かれるが、この叙述内容はすでに近世末期の段階で『阿蘇家伝』の「巻四　勤王上」と「巻五　勤王下」にも記されている。先学によると、惟馨以降、惟治《これはる》、惟敦はこの二巻と「巻七　系譜」に手を加えているというから〔村崎 二〇〇一 一二七〜一四〇〕、幕末まで中世の阿蘇の情報を付け加え続けていたと考えられる。特に惟治は「勤王の志深く四方勤王の士と交わり又屡々朝廷に建白する所あり」と評される人物であった〔阿蘇 一九一二 七五〕。「阿蘇宮由来略」については惟馨の代で完成していて新たな書き加えがないことから、近世後期から近代にかけての阿蘇家では、阿蘇神話ではなく中世阿蘇家の動向や同家の系譜に関心を移してきたといえる。また、阿蘇神社には明治以前の祭典に関する文書も残されているが、『阿蘇家伝』にはそれらは一切参照されていない。一方、『阿蘇乃面影』ではそれらの史料を用いて阿蘇神社の祭典の紹介に紙幅が割かれているものの、それはあくまで近世以前の祭典の姿であった。

第四節　近代教育における郷土誌の編纂――郷土という名の地域表象

『阿蘇乃面影』は阿蘇外部の人びとに向けたテキストであったが、一方、阿蘇に住む人びとに向けたテキストはどのような内容だったのか。

ここで考察すべきはこの時代に地元教育界が編纂した郷土誌の類であろう。本格的にまとまったかたちで出版された阿蘇の郷土誌は、大正十五年（一九二六）、阿蘇郡教育会（熊本県教育会阿蘇郡支会）によって刊行された『阿蘇郡誌』である〔熊本県教育会阿蘇郡支会編　一九二六〕。「緒言」によると、本書は郡制廃止を記念するため、大正十一年（一九二二）に郡長と郡視学が発案し、阿蘇郡教育会の事業として編纂委員一三名および阿蘇郡内の小学校校長全員の援助によって刊行されたとの説明がある。しかし、これに先行して同教育会からは『阿蘇小誌』という本文六七頁からなる書籍を大正四年（一九一五）に刊行している〔熊本県教育会阿蘇郡支会編　一九一五〕。さらに遡って明治四十五年（一九一二）、ちょうど先述の『阿蘇乃面影』が刊行された年に、蔵原小太郎《くらはらこたろう》（一八七〇〜一九三二）という地元の小学校の校長を務めた人物が『阿蘇郷土誌』を刊行している（**写真1―2**）〔蔵原編　一九一二〕。『阿蘇郷土誌』復刻版の前書きによれば、本書は『阿蘇郡誌』編纂の際に「貴重な資料本」になったという〔蔵原　一九七八（一九一二）前書〕。これらのとおり、『阿蘇郡誌』編纂以前から、すでに地元教育界では郷土誌の編纂が別個に進められていたことになる。

熊本県下では大正後期に相次いで郡誌が刊行されたが、阿蘇地域同様、刊行前には県下各地で『郷土誌』が編まれている。それらはほぼ全て大正年間に刊行されて、編者および発行者は教員個人、小学校、郡教育会などと地域によって異なる。表題に付された郷土の範囲は、郡、町村単位の場合もあれば、郡教育会の部会単位の場合もある。阿蘇地域の場合、阿蘇郡教育会の部会ごとにそれぞれ『郷土誌』が編まれている。

阿蘇郡に教育会が発足したのは明治二十年（一八八七）十月であるが、当初から阿蘇郡教育会は小国、南郷、阿蘇の三部会に分かれていた。当時の活動内容は、各村で通俗教育講演会を開いて人びとに就学の勧めを説くことであったが、明治三十年代になると教員を対象にした授業方法などの講習会が開かれた〔熊本県教育会阿蘇郡支会編 一九二六 五五五～五五七〕。そうしたなかで『郷土誌』はそれぞれの地域の地理・歴史のテキストとして編まれ、『小国郷土誌』〔橋本編、一九二三〕[7]、『高森町郷土誌』〔今村編、一九一五〕[8]、『阿蘇郷土誌』が刊行された。全ての小学校で『郷土誌』が編まれたわけではなく、各部会で中心となった人物が郷土の地誌を編んだ。

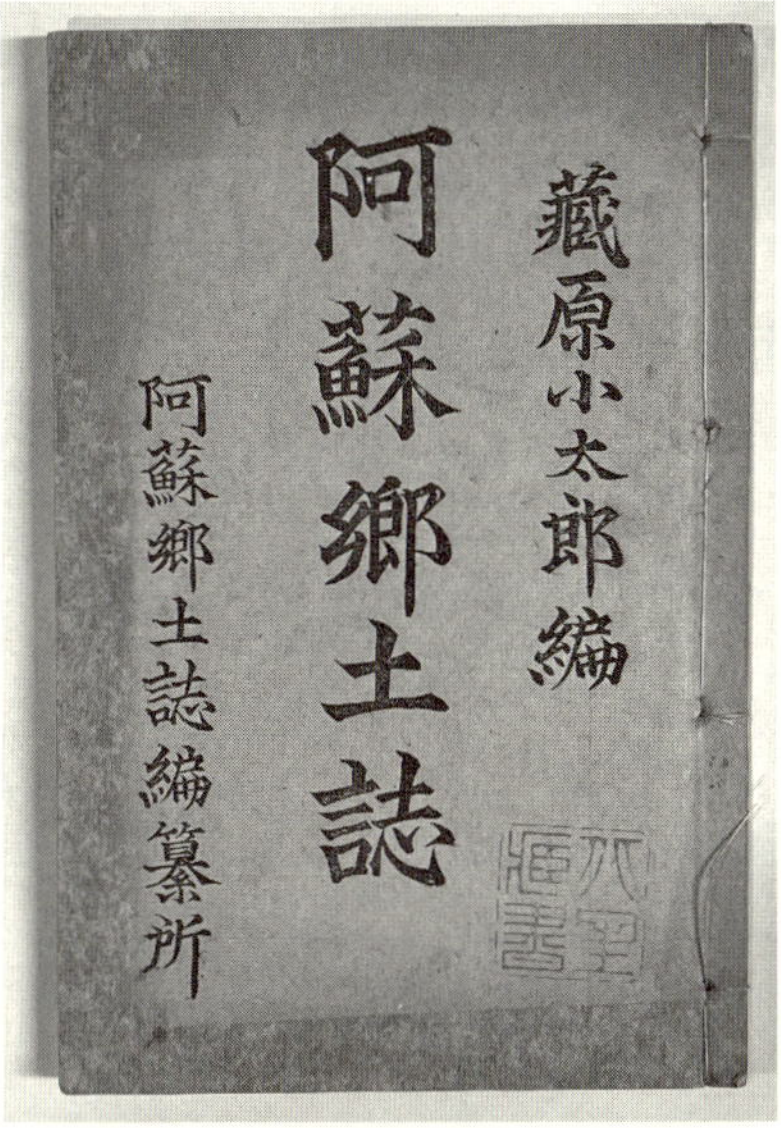

写真 1–2 『阿蘇郷土誌』（筆者所蔵）

『阿蘇郷土誌』の執筆者蔵原小太郎は、阿蘇郡黒川村（現阿蘇市）の役犬原《やくいんばる》小学校校長（在任期間一九〇五～一九〇九年）を務めた人物である。「緒言」によれば、『阿蘇郷土誌』は明治四十一年（一九〇八）九月から古跡巡りなどの調査を開始し、同四十二年（一九〇九）十一月に資料収集を終えたとの記述があるので、彼は役犬原小学校校長在任中に調査を始めたことがわかる。

本書「緒言」の冒頭では、「世界第一の大噴火口と時に隆替消長ありと雖、健磐龍命、此土を拓殖せられしより、連綿たる系統を保有せらるゝ阿蘇家とあり、此二大事跡あるを等閑に附し去るは、阿蘇人士の捫（ママ）る可き道に非らず」とあり、阿蘇人士は阿蘇山と阿蘇家の事跡を等閑視してはならないと戒める。そして、近年、阿蘇は欧米の学者からその地理が注目され、阿蘇登山も盛んになっており、こうした情勢を受けてまず尋ねられるのが阿蘇の事跡であるから、この質問に答えることは「我が阿蘇人士の責任なり」とし、本書編纂の意図が述べられている〔蔵原編 一九一二 緒言〕。

本書は本文五七丁からなり、七四項目にわたって阿蘇の事跡が紹介されている。大まかには、はじめは阿蘇郡の位置、地勢、面積、戸数、公官庁、交通といった郡勢要覧的な項目が続き、続いて阿蘇家、神社、城跡、中世阿蘇家の人物などが紹介されている。『阿蘇乃面影』が阿蘇案内記として構成されていたのと比べて、『阿蘇郷土誌』の項目の配列から判断すると、本書は本格的な地誌として編纂されている。

本書の内容は調査期間が一年強という短期間のわりには充実している。少なくともここで記述されている「阿蘇家の由緒」や中世阿蘇家の人物についての項目は、それまでこの件に関する一般向けのテキストが存在しなかったことを考えれば、阿蘇家から何らかの教示を受けなければ書くことはできなかったであろう。特に「阿蘇家の由緒」の項目は、『阿蘇乃面影』の「阿蘇氏由緒略記」の記述を踏襲している。

蔵原という姓は、近世、阿蘇家の家臣（武家方）の姓であり、その一族で当時黒川村に居住していた蔵原惟《これ》禔《てる》（9）は阿蘇惟教と親交があったようで、二人が写った記念写真が蔵原家（阿蘇市西町）に現在残っている。惟禔家の近所に居を構え、地元の小学校校長だった蔵原小太郎もおそらく阿蘇家と繋がりがあり、同家から資料提供を受け、その内容を阿蘇の郷土誌として、阿蘇の人びとに伝えたと考えられる。

次に阿蘇郡教育会編『阿蘇小誌』をみていこう（**写真1—3**）。本書の「緒言」では、「此の荘厳なる神社と、此の雄大なる火山とを中心とせる阿蘇郡は、地理歴史の上に於て、更に語るべき、幾多の事項を、其の周囲に有す」

と述べ〔熊本県教育会阿蘇郡支会編 一九一五 緒言〕、ここでも阿蘇を語るに相応しい題材として阿蘇神社と阿蘇山が挙げられている。続けて「名家阿蘇氏の伝記の如き、古刹萬《ママ》願寺の由来の如き、或は外輪山上の曠野、或は火口瀬間の水力、或は温泉、或は古墳等、其の数敢て少ならず、普く此等を集めて、広く江湖に紹介するは、我が郡教育会の、当然尽すべき義務」と述べて〔熊本県教育会阿蘇郡支会編 一九一五 緒言〕、筆頭に掲げられた「阿蘇氏の伝記」は阿蘇を表象するうえで重要なものとして位置づけられている。また、本書中「沿革大要」には、『阿蘇乃面影』の「自序」と同様に、阿蘇の範囲は高千穂や鞍岡をも含むと述べられている。そして、阿蘇は中世以降領主の変遷をみたが、「斯く多くの変遷ありしも、上古より阿蘇氏が連綿相継ぎ郡の中心となり伝へて今日に至れるは著名なる事実にして、従って阿蘇家の古文書が全国に於て貴重なる史料たるは普く人の知る所にして、或る専門家の如きは史料研究の宝庫とさへ推称するに至れり。」（引用に際して適宜読点をつけた）と述べて〔熊本県教育会阿蘇郡支会編 一九一五 一〕、阿蘇の歴史は古代から続いてきた阿蘇家が中心であって、同家の文書は阿蘇の歴史を明らかにする貴重なものであると紹介されている。

写真 1–3 『阿蘇小誌』（筆者所蔵）

さて、『阿蘇郷土誌』、『阿蘇小誌』を経て編纂された『阿蘇郡誌』の構成は、「第一編　自然界」「第二編　人文界」「第三編　町村誌」の三編と、阿蘇家、細川家、菊池家の家系図を収録した「附録」を加えた計四編から構成されている。第一編には阿蘇火山の構造に重きを置き、自然科学の成果に基づいた客観的な記述がなされている。また、火山地帯ということもあって、「第七章　鉱泉」では一二節にもわたって阿蘇郡内の温泉が紹介されている。第二編では阿蘇郡の歴史、行政組織、インフラ、そして今でいうところの文化財関係が記述されている。

第二編は「第一章　阿蘇の沿革」から始まり、そこには阿蘇の歴史が記述されている。本章は六節から成っており、「第一節　上古時代」「第二節　国造時代」「第三節　国司時代」「第四節　守護地頭時代」「第五節　戦国時代」「第六節　藩政時代」といった具合に、第二節から第四節にかけては当時の阿蘇家の身分と関わらせながらの時代区分になっている。特に、中世の阿蘇家は荘園領主として勢力を誇ったので、その活躍（第二～四節）と衰退過程（第五節）に重きを置いて描かれるのである。つまり、ここでいう「阿蘇の沿革」とは、阿蘇郡に暮らしてきた人びとの沿革ではなく、阿蘇家および阿蘇神社の沿革のことになっている。「第一節　上古時代」は、健磐龍命が西海鎮撫の命を受けて下向し、日向児湯県《こゆあがた》に降りて祖宗の神霊を祀って西海経営の成功を祈願した後、阿蘇に至ったと記されている。ここでは阿蘇神話で描かれた神々の事績には全く触れず、皇祖の命によって阿蘇家の先祖が阿蘇に下ったことを描いているにすぎない。

阿蘇神話で描かれていた神々の事績については、同じく第二編の「第八章　神話・口碑伝説」で別に記述されている。第八章の「第一節　神話」には、「一、阿蘇国」「二、阿蘇大明神」「三、介鳥湖」「四、阿蘇の五岳」「五、夜峰《よみね》」「六、甑岩《こしきいわ》」「七、三久保《みくぼ》」「八、米塚《こめづか》」「九、四十八石」「十、霜の宮」の一〇項目についての神話が記述されている。しかしながら、ここでの神話は神々の事績を紹介するというよりも、地元で語られている口碑の内容も含んでおり、阿蘇郡に点在する各々の旧跡や地名の謂れを並べているといったほうがよい。それでもある程度まとまったかたちで阿蘇神話が記述されている箇所は、「第四章　社寺教会」の「第一節　神社」で、ここで「阿蘇宮由来略」が参照されている。つまり、『阿蘇郡誌』全体からみれば、阿蘇神話は阿蘇自体の表象に格別の重みを与えられてはいない。

以上みてきたように、阿蘇に住む人びとに向けたテキストは阿蘇惟教著『阿蘇乃面影』の内容をほぼ踏襲しているといってよく、特に歴史の叙述には阿蘇文書が重要な位置を占めている。書き手が阿蘇家の者であれ教育者であれ、近代において世間一般向けに表象される阿蘇には、阿蘇山の自然科学的解説、および阿蘇文書に基づいて記された阿蘇家の勤王の歴史が欠かせないものとなっている。そして、近世に阿蘇家が傾注した阿蘇神話における健磐龍命の事跡は簡略化されて概要のみ記述され、阿蘇の自然の成り立ちは健磐龍命の事績ではなく火山活動の結果として、阿蘇家は阿蘇支配の正統性と神聖性を保持する名家から勤王の武家として、阿蘇は神祇の故国から地理と歴史の舞台として新たな表象がなされるのであった。ここでみられる阿蘇の歴史は、ナショナルヒストリーの構成因子というよりも、国史と対置された地方の歴史という位置づけである。その歴史を明らかにしてくれる阿蘇文書は、地方史研究の史料として、現在に至るまで歴史学者に利用されている。

おわりに――阿蘇の表象のなかの民俗の位置

近世と近代における阿蘇の表象では、いずれも阿蘇家と阿蘇神社がその中心的地位を占めてきた。そこには阿蘇に暮らす人びとの姿は現れてこない。彼ら／彼女らが阿蘇の表象のなかに現れるようになるのは戦後以降のことで、それは民俗を介して現れる。

昭和五十七年（一九八二）、阿蘇神社を中心とする一連の祭祀と行事が「阿蘇の農耕祭事」として国の重要無形民俗文化財に指定された。(10)「阿蘇の農耕祭事」には、現在阿蘇神社などで行われる踏歌節会《とうかのせちえ》、卯《う》の祭、田作《たつくり》祭、風祭《かざまつり》、御田《おんだ》祭、柄漏流《えもりながし》神事、田実祭《たのみさい》、国造神社での歌い初め、春祭、御田祭、眠り流し、田実祭、霜神社での火焚神事が含まれる。それらは稲作儀礼として位置づけられ、「四季を通じて収獲(ママ)祈願から豊作感謝、風害、霜害《そうがい》の防除まで一貫した祭事が行われる地域は現在殆んどなく、わが国の農耕生活の推移、庶民信仰の姿を知りうる最も典型的な例」として評価されている〔文化庁文化財保護部　一九八二　二六〜二七〕。

ただし、それら一連の祭事は近世まで阿蘇家や阿蘇神社の社家を中心に担われてきたものであった。『阿蘇乃面影』でもこれらの特殊神事が紹介されていたが、それは近世以前に彼らによって執行されていた状態を記したものである。しかし、現在、これらの祭事は人びとの農耕生活と密接に関わる稲作儀礼として捉えられている。そのため、阿蘇を拓いて農耕を始めたとする健磐龍命の事績は、阿蘇で農耕を営んで暮らしてきた人びとの歴史の始原として捉え直され、毎年稲作儀礼が行われることによって、阿蘇の農耕の始原を伝える阿蘇神話が反復されることになる。このとき、民俗はいわば農耕生活の古典として阿蘇の叙述に書き加えられるようになる。

このような阿蘇の表象には阿蘇外部の者が関わっている。近代まで阿蘇を語ってきたのは、阿蘇家にせよ教育関係者にせよ阿蘇地域内部の者だったが、阿蘇の祭礼を「阿蘇の農耕祭事」として評価したのは外部の研究者であった。第一節で紹介した世界遺産への登録についても、外部からの評価を受けなければならない。

さて、現在の阿蘇の範囲は、「阿蘇の農耕祭事」が稲作儀礼として捉えられている関係上、稲作地域の阿蘇谷が中心となる。しかしながら、「阿蘇の農耕祭事」は「わが国の農耕生活の推移」を示す典型例としてみなされており、ここでは単に阿蘇という一地域の民俗を超えて、日本というレベルで捉え得る民俗としても意味づけられている。阿蘇は、近世後期に神話というかたちで神祇の故国として、近代では郷土誌というかたちで国土の一画をなす地方の地理・歴史の舞台として表象され、ナショナルヒストリーと関わってきた。現在では、阿蘇外部の者が阿蘇の民俗を農耕生活の古典と捉えて「わが国の農耕生活の推移」を描く。このテキストを敢えて言うならば民俗誌と呼ぶべきであろう。このとき阿蘇という時空間は、特色ある民俗を育んできた阿蘇カルデラという自然環境をその範囲とし、歴史の始原の反復という通時性をもったものとして設定されるのである。

第二章　「祭り」とは何か？——祭りの志向性と時代層を読み解く

表2–1　重要無形民俗文化財「阿蘇の農耕祭事」一覧

祭事名	月日	場所
①踏歌節会	旧暦1月13日	宮地地区（阿蘇神社・阿蘇家）
②歌い初め	旧暦1月16日	手野地区（国造神社）
③卯の祭	3月初卯～次の卯日（卯の日が三回ある月の場合は中卯の日から始まる）	阿蘇神社
④田作祭	卯の祭期間中の巳～亥日	年禰社、旧社家宅、吉松宮、阿蘇神社など
⑤春祭	3月28日	国造神社
⑥風祭	旧暦4月4日 旧暦7月4日	風宮（宮地地区）～風宮（手野地区）
⑦御田祭	7月26日	国造神社
⑧御田祭	7月28日	阿蘇神社
⑨柄漏流	8月6日	宮地地区（阿蘇神社・阿蘇家）
⑩眠り流し	8月6日	手野地区（国造神社・宮川家）
⑪火焚神事	8月19日～10月18日	霜宮
⑫田実祭	9月23・24日	国造神社
⑬田実祭	9月25・26日	阿蘇神社

はじめに――稲作儀礼という評価の再検証

国の重要無形民俗文化財「阿蘇の農耕祭事」は、阿蘇神社とその関連諸社で行われる一三の祭祀と行事を一括指定したものである（昭和五十七年指定）（**表2―1**）。「四季を通じて収獲《ママ》祈願から豊作感謝、風害、霜害の防除まで一貫した祭事が行われる地域は現在殆んどなく、わが国の農耕生活の推移、庶民信仰の姿を知りうる最も典型的な例」として評価されている〔文化庁文化財保護部　一九八二　二六〜二七〕。

ただし、この評価自体は、国の文化財保護制度において民俗が文化財の一種として定められた戦後以降のものであって、(1)神職や氏子自身がそれ以前からこうした意味づけをしてきたわけではなかった。近代に発行された郷土誌類を繙くと、これら祭事は中世の阿蘇神社の権勢を伝えるものとして紹介されており、地元の農家が伝える農業習俗――民俗――とは言及していない。実は、阿蘇神社と地元の人びととの関係を指摘するようになるのはおもに戦後発行の書籍からであって、祭事の形態や語彙を手がかりに全国の類似の民俗事象との照合により稲作儀礼としての意味を与えている〔村崎 一九九三、佐藤 一九九八、阿蘇編 二〇〇七〕。しかし、これらの論述で問題となるのは、中世文書や近世地誌等の記録をもとに祭事形態の異同を指摘しつつも、その変遷が意味するところを追及せずに祭事の意味を稲作儀礼として普遍化させている点、これらの担い手がかつては社家が中心であって農民ではなかった点等について十分な注意を払っていないことである。阿蘇の農耕祭事をめぐる民俗学的解説には、誰が何の目的で祭事を行ってきたのか、といった社会背景への分析を欠いており、ローカルの文化をナショナルの文脈へと繋ぎ、稲作儀礼としての意味を表象させていく主体とその意図について検討していないのである。

本章では、各々の祭事の歴史を辿りながら各時代におけるこれらの社会的位置づけを相対化し、祭事を支える人びとが懐いた社会的関心の消長について考察する。

第一節　重要無形民俗文化財「阿蘇の農耕祭事」の現状――調査記録から

ここではまず阿蘇の農耕祭事の個々の状況を確認する。祭事の詳細については、村崎真智子が昭和末期に行った調査記録に基づく研究書や〔村崎 一九九三〕、それから約三〇年後の令和二年（二〇二〇）の状況を追跡調査した阿蘇市教育委員会による報告書がある〔阿蘇市教育委員会 二〇二二〕。一方、筆者の調査は両者のあいだの平成期に行っていて、その時代の記録は祭事の変遷を知るうえで意義あるものと考える。とはいえ、微細な部分の記述は別の機会を用意し、ここでは本章の分析にとって必要となる範囲で述べることにする。(2)

（一）①踏歌節会《とうかのせちえ》（旧暦一月十三日）・②歌い初め（旧暦一月十六日）

踏歌節会と歌い初めは阿蘇市一の宮町宮地と同町手野で行われる年頭の行事で、阿蘇神社（宮地鎮座）と摂社国造神社（手野鎮座）の御田植神幸式で謡われる御田唄《おんだ》の歌い始めの行事である。宮地では、駕輿丁《かよちょう》（神輿の担ぎ手）が阿蘇神社拝殿で田歌の一節「正月殿」を謡い、次に阿蘇家に移って「御所鶏」を謡う。手野でも歌い初めという同様の行事が行われ、駕輿丁が国造神社拝殿で「田の神」「正月殿」「楽納《がくおさ》め」を謡う。

両社の鎮座地の宮地や手野では、結婚式や新築祝いなどの祝宴で御田唄を謡う慣わしがあるが、この行事以後でなければ謡ってはならないとされている。両方とも旧暦で行うため平日開催が多く、駕輿丁や総代のなかには仕事を休んで参加しなくてはならない人もいるので、例大祭の御田祭に比べると参加者は少ない。

平成十六年（二〇〇四）二月三日（旧暦一月十三日）に行われた宮地での踏歌節会では、午前十一時に拝殿において四〇〜五〇人参列のもと神事が始まり、氏子会会長、御田唄保存会会長、道立役、神輿の代表、区長代表、副総代による玉串拝礼を経て、撤饌後、御田唄を奉納する。一〇分ほど謡い、神職から各輿の代表に神酒が渡された後、一同、阿蘇家に向かう。阿蘇家では当主（宮司）が挨拶した後、二〇分ほど謡う（**写真2―1**）。それから阿蘇家を出て阿蘇神社社務所に向かい、十二時三十分頃より直会になる。

同年二月六日（旧暦一月十六日）の手野での歌い初めでは、午後二時に宮司、駕輿丁七人、神社総代六人が拝殿に上がり、神事が始まる。総代長と前頭（神輿の前方の担ぎ手の頭役、当年は五の一区の者）が玉串拝礼をした後、御田唄を奉納する（**写真2―2**）。一〇分ほど謡い、社務所に戻って二時半過ぎから直会となり、四時頃解散する。

写真 2–1　踏歌節会
（阿蘇家にて。2004 年 2 月 3 日、筆者撮影）

写真 2–2　歌い初め
（国造神社拝殿にて。2004 年 2 月 6 日、筆者撮影）

（二）③卯《う》の祭（三月初卯日～次の卯日）・④田作《たつくり》祭（巳日～亥日）・⑤春祭（三月二十八日）

卯の祭は、健磐龍命が二月卯の日に阿蘇谷に下向した縁起に因む祭祀で、現在、新暦三月初卯の日から次の卯の日までの一三日間、毎朝阿蘇神社で神事が行われる（卯の日が三回ある月の場合は中卯の日から始まる）。さらに卯の祭の期間中には田作祭という神様の婚姻の儀（御前《ごぜ》迎え）や稲作の所作を模した予祝儀礼（田作神事）も行われる（**表2―2**）。以下は平成十五年（二〇〇三）の例である。

まず、初日（巳の日）に田作祭の始まりを告げる横筵《よこむしろ》神事では、年禰《としね》社（阿蘇市一の宮町宮地鎮座）の神体を神輿に遷した後、年禰社近くの畑で横筵神事を行い、その後は亥の日までの七日間、毎夕朝に旧社家宅を巡って宅祭を行う（**写真2―3**）。宅祭では祝詞奏上後に御献の儀（味噌汁、漬物、田楽の順に三々九度）と玉串拝礼を行う。神事

表2–2　春祭の構成と日程（2003年）

月	日	干支	祭りの構成		
3月	16日	子			
	17日	丑			
	18日	寅			
	19日	卯			卯の祭（毎朝、阿蘇神社拝殿で神事）
	20日	辰			卯の祭
	21日	巳	横筵神事	田作祭（毎夕朝に宅祭）	卯の祭
	22日	午		田作祭	卯の祭
	23日	未		田作祭	卯の祭
	24日	申	御前迎え	田作祭	卯の祭
	25日	酉		田作祭	卯の祭
	26日	戌		田作祭	卯の祭
	27日	亥	田作神事	田作祭	卯の祭
	28日	子			卯の祭
	29日	丑			卯の祭
	30日	寅			卯の祭
	31日	卯			卯の祭
4月	1日	辰			

＊筆者調査。

写真 2–3　宅祭
（御献の儀。2008 年 3 月 19 日、筆者撮影）

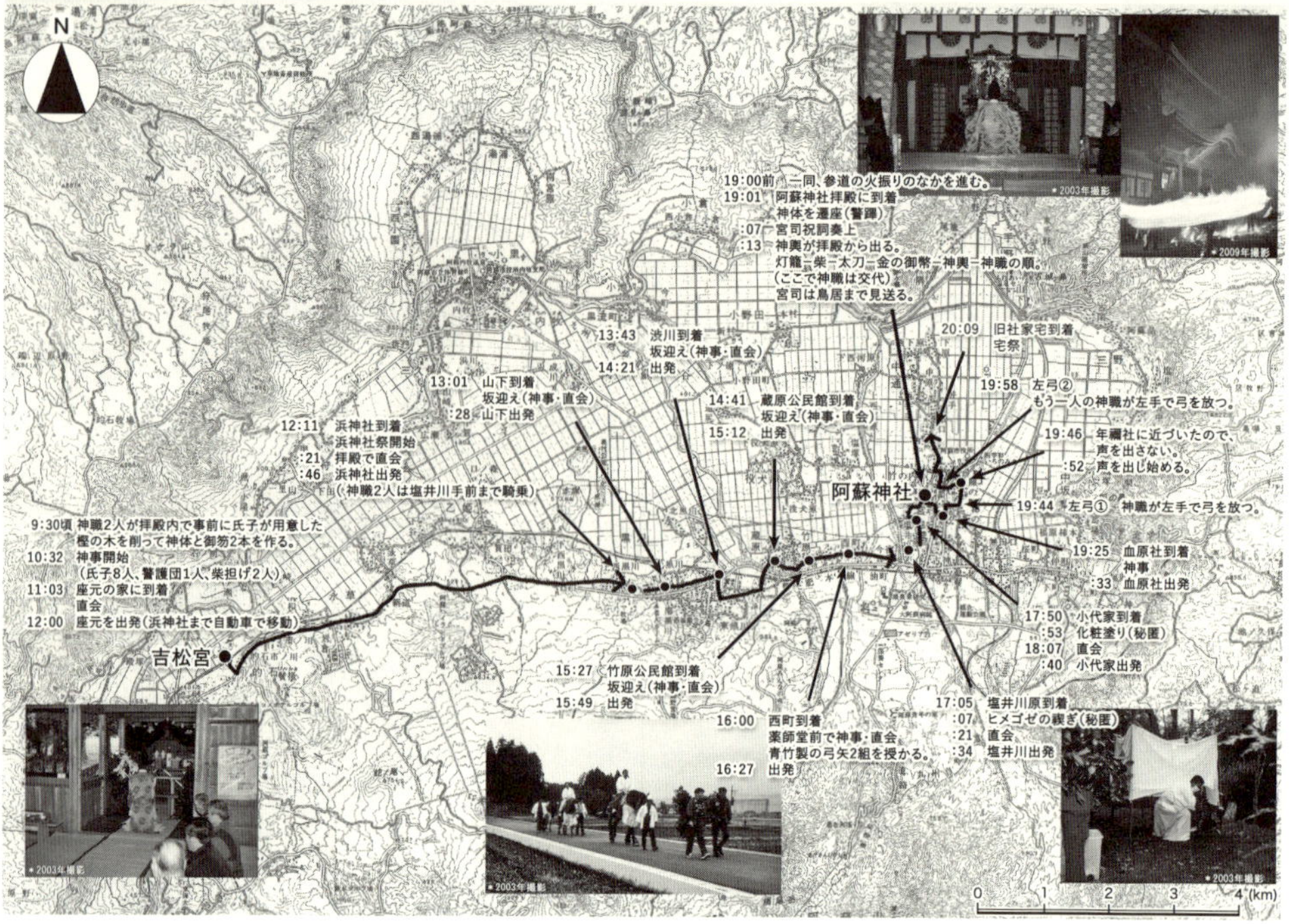

図 2–1　御前迎えの順路

（2003 年 3 月 24 日。阿蘇市役所発行「阿蘇市全図（50000 分の 1）」をもとに筆者作成）

終了後には神職が阿蘇古代神楽（巫女神楽系の榊舞、御幣舞など）を舞う。

申の日には御前迎えを行う（図2―1）。これは吉松神社（阿蘇市赤水鎮座、通称吉松宮）から妃神（ヒメゴゼ）を迎え、道中四ヵ所で坂迎《さかむか》えという地区住民による接待を受け、さらにヒメゴゼの禊の儀と白粧の儀を行いながら、阿蘇神社拝殿で年禰神と妃神との婚姻の儀を執り行うという祭事である。一行が阿蘇神社楼門に到着するとき、人びとは妃神の到着を祝福して松明を振り回す火振りを行う。婚姻の儀を終えると夫婦の神体を神輿に載せて次の宅祭の座元（旧社家宅）に向かう。途中、血原社での神事と弓矢を放つ儀（左弓）を行う。

田作祭最終日（亥の日）には阿蘇神社拝殿で田作神事を行う。午後一時から宮司以下神職一三人が拝殿で神事を始め、玉串拝礼、阿蘇古代神楽の後、神職たちが一年間の稲作工程を模した所作（田作神事）をする（表2―3参照）（写真2―4）。神事終了後、同二時半過ぎに拝殿から神輿を出して年禰

表2–3　田作神事次第

所　　役	所　　作
千町万町（せんちょうまんちょう）	作田の検分。赤い実の付いた青木2本の葉に「千町万町」と書き、神輿の左右に置く。
立役（たちやく）	案山子役。神輿の前に立ち、祈主に神文を伝える。
千町万町配	耕作田の配当の所作。「千町万町」と書いた葉を参列者に配る。
溝攫（みぞさらえ）	溝を浚う所作。
鍬柄配（くわえのくばり）	耕作道具を配る所作。薄を束ねた物を参列者に配る。
成高（なりたか）	雷鳴の様を模す所作。大太鼓を叩き、立役が神輿の前で1回転する。
田打（たうち）	耕起の所作。所役4名が鍬柄の薄を持って神前で一拝する。
鼻取（はなとり）	鋤きの所作。
牛使（うしつかい）	
種蒔（たねまき）	播種の所作。種籾を神輿に投げかける。
成高（なりたか）	
鳥追（とりおい）	鳥追いの所作。笏で神輿を叩く。
引苗（ひきなえ）	苗代田から苗を引く所作。2本の竹を並べ、所役が飛び越える。
一ノ疇（あぜ）	
二ノ疇	
苗配（なえくばり）	苗を田に配分する所作。藁を束ねた物を参列者に配る。
田植（たうえ）	田植の所作。苗の藁を持って神前の前で一拝する。
五穀（ごこく）	出穂前の五穀の姿の所作。所役が平伏し、その上に水干、小太鼓を載せ、左右に馬丁笠を立てかける。
潤水（うるおいのみず）	夕立の所作。所役が小桶を持ち、五穀に水を注ぐ所作をする。補助の所役は馬丁笠で水を遮る所作をする。
大富（おおとみ）	出穂の所作。 所役は五穀の横に立ち、神文を唱える。そして、五穀の背の上にある小太鼓を叩くと、五穀は飛び上がる。
同承（うけ）	
祈主（きしゅ）	
笏（しゃく）	豊年満作の吉年をいただく所作。所役が神前に一拝し、神輿の笏を戴く。
拮馬（はねうま）	
乗問（のりどい）	馬に乗る所作。2本の竹を所作が飛び越える。
立役解（たちやくとき）	案山子役の立役の装束を解く。

写真 2–4　田作神事（引苗・一ノ疇・二ノ疇。2003 年 3 月 27 日、筆者撮影）

社に向かう。到着すると神輿から夫婦の神体を同社社殿に遷し、神事を行い、午後三時過ぎから三十分ほど直会をする。

国造神社の春祭は三月二十八日に行われる。こちらは小祭式にもとづく一般的な神事で、終了後は引き続いて鯰社祭が行われる。午後二時に氏子六人の参列のもと行われ、同十五分に拝殿横の鯰社に移って神事を行う。同三十分前には社務所で直会をする。

（三）⑥風祭《かざまつり》（旧暦四月四日・同七月四日）

風祭は農耕の折り目に吹く悪風を鎮める祭祀である。阿蘇神社の神職二人が御幣を手に持ち、宮地（風の木集落）の風宮神社から手野の風穴（手野の風宮神社）まで風を追い込んでいく（**写真**2―5）。

平成十三年八月二十二日（旧暦七月四日）の風祭では、午前十時半前に阿蘇神社の神職二人が風宮にやって来て神事の準備をし、本殿に御幣と竹筒に入れた神酒、拝殿に通常の供物のほか小豆飯の握り飯一二個（閏年の場合は一三個）を置く。

午前十一時頃、神人の家系の山口家をはじめ近所の一〇人くらいが拝殿上に参列して神事が始まる。神事終了後、神職が供物の小豆飯を参列者に配る。拝殿内で神職と参列者が小豆飯を食べ終わると、二人の神職は本殿に安置していた御幣を一本ずつ手に持って山口家に向かい、そこで直会になる。直会はだいたい一時間で終わり、午後十二時半過ぎに山口家を出て手野の風宮まで歩いていく。

神職二人のうち、一人は旧一の宮町役場（現阿蘇市役所）正門前を通って県道一一号線を北上し、外輪山に登る手前で左折して手野地区に入り、東手野を通って風宮に向かう。もう一人は旧一の宮町役場の裏手を過ぎて、水田のなかを一直線に通る農道を通って手野の風宮に向かう。各々一時間ほど歩き、ほぼ同じ時間に到着する。手野の風宮に到着次第、神事の準備を始める。供物は宮地とほぼ同じである。宮地から持ってきた御幣は内陣に安置する。

写真 2–5　御幣を手に手野まで風を追い込んでいく神職
（2002 年 8 月 12 日、筆者撮影）

手野の風宮の参列者は風宮近くに住む二〜三人である。午後二時十五分頃に神事が終了し、引き続いて参列者に小豆飯を配って拝殿内で食べる。供えた御幣と小豆飯の握り飯はそのまま置いておき、次の風祭の準備のときに処分する。手野では場所を移しての直会はない。

風祭は悪風を風穴に封じ込める祭祀とされるが、風穴の場所は地元ではあまり知られていない。

（四）御田《おんだ》祭（⑦国造神社 七月二十六日、⑧阿蘇神社 七月二十八日）

御田祭は阿蘇神社と国造神社の例大祭である。同祭の御田植神幸式では駕輿丁が御田唄を謡いながら神輿を担いで水田の間を練り歩き、神様に稲の成長を確認していただく。阿蘇神社の御田植神幸式は七月二十八日に行われ、四基の神輿を中心とする神幸行列が宮地町内を巡る（図2―2）。渡御先の二ヵ所の御仮屋（行宮）

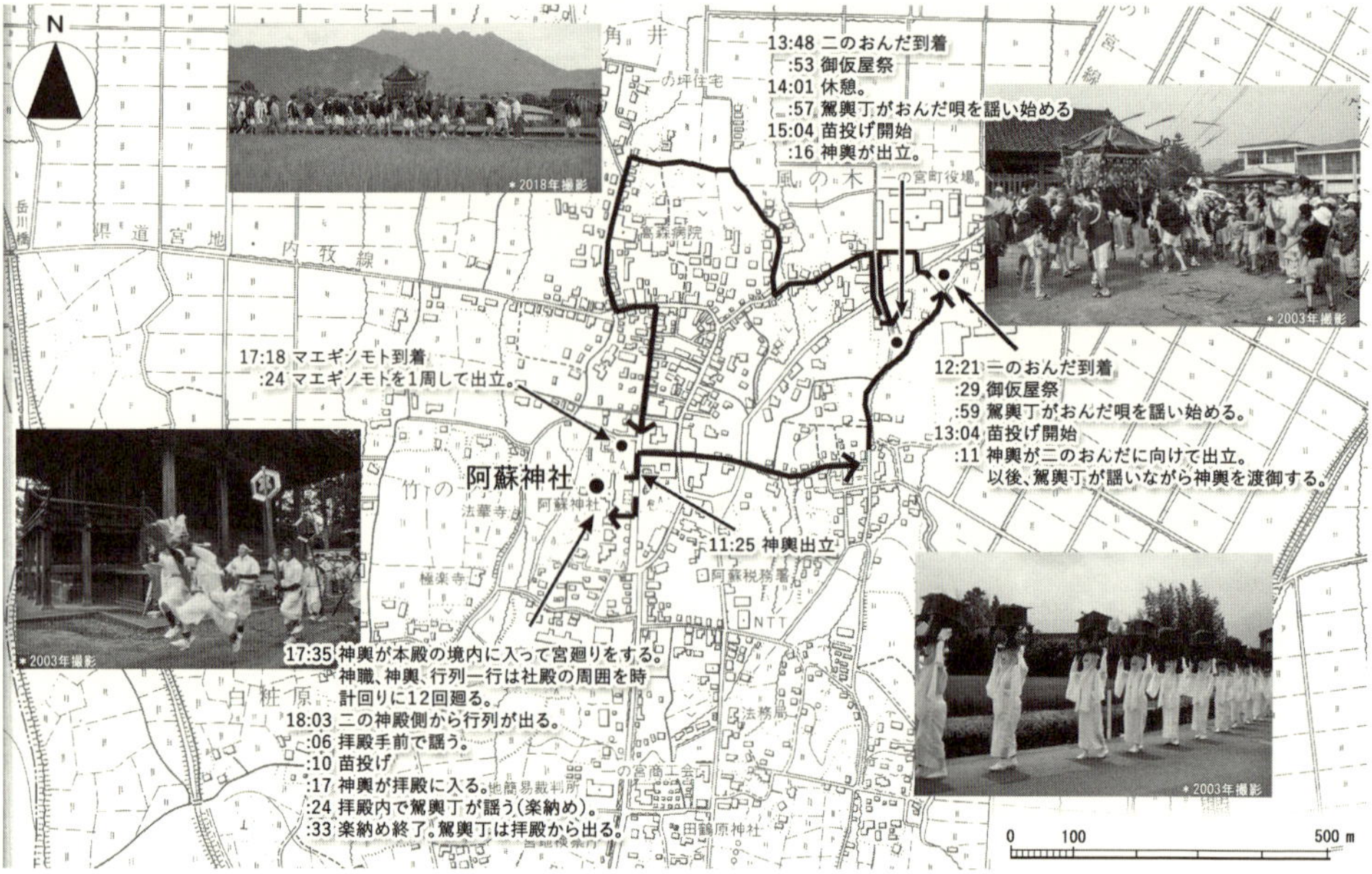

図 2–2　阿蘇神社御田植神幸式の順路（2003 年 7 月 28 日。一の宮町役場発行「一の宮町全図（2500 分の 1)」をもとに筆者作成）

では参拝者が稲の成長を祈願して稲苗を神輿に投げかける。国造神社の御田祭は阿蘇神社より二日早い七月二十六日に行われる。神輿は一基、御仮屋は一ヵ所だが、阿蘇神社と同じ形式で行われる。以下は両社とも平成十五年の例である。

阿蘇神社では御田祭前日の二十七日に前夜遷座祭が行われる。午後八時より宮司以下神職七人（浄衣）が浄闇のなか遷座の儀を行う。扉を閉め消灯した拝殿内で松明と提灯で足元を照らしつつ、神体を傘で覆って外から見えないようにして神殿から拝殿内の神輿に遷す。一の神殿から健磐龍命の神体を一の輿に遷し、再び同殿から男性神の神体四体を三の輿に遷す。次に、二の神殿から阿蘇都比咩命の神体を二の輿に遷し、再び同殿から女性神の神体四体を四の輿に遷す。最後に、三の神殿から神体を三の輿に遷す。八時五十分過ぎに遷座祭が終了する。参列者は筆者のほか一人の計二名であった。

翌二十八日午前十時に献幣式が行われ、参列者は献幣使のほか神社関係者（細川家、阿蘇神社会長、同社氏子会、同社崇敬講社、社家代表、旧臣代表、御田唄保存会代表、駕輿丁代表、氏子青年会、敬神婦人会など)、公官庁関係(県議会議員、一の宮警察署長、一の宮町町長、一の宮町議会議長など)、地元経済団体(一の宮町観光協会、一の宮町商工会、ロータリークラブ、ライオンズクラブなど)など五〇人以上で、その他に多数の参拝者(見物人)が拝殿前に集まっている。十一時三十分頃から神幸式が始まり、神幸行列が神幸門を出て二ヵ所の御仮屋を経て町内を巡り、還御する。神幸行列の所役は次のとおりである。

猿田彦–神職(騎馬)–五色(二人)–鷹持ち–宇奈利《うなり》(一四人)–獅子(赤獅子・黒獅子)–唐団扇《とうちわ》(一〇人ほど)–早乙女(二人)–田楽(小太鼓二人・銅拍子二人)–傘(二人)–大太鼓–田男–牛頭–田女–神馬(二頭)–神輿(四基、各輿の前に金幣–鉾–団扇が付く。一の輿と三の輿は屋根に宝珠が付く葱華輦《そうかれん》型、二の輿と四の輿は屋根に鳳凰が付く鳳輦《ほうれん》型)–権禰宜(騎馬)–禰宜(騎馬)–宮司(騎馬)

宇奈利は白装束姿の女性で神様のお弁当を運ぶ役といわれ、旧社家の者が人員を手配する。唐団扇と獅子は、西町、黒流《くろながれ》、山田、小野田、役犬原、今町、小池《こうじ》、竹原《たかわら》、小倉《おくら》(以上、旧阿蘇町)の各地区の者が一年交代で担当する。一の輿は宮地の西区・分区・塩塚区、二の輿は東区、三の輿は町区、四の輿は北区の者が担ぐ。

御仮屋や拝殿前に至ると行列諸役が中央に密集し、その周りを神輿が廻る。このとき周囲の人びとが稲苗を神輿の屋根に投げかける(ナエナゲ)。落ちた稲苗は持ち帰って自分の田んぼに挿したり家屋内の神棚や大黒様にあげたりするとよいといわれている。

翌日二十九日の午後五時三十分頃から後夜遷座祭が行われる(平成十三年は午後五時、平成十四年は午後六時開始)。一神職六人(浄衣)が拝殿に入り、御遷座の祝詞を奏上後、扉を閉めて浄闇のなか神体を神輿から神殿に遷す。一の輿と三の輿から一の神殿に、二の輿と四の輿から二の神殿に、三の輿から三の神殿に神体を遷していく。その

図 2–3　国造神社御田植神幸式の順路（2003 年 7 月 26 日。一の宮町役場発行「一の宮町全図（2500 分の 1）」をもとに筆者作成）

後、拝殿の扉を開けて神事を続け、午後六時過ぎに終了する。

国造神社では二十五日午後六時に前夜遷座祭を行い、宮司と総代九人が拝殿に上がり、遷座の儀を行う。総代一同が低頭するなか宮司が本殿に入り、神体を幣殿に安置した神輿に遷す。神事は六時三十分前には終了し、それから社務所に戻って直会をする。その晩、午後九時頃から総代二人が拝殿内に布団を持ち込み、神輿番のため一晩過ごす（なお筆者も一緒に過ごした）。

二十六日の献幣式は午前十時から行われ、献幣使のほか阿蘇神社宮司も阿蘇家当主として参列する。他の参列者は神社関係者（国造神社総代会長、駕輿丁代表など）、公官庁関係（県議会議員、一の宮町町長、一の宮町教育長、古城《こじょう》小学校長、古城郵便局長など）、地元経済団体（農協代表など）など二〇人ほどである。これらの役職者の多くは氏子区域出身者である。十時五十分頃に御田植神幸式が始まり、神輿が駕輿丁の手によって拝殿から出され、行列一行は水田にある御仮屋まで渡御する（図2—3）。御仮屋祭の後、休憩に入る。

神幸行列の所役は次に示すとおり獅子と唐団扇を除いては阿蘇神社とほぼ同じだが、各役の人数は少なくなっている。

猿田彦神面－前駆神職（騎馬口頭）－大榊（二人）－五色絹旗（二人）－ウナリ（六名）－田楽（小太鼓二人、銅拍子二人）－大太鼓（太鼓打ち一名、太鼓持ち一名）－大傘（二人）－田男－牛頭－田女－金幣－鉾－御神輿（駕輿丁二五名）－神馬－宮司（騎馬）－禰宜（騎馬）－神社総代・区長・組長世話人－一般参列者

所役は氏子区域の東手野（古城五の一区、五の二区）、西手野（古城六区）、尾籠《おごもり》（古城七区）から出している。駕輿丁は二五人で、東手野と西手野が神輿の前後に分かれて毎年前後を交代で担ぐ。尾籠は応援役とされている。

行列一行が国造神社に還御して神輿が拝殿に戻されると、駕輿丁は拝殿内で謡い納めをする。それが終わると駕輿丁たちは自分たちのムラ（古城五の一区、五の二区、六区、七区）の所定のイエや年内にお祝い事があったイエを回って祝福のために御田唄の一節を謡う。神社では引き続き後夜祭が行われ、宮司と総代の参列のもと、神体が本殿に戻される。午後六時頃には終了し、総代たちは社務所で直会をする。この日の晩も総代二人が神輿番をする。

翌日の二十七日の午前中は、総代が総出で神輿の解体や飾り付けの撤去を行い、慣例として昼食にドジョウ汁を作って食べる。

（五）⑨柄漏流《えもりながし》・⑩眠り流し（ともに八月六日）

柄漏流は宮地地区、眠り流しは手野地区における御田唄の歌い納めの行事である。この行事以降、翌年の踏歌

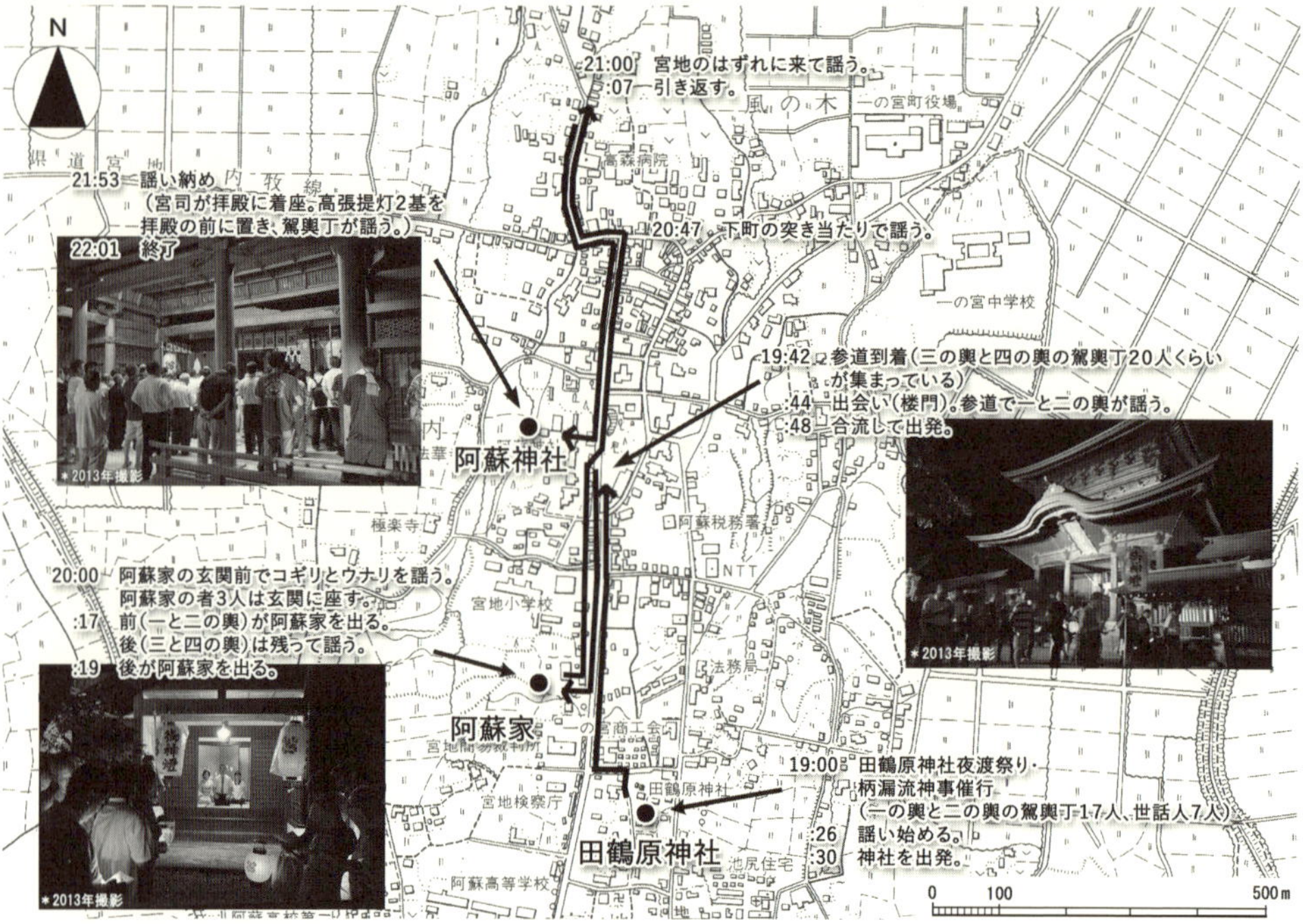

図2–4　柄漏流の順路（2013年8月6日。一の宮町役場発行「一の宮町全図（2500分の1）」をもとに筆者作成）

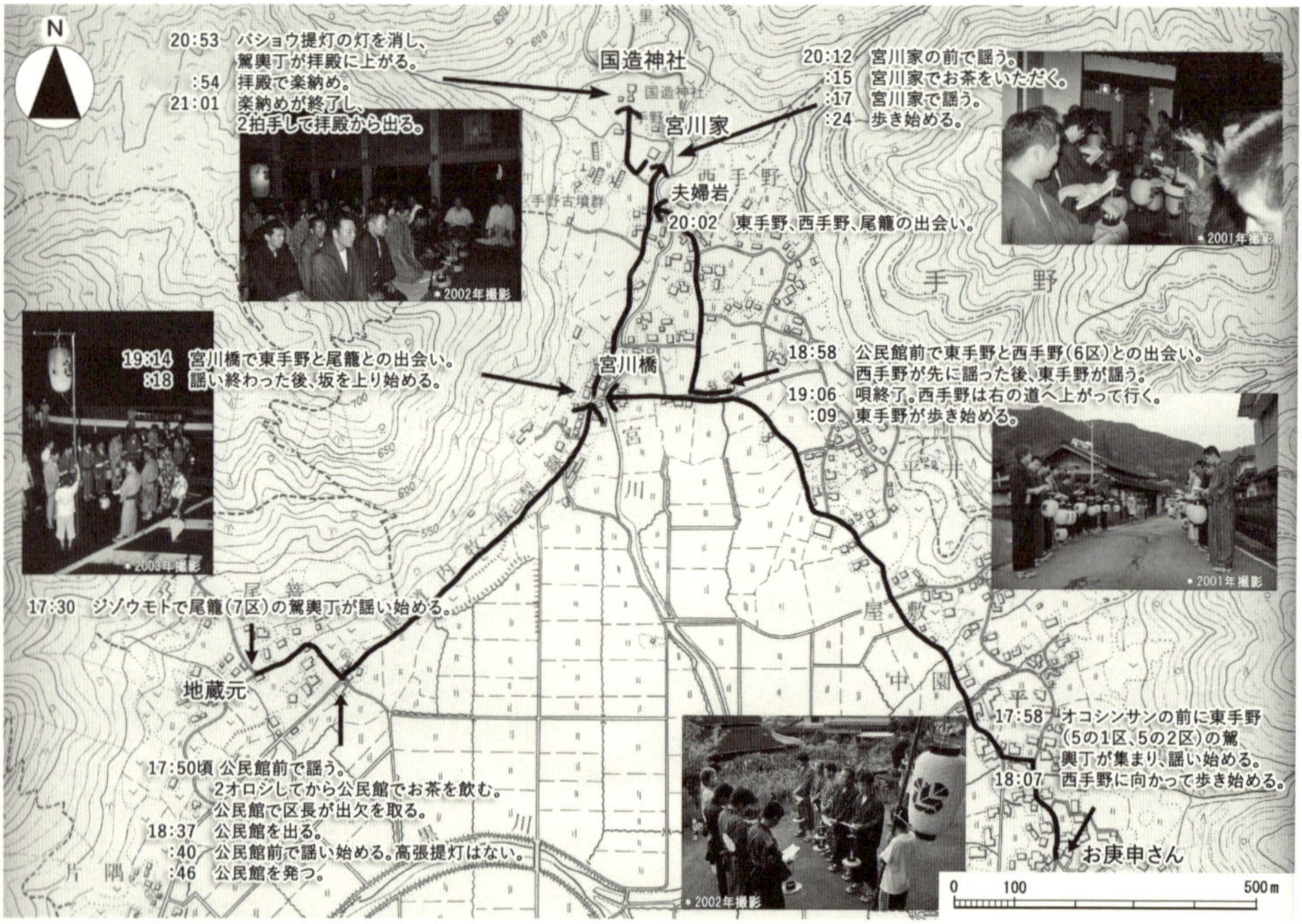

図 2–5　眠り流しの順路（2002 年 8 月 6 日、但し尾籠の時刻は 2003 年調査時のもの。一の宮町役場発行「一の宮町全図（2500 分の 1）」をもとに筆者作成）

節会、歌い初めまでは御田唄を謡ってはならないとされている。宮地では駕輿丁が田鶴原《たづわら》神社（阿蘇市一の宮町宮地鎮座）に集まって御田唄を謡い始め、阿蘇神社、阿蘇家宅を経て、宮地町内へと謡い歩いていく（図2—4）。手野でも同日、氏子区域（東手野・西手野・尾籠）ごとに駕輿丁が集まって各自の集落を謡い歩きつつ、途中で合流して国造神社宮司（宮川家）宅前で謡い、最後に国造神社拝殿で歌い納めをする（図2—5）。

（六）⑪火焚《ひたき》神事（八月十九日～十月十八日）

火焚神事は、霜害除けのために神体を温め続ける祭祀といわれ、霜神社（阿蘇市役犬原鎮座、通称霜宮）で行われる。氏子区域（阿蘇市役犬原、同竹原）の少女のなかから選ばれた火焚乙女が五九日間、霜宮の火焚殿に籠もって火の番をする。その期間、次の祭事が催行される。

八月十九日　乙女入れ（神体を火焚殿に遷し、火を焚いて温める神事）
九月十五日　温《ぬく》め綿入れ（神体が冷えないように真綿で包む神事）
十月十六日　乙女揚げ（火焚殿の火を鎮め、神体を本殿に遷す神事）

以下に平成十七年の例を記す。霜神社の祭りは上役犬原、下役犬原、竹原の三地区が年番で担当するが、当年度は竹原が当たっていた。

八月十九日午前十時三十分過ぎ、宮司（宮川修一氏）が火焚殿（霜神社から一〇〇メートルほど離れた場所）において錐揉み式火起こしで火を起こすと、火焚乙女がその火を持って火焚き殿の裏側の部屋に入って薪に火を点ける（写真2—6）。その後、霜神社拝殿に移動し、午前十一時より乙女入れ神事を始める。玉串拝礼では火焚乙女が母親に付き添われながら拝礼する。神事は二十分ほどで終わり、続いて境内で待機していた駕輿丁が神輿を拝殿から出し、猿田彦－御幣（七本）－宮司－乙女－神輿（駕輿丁八人）の行列を組んで火焚殿まで渡御する。まず火焚殿近くの天神という場所で天津七柱の神の降神の儀を行い、同四十分過ぎに火焚殿に到着する。そして、宮司が神輿から神体の入った黒箱を取り出して火焚殿（薪を燃やしている部屋）の天井に安置する。同五十五分に神事を行い、火焚乙女も玉串拝礼をし、十二時八分に終了。その後火焚殿に併設された部屋で直会となる。

この日以降、火の番を任された竹原地区の男性が火焚殿に泊まっていたが、他の年では当番地区の女性が順番で泊まるようにしている。

九月十五日の温め綿入れは、午前十時過ぎに火焚殿において神事が行われる。宮司が警蹕を発しながら火焚殿上の扉を開き、神前に供えていた真綿を乙女から手渡されると、神体が入っている黒箱の中に入れる。十時三十分に神事は終了し、隣の部屋で直会となる。

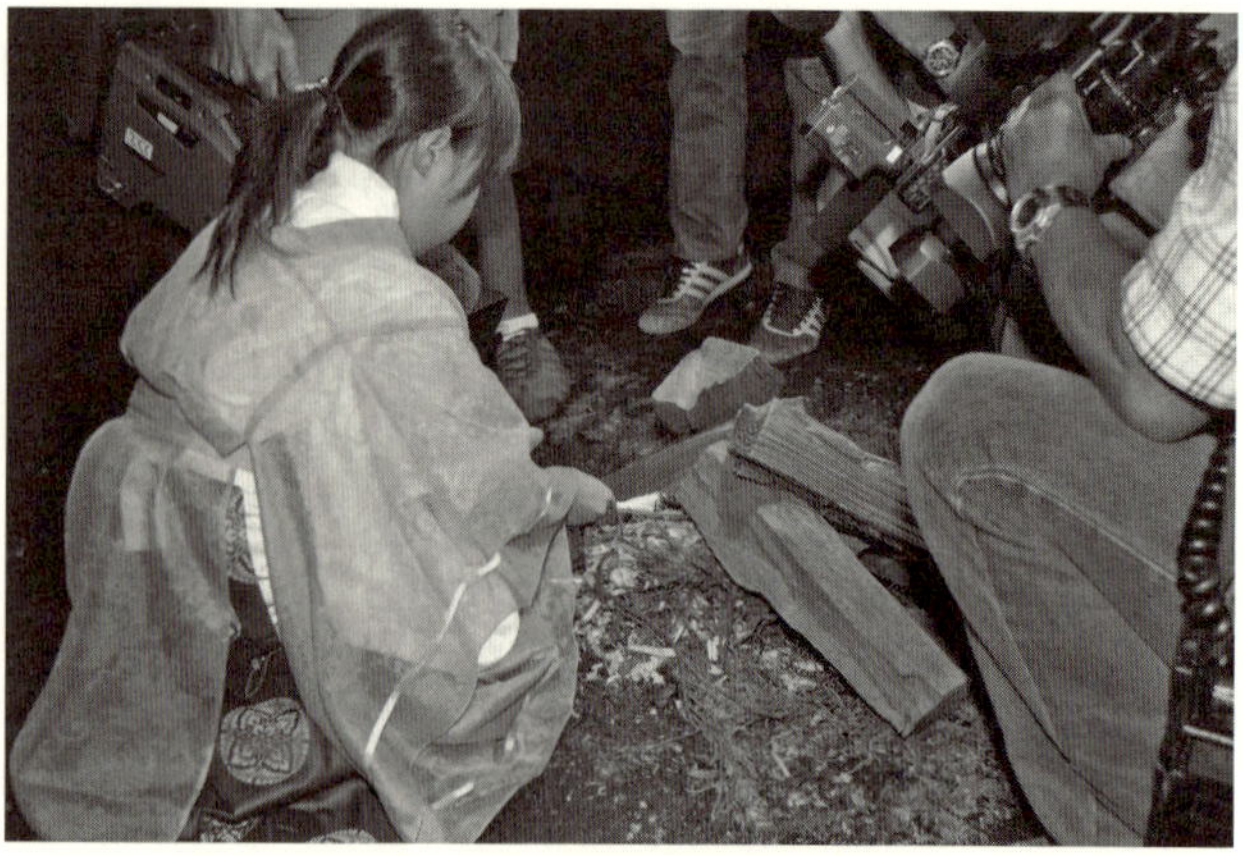

写真 2–6　火を入れる火焚乙女
（2005 年 8 月 19 日、筆者撮影）

十月十六日の乙女揚げでは、午前十一時に火焚殿で神事が始まる。火鎮めの儀で宮司と火焚乙女が火焚殿の中に入って燃えている薪に灰を被せて鎮火する。その後、遷座の儀となり、神体を火焚殿から神輿に遷し、駕輿丁八人に担がれて天神に向けて出発する。火焚乙女も同行する。天神で宮司が祝詞を奏上した後、霜神社に向かう。十一時三十七分、霜神社拝殿に入ると、宮司が神輿から本殿に神体を移す。その後、一同着座して神事を行い、十二時に終了、解散となる。

火焚神事の期間中、担当の竹原地区では霜除け札を阿蘇谷の各地区に頒布するため、頒布と集金作業を全戸に手分けして当たっていた。

（七）田実祭《たのみ》（⑫国造神社　九月二十三・二十四日、⑬阿蘇神社　九月二十五・二十六日）

田実祭は収穫感謝の祭祀で神前に新穀を供える。阿蘇神社では神事の後、願の相撲と流鏑馬《やぶさめ》が行われ、国造神社では流鏑馬はなく、子どもたちによる奉納相撲が行われている。以下は平成十七年の例である。

阿蘇神社では、祭日当日の二十五日午前九時頃から境内の北隅に設置された土俵で子ども相撲が行われている。田実祭は午前十時に始まり、おもな参列者は神社関係者（阿蘇神社氏子会、崇敬講社支部長、社家代表、旧臣代表、阿蘇神社警護団々長、阿蘇神社氏子青年会会長、阿蘇神社敬神婦人会代表）、祭典関係者（流鏑馬射手会代表、願の相撲一の輿頭、奉納学童相撲大会代表）、公官庁関係（県議会議員二名、阿蘇市長、阿蘇市議会議長、阿蘇警察署署長など）、地元経済団体（一の宮町商工会会長、ＪＡ阿蘇農業協同組合代表、阿蘇ロータリークラブ代表、阿蘇一の宮ライオンズクラブ代表、阿蘇青年会議所代表、阿蘇一の宮観光協会会長など）などで、他に祝電も届く（地元選出の松岡利勝衆議院議員など）。

十時五十分前に神事が終了し、参列者は社務所にて直会に移るが、御田祭の駕輿丁たちは拝殿前に設けられた土俵で願の相撲を取る。力士は服の上から赤褌、白褌を付けて五人ずつ分かれ、紅が北側、白が南側に並ぶ。五番勝負を二回行い、一回目は白紅白紅白、二回目は紅白紅白紅の順で勝っていく決まりである。十一時過ぎに願の相撲は終わり、力士も社務所で直会をする。

流鏑馬は一〇頭の馬が参道を北側から南側へ駆け抜け、そのあいだに設置された三つの的を弓で射る（写真2―7）。十一時三十分に馬が参道に入り、早駆けをして馬を慣れさせる。十二時十五分、楼門前で神職が射手を祓い、同二十分には馬場見せ（射手が馬を走らせながら弓を引く所作をしてタイミングを計る）をする。そして同三十分から流鏑馬を始める。

写真 2–7　流鏑馬
（楼門は台風での被災によって修理中。2005 年 9 月 25 日、筆者撮影）

流鏑馬は計三回行い、一回ごとに的を交換するが、その際には的の大きさを大・中・小と小さくしていく。流鏑馬が終わると、再び参道を駆け抜け、騎手は馬上から射った矢を見物人に向かって投げ、見物人は競って拾う。それが終わると再び楼門前に馬を集め、神職が神前報告をする。午後一時十五分に終了する。

翌日二十六日、金婚を迎えた六組の夫婦の参列のもと、午前十時十分に田実祭翌日祭ならびに金婚奉告祭が始まる。玉串拝礼では宮司以下、六組の夫婦、氏子会会長も拝礼する。神事は十時三十六分に終了する。

国造神社では九月二十二日に田実祭前日祭を行う。午前中は翌日の本祭に向けて神社総代全員で境内の土俵作り、注連縄張り、草刈りなどの準備作業をし、十二時になると前日祭を始める。総代以外の参列者はおらず、同十七分に神事は終了する。

翌二十三日午前十時、田実祭を行う。参列者は総代九人、来賓一〇人である。来賓の参列者は阿蘇市長（代理）、市議会議員、農業委員、財産区管理委員、区長会長、崇敬者、一般代表、公民館長である。玉串拝礼の最後に地元選出の松岡利勝衆議院議員からの祝電も紹介される。十時二十四分に神事は終了し、社務所での直会となる。

午後一時十一分、相撲審判役が古城小学校の児童を境内の相撲場に集合させ、準備運動の後、開会式が始まる。

一時三十分から願の相撲を五番、同三十五分から紅白戦一八番、同五十八分から個人戦が始まる。三時十分に閉会式が始まり、優勝旗授与、校長挨拶の後、参加賞品を児童一人ずつに手渡す。同十七分、担当総代の挨拶をもって終了する。この日は夕刻より神社駐車場の一画で西手野の青年有志（駕輿丁を務める世代を中心とする）による映写会（アニメ映画「ファインディング・ニモ」）が開かれ、地元の親子連れがやってくる。

翌日の九月二十四日午前十時、田実祭翌日祭を行う。参列者は総代八人である。同十九分に神事が終了し、後片付けしながら社務所に戻る。十一時十七分から直会を始める。十二時前に宮司が退出し、十二時四十分前に解散する。

第二節　祭事構成の変遷――中世・近世・近代・現代の対照から

阿蘇の農耕祭事は、阿蘇神社やその社家などに残された史料[3]によって、少なくとも中世から伝承されてきたことが分かっている。しかし、そうだからといって当時から稲作儀礼として意味づけられてきたと断定する根拠とはならないし、また一年に数ある祭事のうち特定の儀礼だけを選別して祭祀全体の意味を与えようとする分析方法の妥当性についても見直すべきであろう。そこで、ここでは祭事全体の構成に着目しながら阿蘇神社祭祀の性格について検討する。同社の神職が催行してきた祭事を時代別にまとめたものが表2―4である。祭事構成をみると、各時代における阿蘇神社を取り巻く社会状況が理解できる。

現在でこそ阿蘇神社は宗教法人法にもとづく一宗教団体にすぎないが、歴史を遡れば政治的権威として存在した時代があった。古代には『延喜式』神名帳記載の官社として国家の崇敬を受け、中世に至ると阿蘇大宮司[4]は建武政権より阿蘇郡一円の支配権と三末社（肥後国詫摩郡の健軍社、同益城郡の甲佐社、同宇土郡の郡浦社）の支配権を得

表2－4　阿蘇神社の祭事構成の変遷

	1月	2月	3月	4月
現在	歳旦祭（元日） 成人祭（成人の日） **踏歌節会**（旧暦1月13日） **歌い初め**（旧暦1月16日　於国造神社）	月次祭（1日） 節分祭・星祭（節分の日） 紀元節祭（11日）	月次祭（1日） **卯の祭**（初卯～次の卯日） **田作祭**（巳～亥日　於年禰社・旧社家宅） **春祭**（28日　於国造神社） 鯰社祭（国造神社境内社）（28日）	月次祭（1日） **風祭**（旧暦4月4日　於風宮）
昭和戦前期	歳旦祭（元日） 元始祭（3日） **踏歌節会**（旧暦1月13日）	月並祭（1日） 節分祭（節分の日） 紀元節祭（11日） 祈年祭（17日） 祈年祭（18日　於国造神社）	月並祭（1日） **卯の祭**（初卯～次の卯日） **田作祭**（巳～亥日　於年禰社・旧社家宅）	月並祭（1日） **風祭**（旧暦4月4日　於風宮） 天長節祭（4月29日）
近世後期	朔日御祭（1日） 太守様年始御代拝（1日） 公義定例御祈禱（1～3日） 卯之祭（卯日） **踏歌ノ節会**（13日） 御神楽（15日）	朔日御祭（1日） **卯之市始メ之御祭**（初卯） **田作御神事**（初亥日） **卯之市成就之御祭・田作神事跡祭**（辰日）	朔日御祭（1日） 節句祭（3日） 山上御祭（15日） 穀雨御祈禱（穀雨） 奉祭（20日）	朔日御祭（1日） **風祭**（4日）
近世中期	朔日祭（1日） 卯日祭（卯日） 節句祭（7日） **福祭**（13日）	朔日祭（1日） **卯市祭**（初卯） **田作祭**（於年神社）	朔日祭（1日） 節句祭（3日）	朔日祭（1日） **風鎮祭**（4日　於風宮）
中世	朔幣（1日） 御神楽（初卯・中卯・乙卯） 元三御祭（3日） 修正会（7日） **踏歌節会**（13日） **踏歌会ノ御祭礼**（13日　於国造神社）	朔幣（1日） 御神楽（初卯・中卯・乙卯） 春神主之御祭礼（初卯） 下野御狩（初卯） 御祭礼（初午） **富安之市**（中卯） **歳神起シ**（初巳） **田作ノ御祭**（初亥） 常楽会（15日）	朔幣（1日） 御神楽（初卯・中卯・乙卯） 御祭礼（3日） 桜会御祭礼（15日） 御池祭（15日）	朔幣（1日） 御神楽（初卯・中卯・乙卯） **風逐之御祭**（4日） 仏生会（日付欠）

	5月	6月	7月	8月
現在	月次祭（1日）	月次祭（1日） 山上神社例祭火口鎮祭（初旬） 雷除祭（5日） 大祓式（30日）	月次祭（1日） **風祭**（旧暦7月4日 於風宮） **御田祭**（26日 於国造神社） **御田祭**（27／28／29日）	月次祭（1日） **柄漏流**（6日） **眠り流し**（6日 於国造神社） **火焚神事**（8月19日～10月18日 於霜宮）
昭和戦前期	月並祭（1日）	月並祭（1日） 雷除祭（5日） 大祓（30日）	月並祭（1日） **風祭**（旧暦7月4日 於風宮） **国造神社例祭**（26日） **例祭**（28日）	月並祭（1日） **柄漏流**（6日） **火焚神事**（8月19日～10月18日 於霜宮）
近世後期	朔日御祭（1日） 公義定例御祈禱（1～3日） 卯之祭（卯日） 節句御祭（5日） 雷除御祈禱執行（5日）	朔日御祭（1日） **御田植御祭礼**（24日） **（御田植祭）**（26日） 夏越ノ祭（29日）	朔日御祭（1日） **風祭**（4日） **乙女上ケ**（7月6日～9月8日 於霜宮） 節句御祭（7日）	朔日御祭（1日） **奉賽御祭**（15日） **奉賽**（15日 於国造神社）
近世中期	朔日祭（1日） 卯日祭（卯日） 節句祭（5日）	朔日祭（1日） **祭**（24日 於国造神社） **御田植祭**（26日）	朔日祭（1日） **風鎮祭**（4日 於風宮） **眠流祭**（6日） **（火焚神事）**（7月7日～9月8日 於霜宮） 節句祭（7日）	朔日祭（1日） **祭**（15日）
中世	朔幣（1日） 御神楽（初卯・中卯・乙卯） 御祭礼（5日）	朔幣（1日） 御神楽（初卯・中卯・乙卯） 臨時之御祭礼（20日） **御田会之御祭**（24日 於国造神社） **御田植之御祭礼**（26日）	朔幣（1日） 御神楽（初卯・中卯・乙卯） **（火焚神事）**（7月1日～9月9日 於霜宮） **風逐御祭**（4日） 七夕之御祭礼（7日） 御供（14日） 蓮華会之御祭礼（15日）	朔幣（1日） 御神楽（初卯・中卯・乙卯） しかくの祭（1日～15日） **放生会御祭**（15日）

出典	9月	10月	11月	12月
	月次祭（1日） **田実祭**（23・24日 於国造神社） **田実祭**（25・26日） 金婚奉告祭（26日）	月次祭（1日） 茱萸会祭（15日）	月次祭（1日） 紅葉祭（14日） 薄紅祭（15日） 新穀感謝祭（23日）	月次祭（1日） 門守社祭（境内社）（12日） 天長節祭（23日） 大祓・除夜祭（31日）
阿蘇神社所蔵『社務日誌』の昭和初期数年分を参照	月並祭（1日） 昇格記念祭（9日） **田実祭**（24・25日） **田実祭**（30日 於国造神社）	月並祭（1日） 茱萸神事（15日）	月並祭（1日） 明治節祭（3日） 紅葉祭（14・15日） 行幸記念祭（17日） 新嘗祭（23日）	月並祭（1日） 門守社例祭（境内社）（12日） 大正天皇遥拝式（25日） 除夜祭
「阿蘇宮年中行事」	朔日御祭（1日） 公義定例御祈禱（1～3日） 卯之祭（卯日） 節句御祭（9日） （祭）（15日）	朔日御祭（1日） （祭）（15日） 秋祭（21日）	朔日御祭（1日）	朔日御祭（1日） 節会祭（12月中） 歳暮之御祭式（28日）
『肥後国志』	朔日祭（1日） 卯日祭（卯日） 節句祭（9日） 茱萸会祭（15日）	朔日祭（1日） 紅葉会祭（14日） 薄紅会祭（15日）	朔日祭（1日） 祭（20日）	朔日祭（1日）
「年中祭式之次第」「阿蘇社年中神事次第写」「阿蘇社四季神事諸役次第」	朔幣（1日） 御神楽（初卯・中卯・乙卯） しかくの祭（1日～9日） 御祭（9日） 菊会之御祭（15日）	朔幣（1日） 御神楽（初卯・中卯・乙卯） 紅葉会御祭礼（14日） 紅葉八講御祭（15日）	朔幣（1日） 御神楽（初卯・中卯・乙卯） 冬神主の祭（1日） 火迎御祭（酉～寅日 於国造神社） 臨時之御祭（20日） 権現御祭（24日）	朔幣（1日） 御神楽（初卯・中卯・乙卯） 駒取之御祭礼（初卯）

＊史料には内容の記載があるものの、祭事名が書かれていないものがある。その場合は便宜上、括弧書きで適当な名称をつけた。
＊近世以前の日付は旧暦。
＊太字は阿蘇の農耕祭事に該当する祭事。

て在地領主化し、社領は阿蘇郡外にも及んでいた。その後、中世末期には戦乱のため一時没落したが、近世に入ると藩主の庇護のもと復興した〔杉本 一九五九〕。近代に入ると旧来の権益の多くを失ったものの、官社（明治四年五月十四日国幣中社に列格、同二十三年四月七日官幣中社昇格、大正三年一月四日官幣大社昇格）として国家の支持を受けた。各時代の祭事構成は以上の歴史的背景を反映している。

例えば、中世の祭事には当時の阿蘇神社の権威を象徴するようなものが見受けられる。特に二月卯の日の下野狩は、中世の祭事のなかでも御田祭と並んで大宮司が出仕する重要な行事で、[5]社家、供僧のほか領民を合わせて二、三千人の勢子を阿蘇山西麓に集めて巻狩りを行うという、在地領主化した大宮司の軍事動員力をも示す大規模なものであった。また、十二月初卯の日の駒取の祭礼は、阿蘇山上から阿蘇大明神（健磐龍命）の神霊を下社の阿蘇神社まで迎える祭祀であるが、このとき肥後国府の在庁官人三三人が社家とともに「北の御門」（阿蘇山火口）まで一五頭の神馬を率いて迎えに行った。阿蘇山は火山神として古代には幾度となく朝廷の祈禱対象となっていたから（第七章、**表7―4**参照）、この祭祀は少なくとも地域的農耕神を祀るのではなく官社としての超地域的な祭祀として営まれたものであったといえる。また、春神主の祭（二月初卯）と冬神主の祭（十一月一日）は、それぞれ神祇令第六に規定される仲春の祈年祭と仲冬の上卯相嘗祭に相当するもので、国衙より灯油料足（祭典にかかる灯油代金）を下されているから、中世の段階でも官社的性格の祭祀が続いていた〔杉本 一九五九、佐藤 一九九八、阿蘇編 二〇〇七〕。一方、近世になると大宮司の政治的権威を示す性格の祭事に替わって、藩主名代による年始代拝や公儀定例祈禱（一・五・九月一日）、御田祭における藩主の代参など、公儀を意識した部分が現われる。[6]また、参照した史料には記載がなかったが、阿蘇神社神職の話によると、現行の節分祭は近世に吉田神社（京都市左京区鎮座）から伝わったのではないかという（**写真2―8**）。近世中期の阿蘇大宮司は吉田家の支配下にあったから、この伝承自体にはそうした経緯が反映されているといえよう。

写真 2–8　節分祭
（2004 年 2 月 3 日、筆者撮影）

中世から近世にかけて行われた祭事には、卯の日の神楽（中世は毎月、近世は一、五、九月）、五節句（一月七日・三月三日・五月五日・七月七日・九月九日）、仏教系の祭事（修正会、常楽会、桜会、仏生会、蓮華会、放生会、菊会、紅葉会、紅葉八講祭）がある。卯の日は祭神が下向した日で阿蘇神社創建に関わる日、五節句は官社の時代に中央から伝えられたもの、仏教系の祭事は当時の神仏習合の状態を示すもの、というように当社が経てきた歴史をよく表わしている。しかし、近代に入るとこれらの祭事はほぼなくなり、替わって法令で定められた祭事（一月三日元始祭・二月十一日紀元節祭・四月二十九日天長節祭・十一月三日明治節祭・十一月二十三日新嘗祭・十二月二十五日大正天皇遥拝式）が組み込まれるようになって、国家神道的性格の祭事が行われるようになった。現在でもこれらに由来する祭事が名称と目的を変えて概ね存続しているが、現代の特徴は成人式（成人の日）や金婚奉告祭（九月二十六日）など、氏子崇敬者を対象とした諸祭が新たに加わっていることである。定例の祭事以外にも、七五三などでは一般崇敬者の参拝がかなりの数に上っているという。

このように祭事構成をみることで、中世―地方官社・在地領主的性格の祭事、近世―公儀を意識した祭事、近代―国家神道的性格の祭事、現代―氏子崇敬者のための祭事、というように各時代における祭事の志向性が特徴的に浮かび上がってくる。歴史的に見れば、阿蘇神社の祭事構成の違いは当社の運営を支える社会経済的基盤の違いを反映していることがわかる。そのような変遷のなかにあって、阿蘇の農耕祭事に指定された祭事群は中世以来行われており、近代以降は阿蘇神社固有の由緒を有する特殊神事として扱われている。そして、固有の性格を伝えるという点に民俗学者は関心を示し、それをナショナルの文脈に翻訳しながら普遍的な意味を付与して信仰の原型（固有信仰）を見出し、民俗文化財としての評価を固定化させていく。ただし、稲作儀礼としての意味を与えるに際して参照された阿蘇神社の由緒自体は、実は近世後期に阿蘇家が阿蘇支配の正統性を藩主・公家・朝廷に対して主張するために整理した結果成立したものであったから（第一章参照）、中世から祭事が存続していてもその意味づけについては社会的・歴史的コンテキストを踏まえて検討するべきである。

第三節　担い手の変化——社家・神人から氏子崇敬者へ

阿蘇神社を支える社会経済的基盤は時代によって移り変わってきたが、このことは同時に祭事の担い手にも影響を与えている。ここではその担い手の変化について、再び個々の祭事を微視的に見ながら確認し、その傾向を把握していく。

（一）阿蘇神社の神職組織の概要

はじめに阿蘇神社の神職組織の歴史を説明する。

中世の阿蘇大宮司は荘園領主として政務に重きを置き、阿蘇谷ではなく南郷谷や南外輪山外側の浜の館を拠点としており（第一章、図1—2参照）、祭祀自体は同社一二の祭神のうち第九宮若彦神を祖とする二〇家二一人の社家が担っていた。しかし、南北朝期の内部抗争や戦国期の大友氏、島津氏との抗争による政治的弱体化を経て、

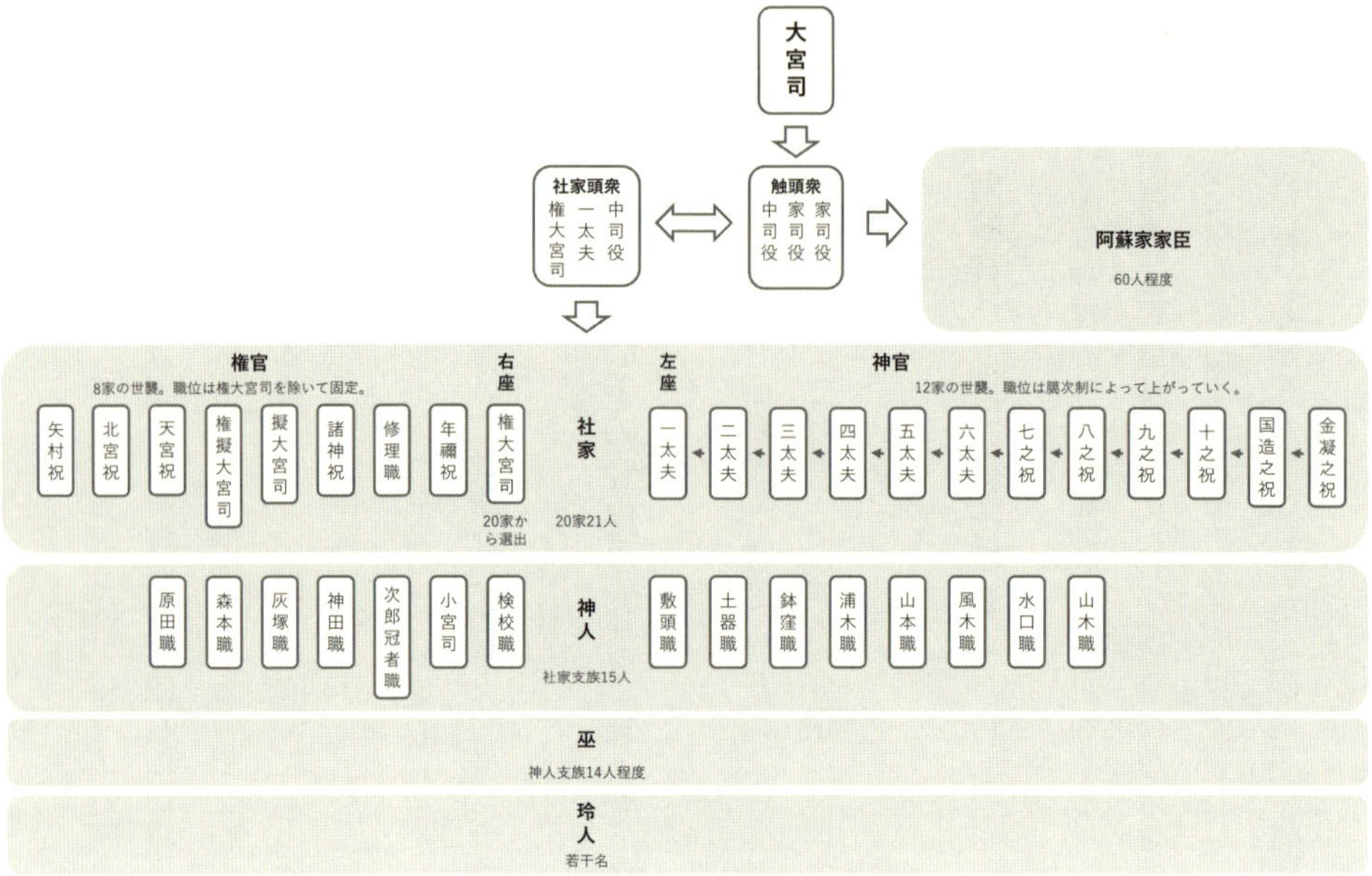

図 2–6　神職組織図

（〔杉本　1959　p303〕および〔池浦　2007　p92〕をもとに筆者作成）

文禄二年（一五九三）、豊臣秀吉から梅北の乱の責を追及されて大宮司惟光が死罪となると同社は没落し、家臣団と社家は一時四散したと伝わる。

慶長六年（一六〇一）、熊本藩主加藤清正は所領を安堵して阿蘇家と阿蘇神社を再興させ、阿蘇家は神職家として存続することになり、離散した社家も復帰して再編された。近世においても阿蘇家に奉仕する家臣団と神社に奉仕する神職集団が存在し、家政と社政が別れていた。したがって大宮司は両集団の頭領的存在であり、実質的な社務については社家が務めていた。社家は世襲の神官（一二人）と権官（九人）の集団に分かれ、神官には一太夫から金凝祝まで臈次制の一二の職階があり、権官には北宮祝など九つの家職があった（図2―6）。権官最高位の権大宮司職のみ当代の社家二〇家のなかから適任者が選ばれて一代限りで草部《くさかべ》姓を名乗った。また、社家以外の神職集団には神人（社家支族、一五人）、巫《かんなぎ》（神人支族、一四人程度）、伶人（若干名）がいた〔杉本　一九五九　三〇三、池浦　二〇〇

七 八九〜九六〕。

社家以下神職たちは阿蘇谷の村々に居住しながら役職に応じて摂末社の祭事に与り所役に当たったが、近代以降、神職世襲制度の解消で多くの神職がその職を辞し[7]、祭事はわずかに残った神職で執り行うことになった。こうして多くの人員を必要とする神賑行事では氏子の協力を仰ぐことになった。その個々の移り変わりの様相は次のとおりである。

（二） 踏歌節会

現在の踏歌節会と歌い初めには神職は関与せず、氏子である駕輿丁が謡う形式となっている。しかし、中世では両社とも神人と供僧と楽所が豊作を寿ぎ踏歌を舞い、その詞は現在の田歌とは全く異なるものであった（「年中祭式之次第」「阿蘇社年中神事次第写」）。近世では福祭との名称で権大宮司宅にて行われ、大宮司、社家、神人、巫、神子が参列するほか、同夜には村役人ほか二〇余人を招いて饗応し、田歌は彼らが謡った（「祭式古例調書控」）。近世になると、神職以外にも藩政の末端役である村役人が参加するようになり、現在の田歌が披露されるようになった。そして現在では氏子中心の祭事へと変わっている。

（三） 田作祭

近世の田作祭宅祭では、年禰神を乗せた神輿は次のように旧社家宅を回っていたが（「阿蘇宮祭日之覚」「阿蘇宮年中行事」「蘇渓温故」）、筆者が調査した二〇〇〇年代には、宮地居住の旧社家が四戸にまで減ってしまっていたので、不足日数分は阿蘇神社旧社務所を祭場にしていた。

巳の日　年禰祝宅・三太夫宅　→　阿蘇神社社務所（夕・翌朝）

午の日　二太夫宅　→　旧社家宅（夕・翌朝）
未の日　一太夫宅　→　旧社家宅（夕・翌朝）
申の日　天宮祝宅　→　旧社家宅（夕・翌朝）
酉の日　三太夫宅・六太夫宅・四太夫宅　→　旧社家宅（夕・翌朝）
戌の日　七祝宅・八祝宅・五太夫宅　→　阿蘇神社社務所（夕・翌朝）
亥の日　年禰祝　→　阿蘇神社社務所（朝のみ）

御前迎えの記録によると、中世では迎えの者は三太夫、四太夫、五太夫、天宮祝から二人ずつ出仕し（「阿蘇社年中神事次第写」）、近世では社家、神人、巫、下人から一人ずつの計四人であったが（「阿蘇宮年中行事」）、現在では阿蘇神社から神職二人、ヒメゴゼを運ぶ柴担《しばかた》げ役二人、警護役一人の計五人である。柴担げ役と警護役は、阿蘇神社氏子青年会とその経験者等で構成する警護団のメンバーである。聞き書きによれば、柴担げ役は昭和三十年（一九五五）頃まで吉松宮の氏子の青年が務めていたという。ヒメゴゼの神体の調製方法は、近世では吉松宮近くの山林で神職自らが目隠しをして神木を選び、その木の枝を宮地の天宮祝宅まで運んで調製していた（「阿蘇宮年中行事」「蘇渓温故」）。聞き書きでも数十年前まで神職が神木を選んでいたというが、現在は吉松宮拝殿内を誰にも見られないよう幕を張り、そのなかで吉松宮の氏子が事前に用意しておいた樫の木を神職が削って作っている。また、現在では吉松宮からは歩かず、濱神社（阿蘇市黒川（上西黒川）鎮座、通称濱宮）まで自動車で移動し、そこから神職二人が馬に乗り柴担げ役と警護役を連れて阿蘇神社まで向かうように変更している。

田作祭の準備や進行の人員は、神職のみの状態から氏子の協力へと変わり、祭事における氏子の役割が増している。

(四) 風祭

中世の風祭は、風之祝が頭役となって社家、周辺村々の代表者、泉八ヶ村の狩人八人が参列し、宮地の風口と手野の風尾《かざお》という場所で祭事を行っていた〔「阿蘇社年中神事次第写」〕。近世の風祭は、一太夫を祭主として社家以下神職全員で神事を行った後、社家四人、神人、巫らで手野の風宮まで風を追い込んだ〔「阿蘇宮年中行事」「阿蘇宮祭日之覚」〕。近代以降は神職数が減った関係で、現在は阿蘇神社の神職二人が担当するようになり、それぞれの風宮では付近の氏子が思い思いに参列している。風祭の人員は、神職と領民から神職のみへと減少している。

(五) 御田祭

現在の御田植神幸式の所役には一般の氏子が就いている。中世において社領郷村に割り当てられた所役としては前払獅子舞があったが、その他の所役については基本的には神職集団が担当しており、例えば駕輿丁(当時一六人)については社家(神官)が受け持ち人員を出していた〔「阿蘇社年中神事次第写」〕。近世後期の段階では、駕輿丁は宮地五ヶ村から四〇人(現行とほぼ同じ)、獅子は周辺村々の百姓が就き、それ以外の所役は神人・巫が務めていた。近世の神幸行列には藩主名代の参列や、警護役として長柄槍二〇筋と鉄砲(数不明)、庄屋四人が付いたことが特徴的であろう。また、これとは別に大宮司も直属の家来三九人を随行させて行列を組んでいた〔以上「蘇渓温故」「阿蘇宮祭日之覚」〕。

近世の御田祭は、藩主名代の参列や藩政の末端役である庄屋が随行するなど、藩の権威を表象する性格をもっていた。それと並行して大宮司の身分も藩から保障されていたから、その権威を示す動きもまだみられた。近代以降は所役のほとんどを氏子が占め、氏子による氏子のための氏神祭のような様相を呈するようになった。

（六）柄漏流・眠り流し

柄漏流と眠り流しについては記録に残る史料が少なく、かつての姿はよく分からないが、近世には駕輿丁のほかに村人も数多く阿蘇神社前に集まり、大宮司宅とのあいだを往復して謡い歩いたという（「阿蘇布理」）。人びとは農作業時にしばしば田歌を謡っていたそうだが、現在は祝宴以外で謡うことは稀で、田歌を謡える人の数も限られている。

（七）火焚神事

火焚神事の中心役である火焚乙女は、中世の記録に「竈女」と記されているが、その人物像は判明しない（「阿蘇社年中神事次第写」）。近世の記録によれば、現在とほぼ同じく一五歳未満の少女が務め、神事期間中に火焚殿で火の番をしていた（『肥後国志』）。この形式は昭和三十年代まで続いていたそうだが、その後、乙女の通学が問題となり、日中は乙女の祖母などが替わりに火の番をするようになった。さらに最近では少女は神事のみ参列し、普段は氏子区域の老婆が毎晩交替で乙女役を務めたり、時間にゆとりのある年配者が代役を務めたりしている。

また担い手に関しては、近世では乙女のほか社家・神人・神子・巫を中心に行っていたが（「祭式古例調書控」）、現在は旧社家関係者が霜宮の宮司を務め、三つの氏子区域が輪番で奉仕するようになっている。

また、令和五年（二〇二三）から阿蘇谷の各集落への霜除け札の頒布を止め、薪代は氏子三地区で負担することになった。近年ではお札を受けない人が増えたり、各地区に集金しに行っても留守で何度も足を運んだり、文句を言われたりすることも度々あり、従来のように阿蘇谷全域へのお札の頒布が難しくなってきたためであるという。

（八）田実祭

田実祭は、中世には放生会、近世には奉祭と呼ばれており、明治以後は田実祭の名称に変わっている。したがって、現在では収穫感謝の祭事と評されているが、それ以前は仏事由来の祭事であった。現在では行われていないが、昭和五十年（一九七五）頃までは拝殿から祓殿[8]までの神輿渡御があり、近世後期の記録によれば、所役の数は御田植神幸式よりも少ないものの、駕輿丁四〇人が宮地から集められ、その他の所役は神職（神人）が務めていた（「阿蘇宮祭日之覚」）。流鏑馬は文化年間（一八〇四～一八一七）に興り、社家が奉納するものであったが（「阿蘇宮年中行事」「阿蘇宮祭日之覚」）、現在は地元の流鏑馬射手会が奉納している。また、相撲に関しては、中世では神官一二人のほかに南郷・西郷の郷村からの奉納もあったが（「阿蘇社年中神事次第写」）、現在は駕輿丁のなかから一四人の力士が選ばれることになっている。ただし、筆者が調査した時点では人手不足のためか一四人集まらず、一〇人で行っていた。

以上、阿蘇の農耕祭事の担い手は次第に神職集団中心から藩政関係者の関与へ、そして氏子の全面的な参加へと移ってきたことを確認した。阿蘇神社を取り巻く社会背景の変化にしたがって神職と氏子との関係性が変わり、そのことが祭事運営にも反映されるかたちとなる。祭事の意味や目的は、そうした担い手の関係性のなかから立ち現われてくるものとして分析する必要があろう。

第四節　稲作への関心の高まり――身分と富への希求

祭事の多くを阿蘇谷に暮らす人びとの協力に頼るようになった契機は、明治初年に始まる一連の神社政策であった。しかし、稲作儀礼的要素を備えているとはいえ、もともと神職集団が担ってきた祭事を、人びとは戸惑いなく引き継げたのであろうか。実は、近世の阿蘇谷の人びとは神職集団とは別の関心から農耕祭事に与っていた。それは身分上昇と富の集積を求めて積極的に新田開発・災害対策に貢献し、その結果として祭事を支えていたという側面である。

第七章で詳しく述べるが、もともと阿蘇谷は自然災害が頻繁に発生する地域であり、これに加えて近世になると、熊本藩の御家人らが積極的に新田開発を進めて阿蘇谷一面を水田化したため、乱開発に伴なう洪水の発生をしばしば引き起こしていた〔阿蘇町町史編さん委員会編 二〇〇四a 三四六～三四九〕。

こうした災害に対して、藩では近世初期より堤防・橋・灌漑施設の設置等の普請（公共事業）を行ってきたが、その人夫や費用については各手永《てなが》（藩内の行政区域）で調達することになっていたので、篤志者からの寸志は大きな役割を果たした。寸志を出したのは武士や富裕農民層である。農民でも寸志を出せば郷士になる道が開け、郷士になれば段階に応じて合羽・傘御免、礼服・小脇差御免、苗字御免、刀御免となって、社会的地位の上昇と、その地位を表示することができた。身分が高くなればその特権で開墾地が御赦免開として年貢が免除され、富を得ることもできた。身分と富への希求によって寸志が集まり、それが阿蘇谷の災害対策事業へと費やされていったのである(9)〔吉村 二〇〇一 一七三～一九三、阿蘇町町史編さん委員会編 二〇〇四a 三五二～三八七〕。阿蘇谷の人びとが社会的地位の上昇と富の集積を果たすには、稲作経営事業に貢献することが必要であった。言い換えれば、現在見られる阿蘇谷の雄大な水田景観の形成は、近世農民の社会経済的関心に起因するのである。そして、稲作経営の安定化は気候や地勢、生産様式を同じくする阿蘇谷全体にわたる関心事であり、これに対する共同祈願も阿蘇谷規模で展開した。例えば、近世後期には風宮の風除け札が村庄屋を介して各戸に頒布されたり〔佐藤 一九九八 九九、「風宮社演書」〕、霜宮の火焚神事で使われる薪が阿蘇谷の村々から供出されたりしていた。阿蘇谷の人びとが、自身の居住するムラを越えて阿蘇谷という地域単位で農耕祭事を支えようとする行動の下地には、このような社会的・経済的・歴史的背景があった。

おわりに——祭事を支える人びとの多様な志向性

阿蘇神社の祭事は当社を取り巻く社会背景の変化に応じてその構成を変えてきた。そうしたなかで阿蘇の農耕祭事は伝承されてきたから、担い手と志向性も時代によって異なっている。

阿蘇谷の開闢《かいびゃく》神話と水田景観は近世特有の社会状況下で成立したものであって、当時の宮司以下神職は阿蘇家および阿蘇神社の権威を藩主・朝廷・公家に対して誇示するために由緒をまとめ上げ、ムラ人側は身分上昇と富の集積を希求する過程において、それぞれ祭事に与ってきた。つまり、少なくとも近世の段階では阿蘇の農耕祭事は両者の志向が異なりながら伝承されてきたのである。

近代に入ると阿蘇神社の神職組織は変わり、祭事所役の多くがムラ人の手に委ねられた。しかしこの段階においてもなお、両者の志向が完全に一致していたわけではなかった。神社は国家の宗祀という扱いで神社行政のもとにあり、また神社運営面では当時、全国の神職たちは国家の宗祀に相応しい施策を求める運動を組織的に展開し、神職身分の待遇改善、神社経費の公費補助などを段階的に達成した〔神社新報社編 一九八六〕。このような時代においては、神職は祭事を催行するにあたり国家祭祀を重視していたといえる。しかしながら、戦後のいわゆる神道指令によって国家の後ろ盾を失った神職は、神社運営においても氏子崇敬者の全面的な協力を求めざるを得なくなった。阿蘇神社も例外ではなく、人びとの関心に沿うかたちで祭事を催行する必要に迫られ、両者の志向を一致させたうえでないと祭事を維持できない状況に置かれた。したがって、冒頭の民俗学的解説の登場は、ナショナルレベルの価値を付与しつつ神社と人びととをローカルレベルで結びつけるという、図らずも時代が求める論理の出現であった。

しかし現在、阿蘇谷に暮らす人びとは稲作経営自体にかつてと同じような価値を必ずしも見出しているわけではないので、神職は神社を支える氏子崇敬者の新たな関心や要望を取り入れて祭事を催行する必要に迫られている。また、現在は阿蘇の農耕祭事が民俗文化財として知られるようになったことから、行政や観光客の要望が絶えず寄せられる状況にあり、さらに今後は阿蘇の世界文化遺産登録に向けた動きのなかで、氏子崇敬者以外の人びとの要求への対応が課題になってくる。

阿蘇の農耕祭事には中世以来様々な担い手と志向性が内在してきたが、今後はそれらに加えてグローバルな価値観が組み込まれていくことになる。そうした輻輳した志向性のなかで、祭事はこれからも伝えられていくのである。

第三章　阿蘇神社の近代

——西南戦争下の阿蘇農民一揆

はじめに――地域社会における前近代と近代の相剋

阿蘇神社祭祀はそれを支える社会体制の変化とともにその構成や意味づけが異なってくる。とりわけ、明治維新は近世社会から近代社会への転換期であり、現行の社会制度や神社制度の大枠が築かれた時期にあたる。その末期に起こった西南戦争は、明治新政府に対する最大規模かつ最後の士族反乱であったが、このとき戦場となった阿蘇谷では同時に農民一揆も発生している。そこで本章では、「御一新」の語で表現された十九世紀の日本社会の転換期において、阿蘇谷というローカルレベルで発露した世直しの様相を、華族、士族、平民という身分関係に着目しながら確認し、近代の阿蘇神社の社会的位置を考察していく。

阿蘇農民一揆に関する先行研究では、地方文書や裁判記録などからその動向が明らかにされているものの、おもに地主―小作関係という社会経済的観点から分析されており〔大江 一九五九、小野 一九六八、水野編著 一九七八〕[1]、その文化的要因については等閑視されてきた。そうしたなか、今村直樹は一揆終息後に続いた民衆による役人・富裕層宅への付け火行為に着目し、これは近世以来の「作法」を継承した「人命に配慮した地域社会における制裁」であり、「富の社会的還元」への要求であったと指摘した〔今村 二〇一五 七三～一〇三〕。今村の研究によれば、以後、富裕層は名望家として活動していくが、このことを本書の視点から言えば、彼らの一連の対応は地域社会内部の倫理的規範を意識したことに因るものといえる。

さて、日本のメシアニズムを研究した民俗学者宮田登は、日本では歴史上、「メシアを必要とするほどの変革観」は見出せず、「やがて米の豊かな幸福に満ちたミロク世になっていくという信仰」が民衆の世直し観であると指摘する〔宮田 一九七五 三三〇〕。宮田にせよ、序論で紹介した和歌森にせよ、社会規範を日常生活の信仰的側面の位相で捉えようとしている。本章においても、神社を取り巻く社会環境が激変した明治初期、一揆に対する神職側と氏子側との態度のなかから、近代の神社祭祀に仮託される社会的関心をみていきたい。

以下では、先行研究では取り上げられていない阿蘇神社の『社務日誌』の記述を取り上げ、宗教的権威や人びとの社会規範意識といった民俗的思考に着目して事例分析を進めていく。

第一節　近世後期の阿蘇谷の社会状況

(一) 社会構成

はじめに幕藩体制下の阿蘇谷の社会状況を説明しておく。村落は火口原の微高地や北外輪山の麓に立地し、水田稲作を主たる生業としてきた。熊本藩では郡と村の中間にあたる規模に手永を置き、郡(郡代)—手永(惣庄屋)—村(庄屋)という行政機構を採っていた。阿蘇谷には坂梨手永と内牧手永の二つの手永が置かれ(2)、近世後期には両手永あわせて四五村ほどあった。庄屋は世襲の職であったが、手永内の村々を転勤していく体制であった〔吉村 二〇〇一 一二二〜一二八〕。

一方、阿蘇谷には式内社の阿蘇神社が鎮座し、国造の阿蘇家が大宮司として、古代から地域的権威として存在してきた。中世には荘園領主という立場で阿蘇郡一帯を社領として支配し、近世には藩主から社領を安堵されたから、当地域では大宮司配下の社家(神官・権官)や神人のほか、阿蘇家直属の家来なども居住していた〔阿蘇編 二〇〇七〕。また、阿蘇郡は豊後国との国境に位置するため、藩は要所に地侍・郡筒《こおりづつ》などの在地鉄砲衆を置いていた。

このようにして、阿蘇谷は古くから農民以外の身分の者たちも多く暮らしている地域であった。

(二) 農民の身分上昇

阿蘇谷では近世後期になると農民が寸志を出して郷士になる例が増えていくことを第一章で述べたが、元来この仕組みは阿蘇谷の新田開発の歴史が関係している。

近世期の阿蘇谷では中西部に広がっていた荒蕪地の水田開発が進められた。熊本藩では土着の郷士や細川氏入国の際に随行した下級の御家人に給地を宛がう余裕がなかったので、彼らに荒蕪地を割り当てて、新地を御赦免開として租税を免じた(3)。そこで彼らは浪人を集めて開墾にあたり、多くの新地が開かれた。こうして阿蘇谷では荒蕪地を割り当てられた地主と、その指揮のもとで開墾した永小作人との階層が形成されるに至った(4)。

近世に入ると御家人らは積極的に新田開発を進めて阿蘇谷一面を水田化したが、それは乱開発となって洪水の発生をしばしば招いていた〔阿蘇町町史編さん委員会編 二〇〇四a 三四六〜三四九〕。また、阿蘇谷はもともと自然災害が頻繁に発生していた地域でもあった(5)。そこで藩では災害対策として近世初期より堤防・橋・灌漑施設の設置等の普請(公共事業)を行ってきたが、費用や人夫については各手永内で調達することになっていたので、篤志者からの寸志は大きな役割を果たした。

有力百姓が郷士化して村内で身分差が生ずる一方、広大な水田を維持するための採草地・放牧地に関する入会慣行もこの頃に形成され、ムラの共同作業が次第に重要になってきたのであった。

第二節　熊本県における西南戦争

明治に入ると郷士としての特権は無くなったが、それでも戸籍の族籍に士族と記載されることは、身分上昇を遂げた彼らにとっては名誉なことであった[6]。そのようななか、明治初期の九州では新政府の方針に不満を抱く士族も多く、相次いで反乱が起こっていた。明治七年（一八七四）二月には佐賀の乱、明治九年（一八七六）十月には熊本で神風連の乱、続いて福岡県で秋月の乱が起こり、翌年の十年（一八七七）には最大規模の士族反乱にして、国内最後の内戦でもある西南戦争が勃発した。薩軍が士族を中心とするのに対して、官軍は平民出身者が多くを占めていたから、この戦争は身分別編成社会から国民国家への転換を決定づけるものであったといえる。

薩軍は明治十年二月二十二日に熊本城を包囲した後、各地を転戦し、田原坂の戦いなどを経て、官軍に次第に追い詰められた末、最後は鹿児島で鎮圧された（同年九月二十四日）。そのような情勢のなかで熊本県内各地において農民一揆が起こったのである。阿蘇郡の一揆は、明治十年二月九日、阿蘇郡下城村（現小国町）から始まって同郡上田村（同）に波及し、二月二十七日に満願寺村（現南小国町）、同二十八日に阿蘇谷の内牧村（現阿蘇市）へと連鎖的に発生している。

明治新政府が成立して社会のあり方が変わっていくなかで、それまでの特権を奪われたと感じる士族の不満、重税に苦しむ農民の不満、この両者の不満が明治十年の九州において暴力というかたちで発露したのである。

第三節　阿蘇谷の打ち毀し――農民と士族の関係

（一）打ち毀しの概略

表3―1は阿蘇谷の一揆の動向と西南戦争の動向を時系列にまとめたものである。明治十年二月二十六日、薩軍は阿蘇谷の西玄関口にあたる二重峠に進出した。一方、官軍の部隊は大分側から順次、阿蘇谷に進出した。阿蘇谷を挟んで薩軍と官軍が対峙する格好となり情勢が不安となるなか、二月二十八日から三月二日未明にかけて地元農民たちによる打ち毀しが発生した（図3―1）。

打ち毀しのきっかけは、自分たちが納めた税金を預かる村役人が、それを県に移送せずに着服しているのではないかという地元農民の疑義に対し、その説明が行われていた集会場（浄信寺、阿蘇市内牧）において士族の片山嘉平太が馬上から不遜な態度を取ったことによる。片山は細川護久旧知事の直書（「大義名分之有ル所ヲ得ト勘弁致シ、決テ軽挙妄動之ナキ様」）を読み聞かせようとしたが、その際、言うことを聞かねば斬ると言って抜刀した。すると農民は薪や竹を手に持ち暴徒化し、戸長や村用掛等の村役人や高利貸しの豪家を目掛けて打ち毀しが始まり、阿蘇谷中に広がった〔水野　二〇〇〇　八二〜八八〕。

参加人数は表3―2のとおりである。三三四一人の参加が認められるが、当時の人口を考えると一戸一人宛で参加が求められたものと考えられる。(7)また、参加人数の半数近くは附和随行であって、手出しはせずに一緒に付いて回っていただけであったことに注目したい。先行研究でも指摘されているように、人びとは打ち毀しに加勢しなければならない状況に置かれていた〔水野　二〇〇〇　九二〜九四〕。加勢しなければ自宅が打ち毀されたり、放

表3–1　阿蘇谷の一揆と西南戦争の経過

日付	一揆の動き	戦争の動き（括弧内は阿蘇郡外の動き）
2月19日		(征討令発令。熊本城炎上)
2月22日		(薩軍、熊本城総攻撃（～23日))
2月25日	小野田村内の綾野下原村、新村の農民が借立米について寄合。	
2月26日	小野田村の村民集会で借立米について傘連判を作成。	薩軍、二重峠に進出。
2月28日	黒流、小野田、小倉、小池、山田、役犬原村などの農民約300人、内牧村の浄信寺において戸長、用掛と集団交渉。解散後、農民は内牧村の地主、高利貸しや戸長、用掛の家を打ちこわし、さらに宮地村へ進む。	
3月1日	一揆勢は坂梨村を打ちこわし、三小区の者は手野村へ、二小区の者は西町、竹原、坊中、北黒川村へと進む。黒川村で内牧村の地主や住職等が打ちこわしの中止を申し入れてきたので、代表が交渉し、「十年前貸金ハ悉皆捨方、十年後ハ元金据置利子ノミ捨方、小作ハ四分六分」の証文をとり、退散した。一揆勢三千と報告されている。	警視隊、大分に到着。
3月2日	一小区の農民が宇土村で打ちこわし。内牧村から山田村へと進む。黒流、小野田村の農民も参加し、さらに内牧村で打ちこわし。内牧の高利貸しは「貸金并質物悉皆捨方」と張り出した。	
3月3日	小野田村では下原の天神社で寄合、「町方ニテモ借財一切捨方相成候ニ付、村方モ捨方ニ可致事ニ相談シ悉皆捨方」を要求すると決定。	
3月4日		(官軍、田原坂攻撃開始)
3月5日	黒流村の農民は内牧村の高利貸しから借金証文を取り返す（3月中旬まで続く)。	
3月8日	小野田村では借立米について歎願書を作成。	
3月10日		警視隊が竹田から笹倉、大利村等に進出（警視隊は5個小隊500名、外に2小隊)。
3月15日		警視隊が坂梨村に進出、次いで内牧村に進出。坂梨、内牧村で有志隊が結成される。
3月18日		二重峠の戦い。 警視隊、二重峠の薩軍を攻撃。34名の戦死者を出し内牧、坂梨村へ退く。
3月20日		(官軍田原坂第6次総攻撃、薩軍撤退)
4月3日		警視隊が竹田に撤退。薩軍は坂梨村に進出し、大黒屋に本陣を置き、滝室坂に陣を築く。
4月7日		警視隊は笹倉村に進出。
4月13日		滝室坂の戦い。 激戦の末、薩軍は敗れ、二重峠に後退。
4月20日		大津の戦いで薩軍が敗退し、翌21日に二重峠の薩軍も撤退。

＊〔水野 2000 pp. 106-108、pp. 185-191〕をもとに筆者作成。

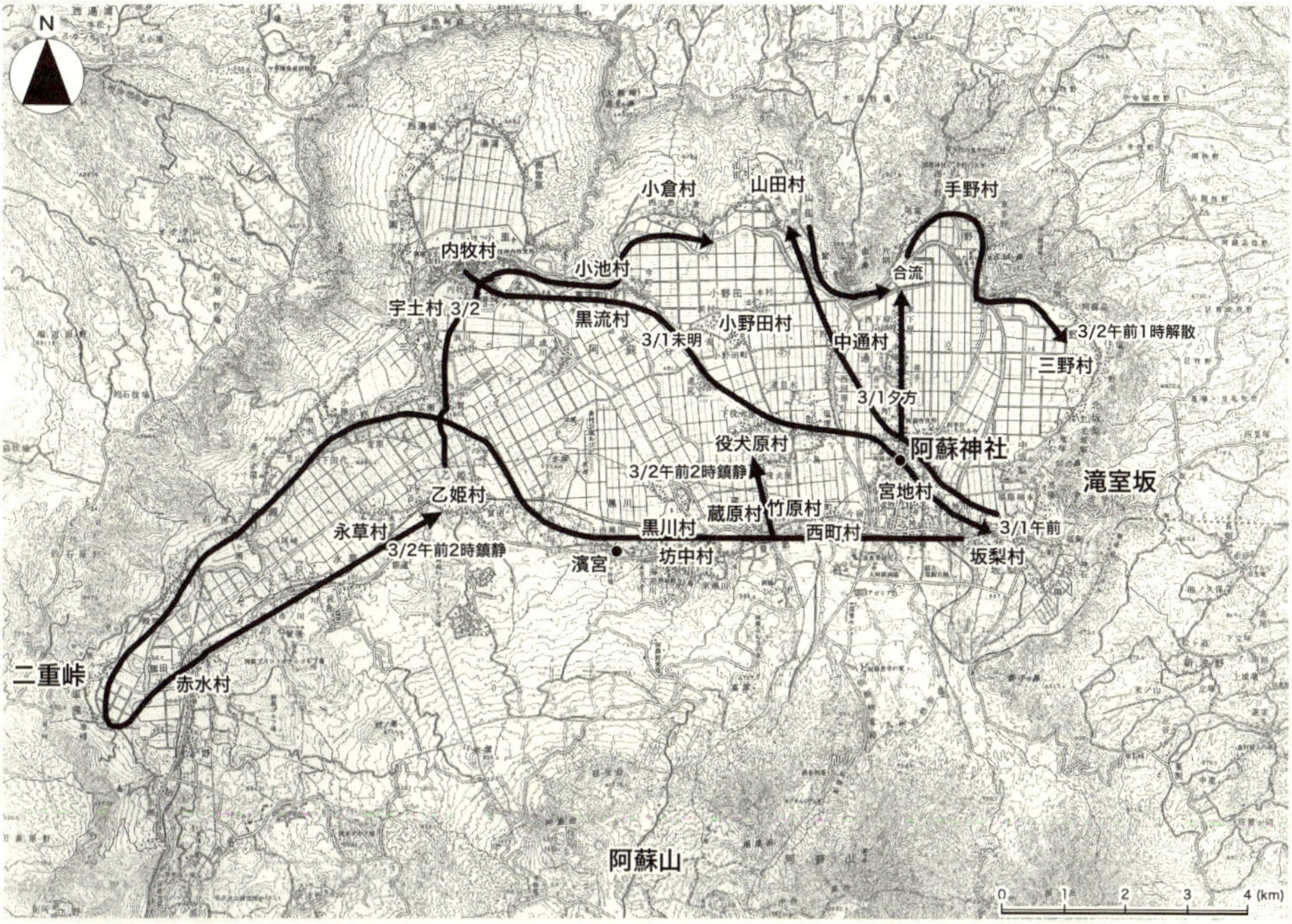

図 3–1　阿蘇谷一揆の行程（「社務日記」（明治 9 年）、〔水野 2000〕および阿蘇市役所発行「阿蘇市全図（50000 分の 1）」をもとに筆者作成）

火されたりするのではないかと恐れ、ともに行動を起こしたものだったらしい。その雰囲気は次の調書の記述から伝わってくる。

①永草村　平民農業　白石義平　四十六年四ヶ月
自分儀、明治十年三月一日、近山ニ薪取リ参リ日暮ニ帰宅仕候処、党民共乙姫村ニ押寄来リ、加入不致者ハ打毀候旨口々申立候間、自宅ヲ破毀サル、ハ残念ノ至ト存シ、自分ハ鉈ヲ携ヘ狩尾村ニ罷越候処、右党民ニ行逢ヒ、夫ヨリ一同坂梨典治宅ニ押入リ、自分ハ米三俵切崩シ、続テ本宅之建具ヲ破毀シ……（後略）

②赤水村　平民　今村長八　外七名
自分共儀、明治十年三月一日、各在宅罷在リ候処、当大区二三小区村々一揆ヲ起シ、加党セザル村々ヘハ押掛ケ乱暴ニ可

表3–2　村別一揆参加者数

（人）

小　区	村　名	一揆参加者数				
		計	兇徒聚衆	放　火	破毀牆屋	附和随行
5大区5小区	栄村（合志郡）	1				1
1小区	永草村	86			44	42
	車帰村	32			27	5
	蔵原村	55			41	14
	的石村	59			25	34
	黒川村	65			52	13
	南黒川村	51			40	11
	東黒川村	52			42	10
	北黒川村	53			32	21
	西黒川村	58			46	12
	宇土村	12			1	11
	折戸村	15			5	10
	赤水村	63			20	43
	乙姫村	64			14	50
	坊中村	38			23	15
	跡ヶ瀬村	24			13	11
	狩尾村	149			78	71
	無田村	6			6	
	日新村	2			2	
2小区	黒流村	50	8		31	11
	小野田村	134	8		58	68
	役犬原村	154		5	69	80
	内牧村	237			53	184
	甲賀無田村	1				1
	小池村	15			9	6
	小里村	31			15	16
	山田村	86			40	46
	西町村	71			57	14
	小倉村	67			34	33
	小園村	26			15	11
	宮原村	16				16
	西湯浦村	61			14	47
	湯浦村	70			32	38
	成川村	51			20	31
	今町村	30			17	13
	竹原村	70			46	24
3小区	宮地村	485			231	254
	中通村	198			166	32
	三野村	150			89	61
	手野村	153			75	78
	坂梨村	221			73	148
	北坂梨村	79			49	30
計		3341	16	5	1704	1616

〔水野編著 1978 p. 274〕および〔水野 2000 pp. 110-111〕をもとに筆者作成

及旨口々申呼リ候ニ付、不得止相加リ、処々随行中多勢ノ勢ヒニ乗シ、今村長八ハ狩尾村坂梨典治方戸板并板壁等打崩シ、野田次作ハ山田村湯浅政休方厩ノ柱ヲ切リ……（後略）

③蔵原村　士族　山内常彦　二十年八ヶ月

自分儀、明治十年三月一日未明、党民役犬原へ押掛ケ同村屠牛場へ放火致シ候節、居村竹原茂八郎相見へ、右党民共党与致サ、レハ火ヲ放ツト相呼リ候ニ付、村内之者供々出方不致候テハ相成間敷旨申聞ルニ付、茂八郎並ニ山崎儀平ト相談ノ上、村方ノ者十二三名相誘ヒ、西田村ノ内字河原ニ於テ党民ニ相加リ、西町村佐藤壽一郎居宅打崩ノ際、割木ヲ以テ壁少々毀損致シ候、最モ其節同村蔵原惟康並ニ竹原村佐藤嘉四郎居宅打崩シ有之候へ共、更ニ関係致サス……（後略）（以上、〔水野編著 一九七八 一二二～一二三〕より転載、傍線筆者）

平民とともに打ち毀しに加わった士族もいるが、先行研究によれば彼らは村の指導的地位にある者たちだった。これらの士族はこれに加勢したその他の平民と同水準の生活を営み、日頃からムラ付き合いをする間柄だったのだろう。参加者のなかには、日頃付き合いのあるイエに対する打ち毀しに躊躇する者もいた。平素のムラ付き合いのあり方が打ち毀し時にも表われている。

先行研究が指摘しているように、打ち毀されたイエは土地を集積した豪農や村役人であった。豪農は近世期の寸志行為によって士族となっていた。

（二）被害の実例

打ち毀しの破毀戸数は六一戸、そのうち戸長・用掛などの村役人の家が三六戸、ほかは高利貸しなどの家であ

写真 3–1　修復した柱
（阿蘇市狩尾の高橋家。2008 年 8 月 9 日、筆者撮影）

る〔水野 二〇〇〇 八六〕。イエの象徴である母屋の大黒柱や富の象徴である蔵が狙われたようである。手野村で庄屋を務めた家系の人の話（昭和八年生まれ）によれば、幼少の頃に住んでいた家屋の柱には打ち毀しのときの傷があったという。当時から百年以上の時間が経っているが、現在でも打ち毀しの跡をいくつか見ることができる。

　阿蘇市狩尾（甲賀無田）の高橋家には、鉈で削られた柱が数本残され、座敷の柱や鴨居に補修した跡がある（写真3—1）。座敷には、熊本県から下賜された手当金の証書が飾られている（写真3—2）。主人の話によると、彼の祖父は士族という意識が強く、日頃から家の中では一段高くなった奥座敷に座っていて、その部屋以外は使用しなかったという。

　また、阿蘇市西町の蔵原家では、二階の壁に小さな穴が設けられ、一階の天井裏に通じている（写真3—3）。主人の話によると、これは打ち毀しのときに避難するために穿った穴と伝えられているという。この家は阿蘇家の家来に当たる士族の家系で、地域の有力者として議員（蔵原惟昶）なども務めていたという（前掲資料③に記載の蔵原惟康家）。

　筆者が阿蘇谷の村々でフィールドワークをした限りでは、村役人だったイエは必ずしも豪農というわけではない。打ち毀しの対象となるイエは、農民たちから自分たちの生活を苦しめていると見做されたイエだったと考えられる。それに対して、自分たちと同じ立場や同じ状況にあると認識されたイエの者は、士族であっても打ち毀しの対象とならず、むしろ加勢するよう周囲から促されている（前掲資料③参照）。

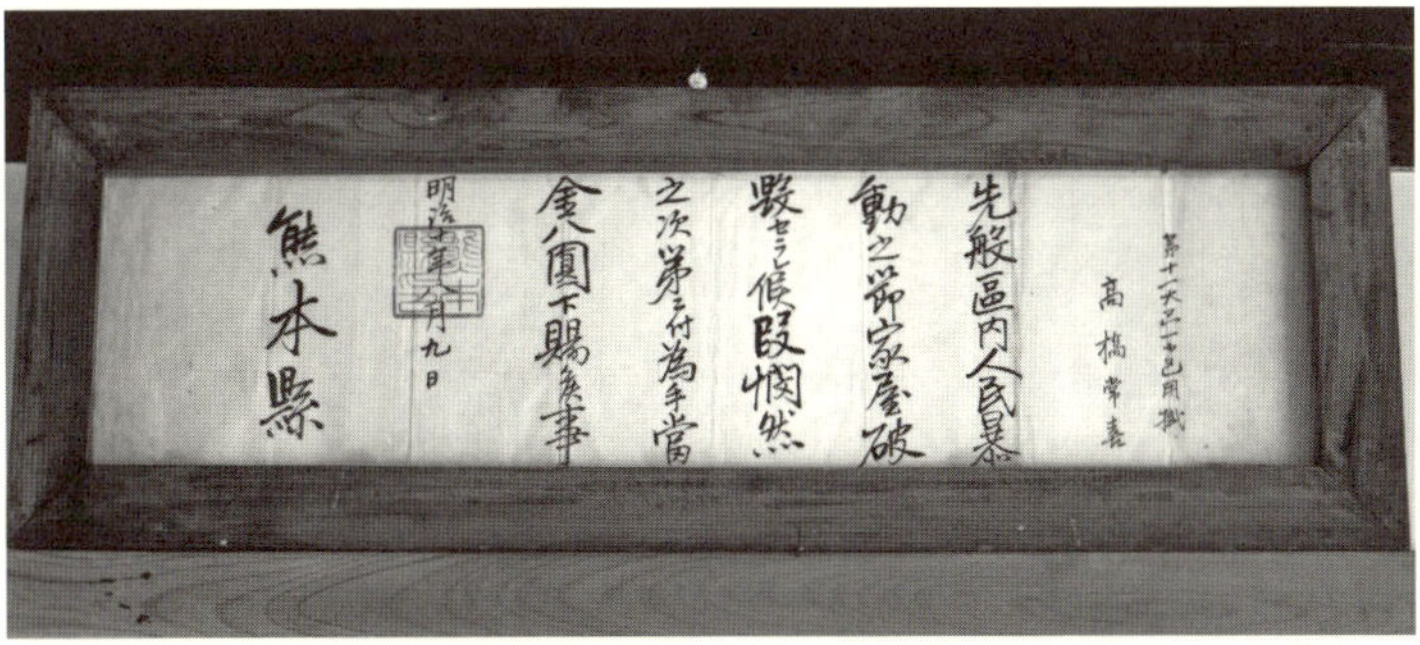

写真 3–2　熊本県からの手当金下賜の証
（阿蘇市狩尾の高橋家。2008 年 8 月 9 日、筆者撮影）

写真 3–3　壁に開けられた逃走用の穴
（阿蘇市西町の蔵原家。2009 年 10 月 25 日、筆者撮影）

第四節　阿蘇神社の対応

（一）神職の社会的位置

阿蘇郡北部地域から打ち毀しが始まり、阿蘇谷でも情勢が不安となるなか、阿蘇神社神職や寺院僧侶が説諭に奔走したことは注目に値する。明治に入ると阿蘇家は華族に列せられ（明治五年五月十九日受爵）、その他の神職たちは士族であったというが、少なくとも近世においては農民でも武士でもない身分として、当地域では格別の地位にいた人びとである。彼らは打ち毀しのときにどのような対応をとっていたのであろうか。

阿蘇神社には明治初年からの『社務日誌（記）』が保管されており（**写真3―4**）、ここで当時の記述を追ってみよう。

二月廿八日晴　　　　　　　　　　　　宿直　宮川深
　　　　　　　　　　　　　　　　　　仝　　松本為造

一ノ小区ノ人民等不穏ノ由ニ付、為説諭権宮司外両名出張之処ニ相決候事

まず、二月二十八日に権宮司以下二名が説諭に向かうことを決めたが、その翌日には打ち毀しが始まってしまう。

三月一日晴

宿直　宮川深
仝　宮川千尋

今日百姓一揆ノ起ハ、昨二月廿八日、二ノ小区副戸長ヲ同小区ノ暴民ドモ捕縛致、内牧詰所ニ押寄ントスル時、同所ノ郷士片山某馬上ニテ押付勝手ノ説諭ニ暴民等立腹シテ、郷士片山ガ家ヲ始メ同町ノ豪家両三軒ヲ打崩シ、一ノ小区ノ人民ヲ誘ヒ、本日午前二字(ママ)一千人斗リ宮地町ニ押寄、豪家佐伯栗林ノ両三軒ヲ打崩ス、此時三小区ノ人民走加リ都合四千人斗、午前十字(ママ)坂梨町ニ押至リ、同所豪家菅両家市原両家ヲ打崩シ、新松山ニテ二手ニ分レ、今一手ハ三小区副戸長井手某ガ家ヲ打崩シ、村用掛岩下家入ガ家ヲ打崩シ、当町ニ押出ントスル時、当神社正権宮司已下横町ニ出張致種々手を盡シ説諭ニ及ヒ候、依テ町内ニハ手出不申用掛ヲ打崩可申ト一揆共手分ケ致シ、宮川直衛、宮川経延、後藤屯一同ニ打崩シ、午後四時高宮廣雄エ押寄家蔵不残打崩シ、又二手ニ分ケテ、一手ハ山田村エ押寄用掛両家ヲ打崩シ手野村エ押出ン、今一手ハ井手村用掛岩下ヲ打崩シ、尾籠ニテ山田手ニ加リ部田目組ヲ押廻シ用掛不残打崩シ、本月二日午前一時頃時ノ声ヲ揚テ引取候由、又新松山ヨリ分レタル一二ノ小区ノ者共ハ、西町村蔵原某一ノ小区ノ戸長ガ家ヲ崩シ、坊中町豪家一二軒ヲ打崩シ、黒川用掛ヨリ乙姫永草エ押廻ス、今一手ハ蔵原、竹原、役犬原、四分一村之用掛不残打崩シ、本月二日午前二字(ママ)一揆共一先ツ自鎮ニ及候事

（傍線筆者）

写真 3–4　社務日記（阿蘇神社蔵）

一揆勢は阿蘇神社方面に進んで行った際、権宮司以下神職

たちが「種々手を盡シ説諭ニ及」んだことを受け、宮地町内の一般家庭に手を出すことを止めて用掛の家屋を対象にした。神職たちは具体的にどのような内容で交渉し、一揆勢を説得させたのかまでは不明である。そしてその後の記述を追うと、三月三日に宮司と随行の神職が三野村まで説諭に赴いたことがわかる。

三月三日 曇　　　　　　宿直　宮川深
　　　　　　　　　　　仝　　松本為造

一揆ノ者共説諭トシテ、宮司并ニ宮川千尋、三野村ヱ出張候事

その後、三月十三日に征討総督有《あり》栖《す》川《がわ》宮《のみや》熾仁《たるひと》親王《しんのう》の告諭書および旧藩知事細川護久の説諭書をもって人びとに説諭する旨の達が阿蘇神社のもとに届き、(8) 社内で協議の上、十四日から十六日にかけて神職たちが各村に説諭に向かっている。

三月十三日 雨雪　　　　宿直　宮川千尋
　　　　　　　　　　　仝　　宮川宗正

行在第四五号達書、黒田戸長ヨリ山口祠掌ヲ以テ逓送、人民へ告諭致呉候様依頼、依テ神官一同協議、人民へ説諭可致筈ノ事

三月十四日 晴　　　　　宿直　宮川千尋

仝　宮川清人

行在所御達ノ趣ニ付、手埜村説諭トシテ吉瀬権宮司、草部祢宜、中通ニハ松本祢宜、随行山口祠掌、宮地四ヶ村ニ者千尋村社祠掌、宮川瑞人両人ニテ塩塚村十戸長ヲ始、宝村、白粉《ママ》原村、植木原村、奥ノ園邑、十人長宅ニ罷リ、御布告ノ趣懇諭ニ及候事（傍線筆者）

三月十五日晴　　宿直　宮川千尋

仝　宮川深加志

変動ニ付三ノ邑説諭トシテ宗正主典、宮川瑞人両人罷越候事

三月十六日雷　　宿直　宮川千尋

〃

前日同様説諭トシテ、西川原邑へ松本祢宜、山口祠掌罷越候事

説諭に当たったのは、阿蘇惟敦宮司、吉瀬真種権宮司、草部学爾宜、松本為造爾宜、宮川千尋権爾宜、[9] 宮川宗正主典、随行の山口祠掌、宮川瑞人を加えた計八名で、二人一組になって第三小区の村々を回って「御布告ノ趣」を伝えている（表3―3）。この行動の背景には、当時、官国幣社の神職（正確には神官）は教導職という立場を兼ねていたことが挙げられる。[10] 教導職とは明治五年に教部省が始めた国民教化運動（大教宣布運動）の担い手で、同五年四月二十八日教部省達の「三条の教則」（「敬神愛国」「天理人道」「皇上奉戴・朝旨遵守」）を民衆に説いて回る役割を担った。「三条の教則」とは「国民生活の日常における倫理的ガイドライン」ともいえるものであったから「三

表3–3　説諭に回った神職（神官）一覧

神職職位	氏　名	教導職職名（等級）	説諭先（説諭日）	備　　考
宮司	阿蘇惟敦	権少教正（6級）	三野村（3月3日）	
権宮司	吉瀬真種	中講義（9級）	手野村（3月14日）	
禰宜	草部学	少講義（11級）	手野村（3月14日）	
禰宜	松本為造	（不明）	中通村（3月14日） 西川原村（3月16日）	西川原村は中通村の内。
権禰宜	宮川千尋	権少講義（12級）	三野村（3月3日） 宮地四ヶ村（3月14日）	宮地四ヶ村は宮地村の内。
権禰宜	伊牟田通並	権少講義（12級）		説諭参加せず。
権禰宜	宮寄春海	（不明）		欠勤状態。
主典	宮川経茂	（試補ヵ）		説諭参加せず。 教導職試験欠席のため等級外ヵ（「明治9年社務日誌」1月18日）。
主典	宮川宗正	訓導（13級）	三野村（3月15日）	
主典	宮川清人	訓導（13級）		説諭参加せず。
主典	宮川深	訓導（13級）		説諭参加せず。
祠掌	山口	（試補カ）	中通村（3月14日） 西川原村（3月16日）	西川原村は中通村の内。 祠掌のため阿蘇神社の神官ではないと考えられる。
（見習いヵ）	宮川瑞人	試補	宮地四ヶ村（3月14日） 三野村（3月15日）	宮川三友氏作成の社家系図（2001年作成、手野の山部家所蔵）では、瑞人は宮川播磨経為の子と記す。明治13年以降、社務を担う。

＊明治10年3月の阿蘇神社神職一覧（〔湯川 2024 p. 26〕をもとに筆者作成）。教導職職名は〔井上・阪本編著 1987 p. 363〕および『社務日誌』明治9年および10年を参照した。

宅二〇一五 二〕、教導職である阿蘇神社の神職たちは、西南戦争下の一揆勢に対して、新政府の倫理をもって在地の倫理的規範に対峙したのである。

『社務日誌』によれば、すでに前年の明治九年八月から九月にかけて神職たちは手分けして阿蘇谷の村々を説教に回っており、説諭の下地はできていたものとみられる（表3―4）。ただし、神職たちは翌年三月の打ち毀し自体を止められなかったか、止めてはいなかった。後者であるならば、彼らは人びとの不満の対象を読み取って無関係なところには被害が及ばないように誘導したといえる。神職の族籍は士族であったが、打ち毀される側でも打ち毀しに加勢する側でもなく、武士でも農民でもない神職という位置にいた。とりわけ阿蘇家は華族という世俗から超越したところに位置していた。一方、打ち毀しに遭った宮川経延家は旧社

表3–4　教導職の活動実績

月日	行き先	人　　員	聴衆人数
8月14日	小野田村	阿蘇惟敦（宮司、権少教正）、吉瀬真種（権宮司、中講義）、宮川千尋（権禰宜、権少講義）、宮川深（主典、訓導）、宮川瑞人（試補）、宮川檍	300人余
8月15日	内牧村	吉瀬真種（権宮司、中講義）、草部学（禰宜、祢宜）	500人
8月24日	手野村	吉瀬真種（権宮司、中講義）、宮川千尋（権禰宜、権少講義）、宮川清人（主典、訓導）、宮川経茂（主典）、宮川深（主典、訓導）	300人余
8月26日	赤水村	阿蘇惟敦（宮司、権少教正）、宮川千尋（権禰宜、権少講義）、宮川宗正（主典、訓導）	300人余
8月27日	坊中村	阿蘇惟敦（宮司、権少教正）、宮川千尋（権禰宜、権少講義）、宮川経茂（主典）、宮川宗正（主典、訓導）、宮川深（主典、訓導）	400人余
9月13日	三ケ村	吉瀬真種（権宮司、中講義）、宮川宗正（主典、訓導）	不詳
9月22日	宮地村(於阿蘇家)	吉瀬真種（権宮司、中講義）、宮川千尋（権禰宜、権少講義）、伊牟田通並（権禰宜、権少講義）、宮川宗正（主典、訓導）、宮川深（主典、訓導）、宮川経茂（主典）	不詳
9月23日	手野村学校	阿蘇惟敦（宮司、権少教正）、吉瀬真種（権宮司、中講義）、伊牟田通並（権禰宜、権少講義）	不詳
10月4日	野中村	宮川千尋（権禰宜、権少講義）	不詳

＊『明治九年社務日誌』から抜粋。

家であったが、維新後に神職から離れて用掛の職にあり、一揆勢からは他の士族と同じ位置にいるとみなされたのであろう。

いずれにせよ打ち毀しがあった三月一日、神職たちの説諭の甲斐もあってか、嘉永三年（一八五〇）に完成した楼門をはじめとする社殿群は破壊を免れた。社殿群は近世社会が終焉を迎える時期に完成したものだが、当時は「天文ノ旧ニ復ス」と表現され（『阿蘇家伝』巻六、六〇丁）、中世阿蘇社の威光の復活という意識が込められていた〔阿蘇神社 二〇二四 二二一～二三二〕。それは近代に入ると古文書群や所蔵刀剣類とともに官社たるに相応しい勤王の武家の象徴としてみなされていくようになる(11)（図3—2～4）。

（二）戦時下の春祭

薩軍と官軍が対峙していた三月から四月にかけては、阿蘇神社で毎年恒例の卯の祭

図 3–2　昭和戦前期の阿蘇神社社殿群

（阿蘇神社絵葉書、昭和 7 年頃）

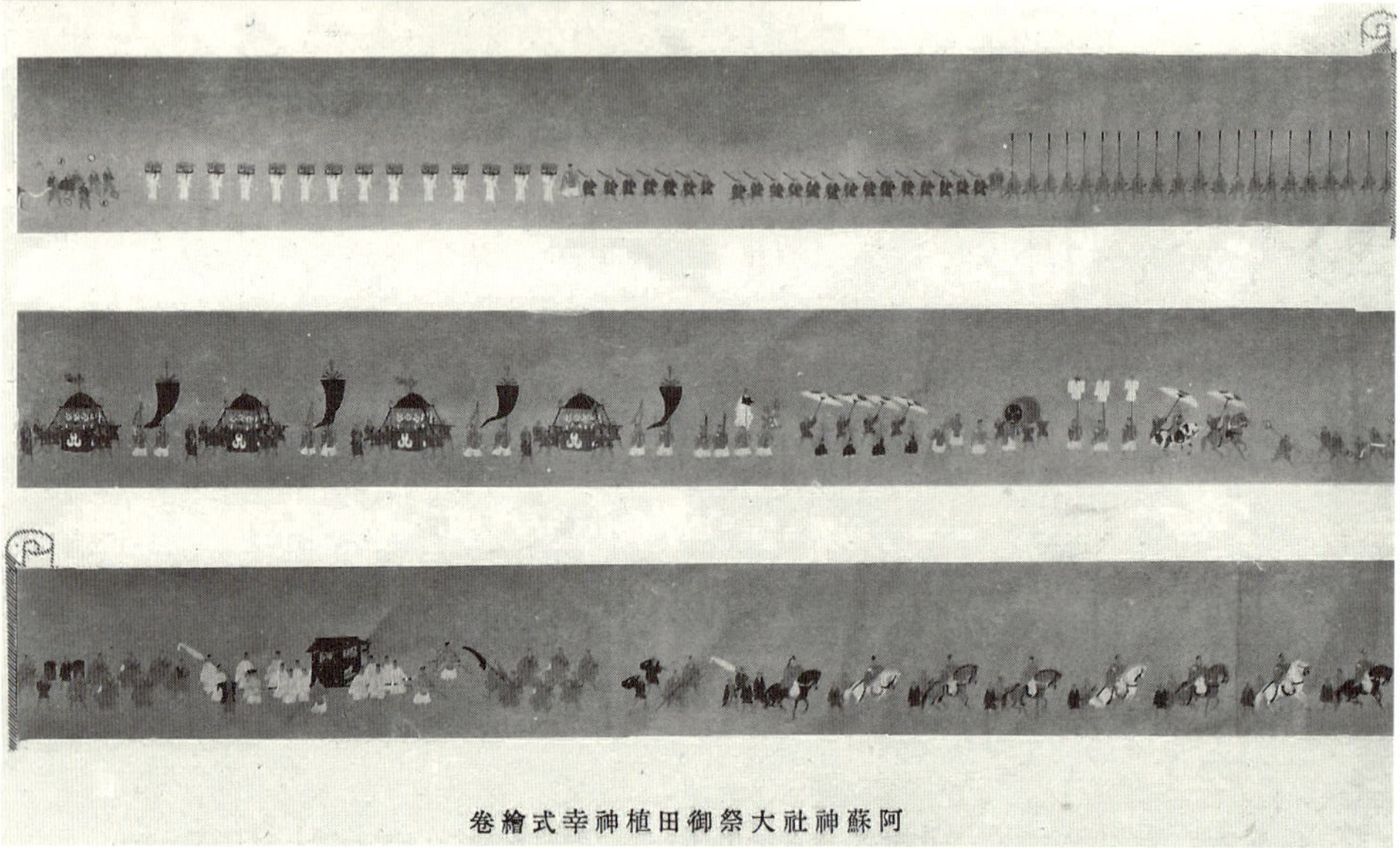

図 3–3　御田植神幸式絵巻（阿蘇神社絵葉書、昭和 7 年頃）

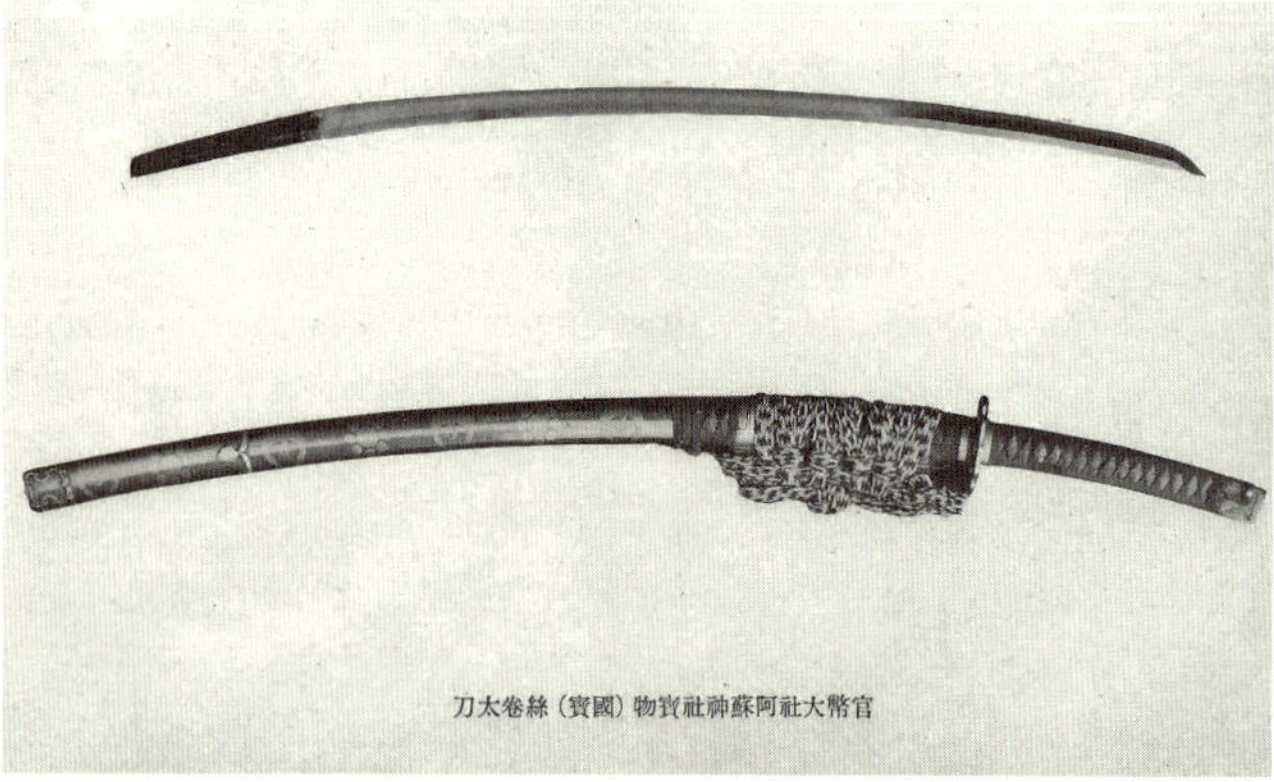

図 3–4　国宝糸巻太刀

（蛍丸。阿蘇神社絵葉書、昭和 7 年頃）

表3–5　卯の祭の日程と西南戦争の経過

日付	卯の祭の日程	戦争の動き（表3–1から抜書）
3月18日		二重峠の戦い。 警視隊、二重峠の薩軍を攻撃。34名の戦死者を出し内牧、坂梨村へ退く。
3月31日	卯の日：卯の祭の初日	
4月2日	巳の日	
4月3日		警視隊が竹田に撤退。薩軍は坂梨村に進出し、大黒屋に本陣を置き、滝室坂に陣を築く。
4月5日	申の日：御前迎え	
4月7日		警視隊が笹倉村に進出。
4月8日	亥の日：田作神事	
4月9・10日		手野村、内牧村、坂梨村に薩兵出没（『社務日記』より）。
4月12日	卯の日：卯の祭の最終日	
4月13日		滝室坂の戦い。 激戦の末、薩軍は敗れ、二重峠に後退。

が行われる時期であった。卯の祭とは、主祭神の健磐龍命が二月卯の日に阿蘇谷に下向した縁起に因む祭事で（第二章参照）、現在は新暦三月初卯の日から次の卯の日までの一三日間、毎朝阿蘇神社で神事が行われるが（卯の日が三回ある月の場合は中卯の日から始まる）、当時は旧暦で行われており、明治十年は新暦の三月三十一日（旧暦二月十七日、中卯日）から四月十二日（旧暦二月二十九日、三の卯日）までが卯の祭の期間であった。

当時、薩軍と官軍は阿蘇谷を挟んで一進一退しており、三月十八日の二重峠の戦いの後、官軍は内牧村から波野方面に退却し、四月三日に薩軍が阿蘇谷に進出して坂梨村に陣を置くものの、同月十三日に滝室坂の戦いで再び二重峠まで退却している。つまり、卯の祭の期間中、薩軍と官軍が阿蘇谷で互いに進退を繰り返していたのである（**表3—5**）。そのなかで行われた御前迎えは、二重峠近くの吉松神社（赤水村鎮座）から妃神の神木を伐り取り、道中のムラに立ち寄りながら宮地村の阿蘇神社まで向かう一日がかりの祭事である。このときの阿蘇神社の対応は日記によれば次のようなものだった。

四月五日晴　　宿直　草部学
　　　　　　　仝　　宮川深

此日　ミソキ御迎例ノ通、縣下擾乱ニ付キ、一ノ小区当リモ不穏ノ聞ヘモ有之、宮川千尋、同宗正、濱ノ宮迄罷越シ、ミソキノ木ハ乙姫社々内ニテ伐ラセ、ハマノ宮迄出夫ヨリ持来リ候、尤御酒等ノ村々者先例ノ通相済候事

「ミソキ御迎」とは現在「御前迎え」と呼ばれる行事のことである（第二章第一節参照）。通常は赤水村の吉松神社故地の山林で神職自ら神木を伐るところから祭りが始まるが、今回限りは乙姫村の乙姫神社境内の木を伐らせることにし、それを西黒川村の濱ノ宮（濱神社）まで運ばせ、そこから阿蘇神社までは例年通り神職が道中のムラにて坂迎え（接待）を受けながら渡御している。

日記の記述を読む限り、卯の祭は滞りなく行われているが、両軍の動向の記載もあり、物騒な雰囲気を伝えている。

四月六日 少々曇リ　　宿直　草部学
　　　　　　　　　　　仝　　松本為造

本日午後二時薩兵五十斗リ坂梨エ出張ノ由シ報知アリ、二重ノ峠ニ出張兵卒ナランカ、後ニ聞ク黒川勢ノヨシ

四月九日 雨小降　　宿直　宮川清人
　　　　　　　　　　仝　　宮川千尋

本日午前八時子ノ日卯ノ祭執行、奉仕草部真那夫、宮川千尋、宮川深、宮川清人、泉村　天満宮祭ニ付、宮

川千尋出仕、昨日薩兵手埜村エ弐百余致出陣候由、阪梨エハ初百五十位着、尚追々相加リ、今日ニ至四百斗ニモ相成タリト云、将昨夕方東軍六小区内離レ山ト云ル所辺へ相見へ候由ニ付、薩軍進撃ニ及候由ノ処、行衛《(方カ)》不知立去候由、道路ノ風説紛々タリ

四月十日 風雨烈敷　　宿直 宮川清人
　　　　　　　　　　同　 草部学

本日午前八時丑ノ日卯ノ祭執行、出勤奉仕左ノ通、草部真那武、宮川智比路、宮川冨嘉志、宮川喜代人、宮川牟祢眞左、手廼出張ノ薩軍ハ永倉坂堅メトシテ内牧エ転陣ノ由風評、併シ今日迄ハ鉋聲モ無ク静ナリ

卯の祭の期間中、村々では薩兵の姿がしばしば目撃されていた。四月八日から十日に至っては、数百人規模の薩軍が阿蘇谷の村々を通過していて平穏な状況ではなかった。手野村、坂梨村、内牧村では阿蘇谷の外部へと通じる北外輪山の登口にあたるところに薩軍が台場を築く様子を見せていた[12]。そして、卯の祭の最終日である四月十二日は、滝室坂の戦いの前日にあたり、阿蘇神社が鎮座する宮地村の隣村坂梨村は臨戦態勢に入っていた。それは次の記事から窺える。

四月十二日 美霽　　宿直 宮川清人
　　　　　　　　　同　 宮川千尋

本日午前八時卯ノ祭執行、出勤阿蘇惟敦、吉瀬真種、草部学、宮川千尋、宮川宗真佐、宮川風嘉志、宮川喜代人、昨年相雇置候仕丁廣石岩治郎手全相務候ニ付、賞典金七拾五銭與賜候、戦争鉋聲モ西ノ方幽ニ聞へ

当地ハ先静謐ニ候事、午後第九時卯ノ祭被為済候ニ付、御本殿ニ御遷座有之、出勤人員左之通、阿蘇惟敦、草部学、宮川宗正、宮川清人、宮川深

四月十三日　美晴　　　　　　　　　　　　　宿直　宮川清人

　　　　　　　　　　　　　　　　　　　　　同　　宮川宗正

神輿御飾取

出勤早朝ヨリ吉瀬真種、草部学、宮川千尋、宮川宗正、宮川深、宮川清人、午前第六時頃ヨリ東方鉋聲相聞、第八時頃ニ至鉋声益烈敷水カ山ノ上、豆生田坂、馬場坂、瀧室坂東ノ方所々両軍鉋戦煙リ等相見候、巨細者明日記録可相成、先ツ荒々相記申候事、前件ニ付午後二時黒田風雄、黒田栄祠伺出候

卯の祭の後片付けをしている最中、滝室坂の戦いが起こり、薩軍は再び二重峠まで退却した。その後、官軍が阿蘇谷に再進出する。

当時、村々では両軍から徴用があったりして落ち着かない日々を過ごしていたようだが、阿蘇神社では御前迎えで行程の省略があったものの祭り自体は滞りなく行われている。現在の阿蘇神社の祭りは氏子の奉仕に負っている部分が大きいため、このような状況では祭事の催行は困難であると思われるが、当時は近世と同じく社家、神人などが奉仕に当たっていたから、さほど影響がなかったと考えられる。

士族反乱と農民一揆のなか、華族である阿蘇家は世俗とは離れたところに位置し、宗教的権威を保持して平民とは別の世界の存在だった。

（三）僧侶の説諭と殺害

一方その頃、法雲寺（西巌殿寺）(13)の権僧正、厨亮俊《くりやりょうしゅん》も近隣村々で説諭にあたっていたが、神職とは異なる事態に遭っている。

彼は高良山蓮台院《こうらさんれんだいいん》の五九世座主であったが、明治二年（一八六九）、廃仏毀釈のため退寺した後(14)、明治九年に法雲寺住職への着任を請われて阿蘇にやってきた。そして、教導職として農民一揆時には踊山《おどりやま》神社（阿蘇市蔵原鎮座）祠掌の得能自在（元大宝院の俊晟、還俗後神職となる）とともに一小区内の村々を回り、布告の内容を読み聞かせていた。しかし、ムラ人のなかに一揆の首謀者がいるとの彼の発言に対して住民数人から難癖をつけられ酒代を無心されはじめ、滝室坂の戦いの日の十三日には、説諭に際して官軍から受け取ったはずの金員を差し出すよう強要された。彼はそれを事実無根として断ると薩軍が陣を構える坂梨村に連行され、そこで拷問を受けて亡くなった〔郷土文化研究所編 一九五八 一九九～二〇一、阿蘇町町史編さん委員会編 二〇〇四a 四五〇～四五五、七八七～七八九〕。

教導職として説諭に回った神職と僧侶であったが、神職が無傷であった一方、僧侶は一部住民から脅迫された後に薩軍まで連行され殺害された。地元住民による両者への対応の違いの理由として次の二点が考えられよう。①地元住民の阿蘇神社神職と僧侶に対する意識や評価の違いがあった。②神職は地元住民に対して掛けるべき言葉を日頃の生活経験から熟知していたが、僧侶は他所からやってきた人で地元住民の心の機微を摑むことができなかった。様々な仮説が立てられるが、いずれにせよ、阿蘇神社神職の説諭は地元住民から反感を抱かれなかったという点は、近代以降の地域社会と阿蘇神社との関係性を理解するうえで重要な論点になる。

おわりに――「世直し」と宗教的権威

以上、薩軍と官軍が対峙するなかで起こった打ち毀しについてみてきた。十九世紀の日本は、周辺諸地域との交流のなかで近代国家の形成を図るにあたり、それまで身分別に編成していた人びとを一律に国民として再編成する必要性が生じたが、そのなかで士族と平民の不満が士族反乱と農民一揆というかたちで発露した。

阿蘇谷の農民は村役人の不正への疑義から打ち毀しを始めたが、人びとは周囲の雰囲気に流され、一戸一人宛というムラの共同作業と同じような社会規範のなかで参加していった。打ち毀しの対象となるイエは、自分たちの生活を苦しめる村役人や豪農であって、一通り打ち毀しを済ませ、借金の帳消しが確認されると、以後は落ち着きを取り戻した。すなわち、日々の暮らしの安寧こそ農民が団結して取り組まねばならないムラの秩序であって、それが保証されたことで打ち毀しは止んだのである。近世に寸志行為を通して身分上昇を果たした士族の権威は、その秩序を脅かすものであるから、農民たちは力づくで否定した。

一方、阿蘇神社神職は説諭をする側として士族や農民とは異なる立場にいた。神職は打ち毀しの対象にならず、薩軍から狙われることもなく、薩軍と官軍が一進一退する状況においても祭祀を継続していた。阿蘇神社は世俗の地域内権力関係から超越した宗教的権威を保つことができた。他所からやってきた僧侶が一部の住民から説諭内容に難癖を付けられ薩軍に殺害されたのとは対照的である。

身分別に編成された近世社会から一律の国民を基盤とした近代社会へと展開していくなかで、農民たちは士族のもつ権威を否定しつつ、華族のもつ宗教的権威は否定しなかった。近世後期に生じた寸志行為による身分上昇の気運は、士族の権威の後ろ盾が失われることによって脆くも崩れ去ったが、阿蘇神社の宗教的権威は十八世紀から十九世紀にかけて大宮司家の家格の高さを証明すべく、阿蘇神話を記紀に連なる由緒として編纂し直していたこともあって、天皇を頂点とする近代日本社会においても保たれたのである。[15] 一方、前章で述べたように、近世以来阿蘇谷全体にわたって共通の関心を高めていた農民たちは、祭礼時に所役を担ったり農具市に出かけたりすることで、阿蘇神社祭神を農耕の神として崇敬していた。

このように近代の阿蘇神社祭祀をめぐる社会関係は、華族と平民という二層の社会で構成されることになる。[16]

第四章　「大宮司家」の伝統と近現代——戦前・戦後を貫くもの

はじめに——イエの継承をめぐる旧華族神職家当主の心構え

周知のとおり、近代以降の神社を取り巻く社会環境は戦前と戦後とで大いに異なる。ただし、その狭間の時代に過ごした神職たちは、時代の変化に苦慮しながらも神明に奉仕し続けたのであり〔神社新報社編 一九九二〕、今に伝える神社や祭祀のあり方は先人の不断の営みのうえに成り立っている。そこで本章では、戦前から平成にかけての阿蘇神社宮司三代の動向に着目し、彼らが先代の考えや思いをどのように受け止めつつ当時の社会状況と向きあい、彼ら自身が背負う歴史を同時代に相応しいかたちに表出してきたのかを分析する。

代々宮司職を務める阿蘇家は戦前には華族身分であった。(1) 華族とは天皇や国を支えてきた功績が公の文書に記録された国史に登場するイエであり、華族令（明治四十年皇室令第二号）第二十三条および第二十四条によって家名を汚さぬ義務を負い、品位と体面が保てぬ事態が生じたときには爵位を返上しなければならなかった〔森岡 二〇〇二、小田部 二〇〇六〕。また華族はその維持や継承をめぐって蓄積されてきたしきたりや家訓があり、これに自発的に従うことが周囲の期待とともに求められている。華族生活の伝承には華族特有のイエの倫理的規範が大きな影響を与えていると想定できる。

一方、これまで民俗学では、歴史や伝統は個人の外部に広がるコンテキストとして、個人が意識的に操作するものとは見做されてこなかったが、近年では自らの歴史を作り／書き、世間に語る／見せるという行為が注目されている。(2) そこで本章では、周囲の人びとの期待が当事者の視点を通して語られているエッセイと聞き書きを資料とし、個人によるイエの歴史の受け止め方と実践内容を社会的・歴史的コンテキストと関連させながら解釈する手法を採る。

阿蘇神社第九〇代宮司阿蘇惟友氏は、昭和三十年代から四十年代にかけて新聞や雑誌に執筆したエッセイや講演会での記録原稿を定期的に冊子（「おりおりの記シリーズ」全一二冊）にまとめて社務所などにて頒布していた。そして、還暦を期にそれらを精選、改稿のうえ新たな原稿を加えて三冊の書籍にまとめて上梓した（『阿蘇に祷る』〔阿蘇 一九八三〕、『阿蘇の詩』〔阿蘇 一九八六〕『阿蘇に生きる』〔阿蘇 一九八八〕）。本章ではこの三冊と、家族関係が詳述されている冊子『雨夜花《うやほえ》』〔阿蘇 一九六九〕をおもな分析資料とした。また、第九一代の惟之《これゆき》氏とその次の代の治隆氏には、それぞれ平成二十二年（二〇一〇）八月十一日、同二十三年（二〇一一）七月二十五日に聞き取りを行い、その内容を分析した。(3)

第一節　阿蘇家と阿蘇神社の歴史的コンテキスト

第一章で検討したように、阿蘇家と阿蘇神社の歴史的コンテキストは近世後期の由緒編纂と家譜作成、明治期から大正期にかけての郷土誌（史）編纂を通して、阿蘇家の者が積極的に関わって作り上げていったものである。行論上、改めて阿蘇家と阿蘇神社の概要を記す。

阿蘇神社は阿蘇山火口に対する信仰をもとに発展した『延喜式』神名帳記載の官社であり、その宮司職を継ぐ阿蘇家は主祭神健磐龍命を祖とする古代国造の家系である。(4) 中世には建武政権より阿蘇郡一円の支配権と三末社（肥後国詫摩郡の健軍社、同益城郡の甲佐社、同宇土郡の郡浦社）の支配権を得て在地領主化（武士団化）して政治的権威を獲得し、社領は阿蘇郡外に及んで同社は肥後国一の宮の地位にあった。しかし、南北朝期の内部抗争や戦国期の大友氏、島津氏との抗争による政治的弱体化を経て、文禄二年（一五九三）、豊臣秀吉から梅北の乱の責を追及されて大宮司惟光が死罪となると同社は没落し、家臣団と社家は一時四散したと伝わる。

慶長六年（一六〇一）、熊本藩主加藤清正は所領を安堵して阿蘇家と阿蘇神社を再興させ、阿蘇家は神職家として存続することになった。近世には阿蘇家に奉仕する家臣団と神社に奉仕する神職集団が存在し、家政と社政が別れていた。

近代に入ると旧来の権益の多くを失ったものの、旧制に倣い宮司は阿蘇家の者が務め、禰宜以下神職も社家出身者が主に務めるというかたちが続いた。また、同社は国幣中社（明治四年五月十四日列格）、官幣中社（明治二十三年四月七日昇格）、官幣大社（大正三年一月四日昇格）に列せられて近代神社行政上の格別の地位を得た〔杉本 一九五九、阿蘇品 一九九九、吉村 二〇〇一、阿蘇編 二〇〇七〕。

現在でも例大祭では旧藩主や旧臣代表の子孫が参列するなど近代以前の慣例がみられるが、家政と社政は分別しており、財産（古文書等の文化財も含む）なども阿蘇家と阿蘇神社で区別されている。

第二節　昭和戦前期の華族――男爵家の多様な生活習慣

次に、阿蘇神社第九〇代宮司、阿蘇惟友氏の青年時代の過ごし方を追い、戦前における阿蘇家の社会的位置を考察する。なお、以下の伝記的記述は上述の四冊の著書（『雨夜花』、『阿蘇に祷る』、『阿蘇の詩』、『阿蘇に生きる』）の記載情報から筆者が再構成したものである。本文の引用箇所や補足説明、筆者の聞き書き資料を用いた場合はその都度明記した。

（一）惟友氏の経歴

惟友氏は大正十二年（一九二三）一月十四日、父惟紀《これただ》、母豊子の長男として京都に生まれた。阿蘇家の嫡男には幼名（末尾に「丸」）をつける習慣があり、惟友氏の幼名は恒丸《つねまる》であった。当時、父は官幣中社梅宮神社宮司を務め、母豊子と姉久子とともに暮らしていた。その後、一家は熊本市に移った。昭和四年（一九二九）、惟友氏が六歳の時に父に連れられ阿蘇に移るが、このとき母は実家（砂取細川家）の祖母とともに東京に引き払い、姉は父方の祖母の養子に出ていった。阿蘇に移った惟友氏と父は事情があって阿蘇家本宅には住めず、父と婆やとの三人で地域の有力者である栗林家の借家で過ごした。昭和九年（一九三四）のある日の夜、廃嫡が決まった父は惟友氏を連れて上京した。しかし翌年には周囲の説得によって惟友氏だけが阿蘇に戻った。

昭和十一年（一九三六）、祖父で阿蘇神社宮司の惟孝が逝去し、惟友氏は廃嫡された父に代わって家督を継ぎ襲爵した。同年、大津中学に入学し、同十六年（一九四一）三月卒業、上京して細川家の有斐学舎（小石川区関口台町）に入寮し、そこから國學院大學神道部に通った。昭和十八年（一九四三）五月八日、成人（二十一歳）したので宮中参内し従五位に叙せられた。

同年十二月一日、学徒兵として入隊し、昭和二十年（一九四五）一月、台湾の独立自動車第一二三中隊（北投）第三小隊の見習士官となり、終戦を台湾で迎えた。

昭和二十一年（一九四六）二月に復員すると、神社本庁初代事務総長宮川宗徳氏[5]から上京するよう勧められ、同年七月、東京大神宮の社務見習いとして神職生活が始まった。昭和二十三年（一九四八）の秋、当時阿蘇神社宮司だった到津保夫氏が宇佐神宮宮司に就任することになり、同年十二月、惟友氏は二十六歳の若さで阿蘇神社宮司に就任した。昭和二十六年（一九五一）五月二十九日、当地に伝わる代替わり儀礼の「衣そそぎの神事」を行い、第九〇代の就任を披露した。[6]

昭和二十五年（一九五〇）一月に有吉家（旧熊本藩家老家）の計らいで見合い結婚し、翌二十六年（一九五一）に長男惟之氏、同二十七年（一九五二）に次男治隆氏、さらに長女をもうけ、その後再婚して一女をもうけた。

その後、宮司として阿蘇神社の発展に尽力しつつ、神社界や地域社会でも活躍した。神社界では、熊本県神道青年会長（昭和二十四年〜四十三年）、熊本県神社庁長（昭和四十九年〜六十一年）、神社本庁理事（昭和五十五年〜六十一年）などを務め、地域社会では、熊本県教育委員、裁判所調停委員、検察審査会副会長、一の宮町公民館長、警察官友の会理事（熊本県警）、阿蘇ロータリークラブ会長などを務めた。昭和六十一年（一九八六）十月二十七日帰幽、六十三年の生涯を閉じた。

以上、惟友氏は華族として生まれ育ち、襲爵（男爵）し、戦前の教育を受けたが、神社に奉職したのは戦後のことであった。つまり、昭和二十年を境に華族制度と神社制度が変わり、宮司就任時には惟友氏の社会的身分も神社界の状況も戦前とは大きく変化し、制度的断絶を乗り越えてイエと神社を維持していかなくてはならなかったのである。

（二）家族関係

次に惟友氏の戦前の家族関係を確認する（図4―1）。彼の家族は父、母、姉、祖父母がいたが、阿蘇家では離縁が度々あったほか、昭和十年代には祖父、父、母、姉が相次いで亡くなってしまい、家族揃って暮らす時期は短かった。彼のエッセイで随所に触れられているが、彼は深い孤独感を抱えながら成長し、阿蘇神社宮司を継いだのであった。

①父 惟紀

惟友氏の父惟紀は、明治二十年（一八八七）十一月五日、阿蘇神社宮司阿蘇惟孝の長男として生まれ、熊本中学校、学習院を経て、京都帝国大学卒業後[7]は京都市の梅宮神社や吉田神社の宮司を務めるかたわら大日本武徳会武道専門学校（京都武専）で国文の講師をしていた。京大在学中の大正四年（一九一五）に細川豊子と結婚し、同

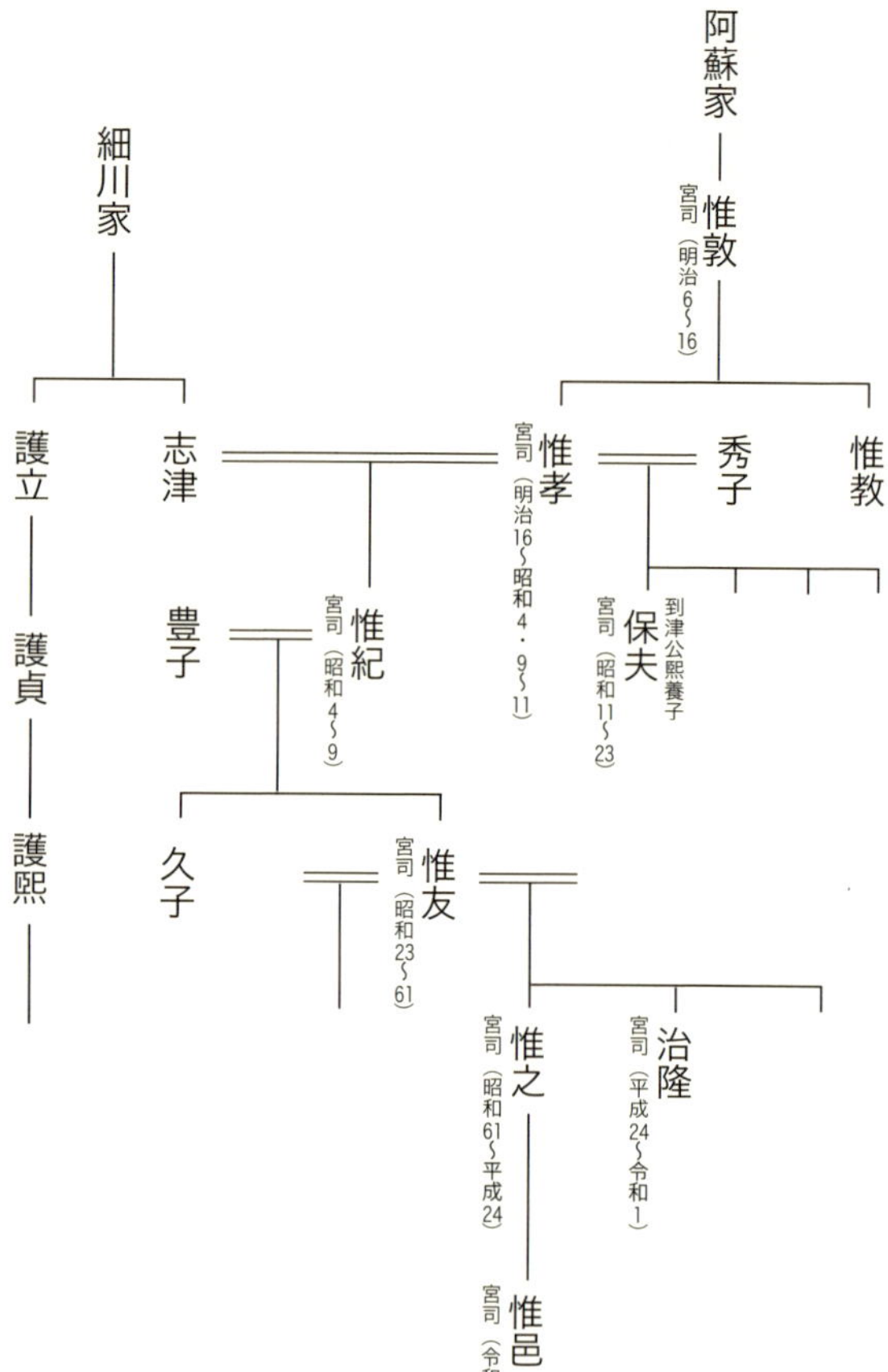

図 4–1　阿蘇家系図

七年（一九一八）に長女久子、同十二年（一九二三）に長男惟友をもうけた。その後、熊本市に転居し、八代宮（現八代市鎮座、官幣中社）宮司を務め、昭和四年（一九二九）同年三月阿蘇神社宮司就任〔『官報』昭和四年三月六日〕、妻、長女と別れて長男を連れて阿蘇に戻った。惟紀氏は父母と折り合いが悪かったらしく、実家ではなく近隣の栗林家の借家に暮らしていたが、昭和九年（一九三四）五月に宮司罷免〔『官報』昭和九年五月二十九日〕、八月に廃嫡となり〔同八月二十九日〕、惟友氏を連れて上京し、下谷区の下谷商業学校の教諭をして暮らした〔『官報』昭和十七年七月十日〕。昭和十六年（一九四一）八月六日、脳溢血により五十六年の生涯を閉じた。

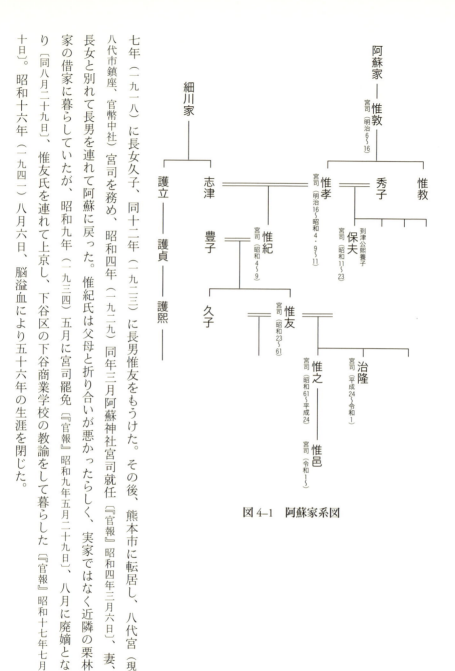

惟友氏の評によれば、父惟紀は坊ちゃん育ちで身の回りさえ自分ではよくできず、中学校の登下校時には御供が付いていて、大人になっても長旅には御供が付かないと不安がって旅行しなかったが、一方、大らかで飄々としていて衒いがなく、マイペースを崩さない、人から憎まれない人柄でもあったともいう。惟紀氏は実母が離縁して家を去って以来、家政を取り仕切った継母に対して自分の意見を堂々と言えずに拗ねた態度で反抗を続け、ついには当主でありながら家を出ていってしまったという。その影響からか、惟紀氏は思いきり自分を甘えさせてくれて、許してくれる妻を求め続け、妻と離縁後は「女の情炎の中にドップリと我と我身をひたして、束の間でもその孤独感から逃れ」ようと、「折花攀柳の隠事がはげしくな」ってしまい〔阿蘇 一九六九 三〇〕、伯父の細川護立氏や実母の志津氏は最善のことは尽くし、同郷の宮川宗徳氏や二子石官太郎中将をはじめ多くの人が彼の更生と阿蘇家の安泰のために尽力したが再起を果たせなかった、と惟友氏は述懐する。なお管見の限りでは、彼のエッセイには惟紀氏が阿蘇神社宮司を務めていたことには触れていない。

②母 豊子

惟友氏の母豊子は明治三十二年（一八九九）一月二日、砂取細川家（肥後細川家初代忠興の長男忠隆を祖とする家系、長岡内膳家）の当主細川忠雄の娘として出生し、熊本県立高等女学校に進学後、一六歳で惟紀氏と結婚した。一男一女をもうけるが、昭和四年に夫と別れ、実家の母とともに東京に出て行った。同十六年十月二十二日、急性肺炎により亡くなった。夫の死からわずか二ヵ月後のことだった。

惟友氏の評によれば、「典型的なおひー様（お姫様）タイプの、静謐な佳人」であり〔阿蘇 一九六九 二九〕、夫に仕え、子どもを育て、人並みの苦労をするだけの忍耐力のある人ではなく、父との結婚には無理があったという。惟友氏が大学進学で上京したとき、姉と一緒に父との復縁を懇願したが、豊子氏は夫の不義理を述べ立てて頑として聞き入れなかったという。

③姉 久子

惟友氏の姉久子は大正七年（一九一八）一月に京都で出生し、昭和四年に父と弟が阿蘇に戻る際、父方の祖母志津の養子に入って彼女が暮らす三角（現熊本県宇城市）に移った。その後、東京共立女子専門学校に進学し、卒業後に結婚するが四年後に夫に先立たれ、鎌倉の細川孝子氏の別荘に暮らした。昭和十七年（一九四二）に再婚して奉天（現中国瀋陽市）に移住し、娘をもうけるが体調を崩して昭和十九年（一九四四）六月六日に逝去した。

④祖父 惟孝、祖母 志津・秀子

惟友氏の祖父惟孝は元治元年（一八六四）二月二十四日生まれで、明治十六年（一八八三）に阿蘇神社宮司に就いた。明治十九年（一八八六）に細川志津と結婚し惟紀をもうけるもその後離縁となり、六条秀子と再婚し保夫ほか一男二女をもうける。昭和十一年（一九三六）二月二十八日帰幽。このとき長男惟紀は廃嫡の身であり、代わって到津家（宇佐神宮宮司職、男爵）の養子となっていた保夫が阿蘇神社宮司に就いた。惟友氏のエッセイには惟孝に関する記述はほとんどないが、「只神仕えに徹していた以外、極端に云って他にとり得のない祖父」と評している〔阿蘇 一九六九 三二〕。

惟友氏の祖母細川志津は明治五年（一八七二）八月六日生まれ、細川家一六代当主細川護立（侯爵）の姉で、(8)阿蘇惟孝と結婚して惟紀を出生した後に離縁し、三角に移り住んで孫の久子を養子に迎え入れた。

祖父惟孝の後妻の秀子は、明治八年（一八七五）七月十一日生まれ、六条有煕（羽林家、子爵）の養女で、京都から惟孝の元に嫁ぎ、二男二女をもうけた。非常に勝ち気の女性で、神仕え以外に取り柄のない惟孝に代わって家政を取り仕切り、植林事業を進めて阿蘇家の経済を再建したという。

惟友氏が評するところによれば、志津は「万事におおらかで、物事に拘泥せず、適当に生活をエンジョイする術も知っていた裕福な、大名華族出」の人物であったが、秀子は「位や格式は高くとも、その実、質素な生活のなかで、成長した京都の公卿華族の出」の人物であったと、両者の性格は対照的であったという〔阿蘇 一九六九 三一〜三二〕。

⑤家族反目の背景としての近代教育と家風

惟友氏はイエを継ぐことの難しさとしてたびたび父惟紀の境遇に触れ、家族反目の背景として家族がそれぞれ異なる生活様式を保っていたことを挙げている。父はインテリで周囲から将来を嘱望されていたが、祖父惟孝は神仕え以外に取り柄のない人柄で、祖母志津は大名華族で華やかな生活態度、後妻の祖母秀子は公卿華族で質素な生活態度であったと評している。祖父惟孝は近代神社制度と華族制度の揺籃期に地元で青年時代を過ごし、父惟紀は近代社会の諸制度が整った時期に都会の高等教育を受けた世代であったから、両者の生育環境の違いは甚だしく[9]、さらに当時の阿蘇家は祖母を通じて大名家と公卿家の家風が神職家に入り込んだ家庭環境であった。

惟友氏によれば、父惟紀は華族社会の底に流れる血縁関係の醜さ、冷ややかさといったものに抵抗した結果、孤独になってしまったと評し、その内容は詳らかにしていないが、家名を重んじる華族社会独自の生活様式のなかに親子不和の理由の一端があったとみていた。

（三）格別の扱われ方

阿蘇家は古来より地域社会で格別の地位にある家系で周囲から一目置かれる存在であったが、とりわけ戦前は華族という法的根拠が与えられたために、彼らはそれに適った振る舞いを周囲から期待された。ここでその具体的な内容を確認したい。

惟友氏が小学生の頃（昭和五〜十年）には、「私の家の前で立止り、脱帽して拝礼して行く人が、日に何人か」あり、「まるで、神さん扱い」だったという〔阿蘇 一九八八 六七〕。筆者が阿蘇市西湯浦で大正生まれの老人から伺った話によると、西湯浦八幡宮七夕祭には慣例として阿蘇家が参列するが、阿蘇宮司が境内を通るとムラの老人たちが土下座して道を空けているのを見た記憶があるという。惟友氏が中学一〜二年生のときに他所に電話をかけて「恐れ入りますけど〇〇さんを呼んで下さい―」と言ったところ、それを聞いていた祖母が「今の電話は誰にかけたんだ！　阿蘇家には恐れ入る何者もこの世に存在しない、恐れ入るのは皇室だけである」と叱ったという〔阿蘇 一九八八 六七〕。こうした阿蘇家が格別の家系であるとする周囲の評価は戦後も続き、惟友氏が裁判所の調停委員に就いたときには「大宮司さんに、我々の鍋の底のこつがわかんなはるどか？（鍋の底のことがお分かりになりますか？）」と言う人もいたという〔阿蘇 一九八八 六七〕。

家庭内や地域社会では家格を意識する一方、学校や軍隊といった近代制度の組織では惟友氏は皆と同じように過ごし、学校では掃除時間の雑巾がけ、東京の学生寮での蛮行（ストーム）、そして軍隊にも徴集された。ただし、大勢の平民のなかに華族が入ることは周囲の人びとも意識したらしく、例えば初年兵の三ヵ月の訓練では古兵に目の敵にされ、鉄拳制裁や早駆けなどあらゆる嫌がらせを受けたという。また、軍隊では幹部候補生試験を受け、最低合格点に惟友氏を含む三人が並んだので中隊長からお互いに話し合って合格者一人を決めるよう指示されたとき、「華族というと異質の人間かと思っていたが、阿蘇は雑巾掛けから便所掃除まですすんでやり、我々と何の分け隔てがない」と言って他の二人が惟友氏を推薦してくれたという〔阿蘇 一九六九 七三〕。さらに、台湾に向かう輸送船内では栄養失調や疲労のため少年兵が次々と死に、先発の船団は攻撃を受けて全滅していたこともあり皆が不安に駆られていたところ、同僚の少尉が「この船は沈まない、神が乗っている。ここにいる阿蘇見習士官は、阿蘇大明神の末孫で、神の直系だ。心配するな」と大声で叫んだことがあったという〔阿蘇 一九六九 七四〜七五〕。

このように華族も平民と等しく臣民として近代国家の組織に属しているが、家庭内外では格別の家系であることが意識されていた。台湾出征直前に外出許可が下りて阿蘇に戻ると多くの氏子たちが涙を流して喜び、「無事に帰って欲しい」と口々に言われ、このとき惟友氏は周囲の人びとの阿蘇家に対する期待と彼に対する思いやりに胸がつかえ、自分の将来は個人の感情だけで決められないと感じたという。

（四）華族として求められる生活態度

以上、惟友氏の青年時代を通して華族生活の一端と地域社会における阿蘇家の位置づけを確認したが、彼の回想からはイエと家庭の両面の意識が読み取れる。

彼の阿蘇での幼少期、家族の不和から父と婆やとの三人の借家暮らしで孤独感を抱えてはいたが、一方で阿蘇家を取り巻く旧社家や旧家臣の家系の人びとが見守っていて、一家は地域社会における格別の地位としての扱いを受けていた。家庭外では常に周囲の期待を受け、それに見合う華族としての行動と言動が求められたのであり、家庭内においてはその点を祖母や父から躾けられた。周囲の者も阿蘇家に対して身分の違いを認識し、それに従った対応を取っていた。

このような期待と義務感のなかで惟友氏は成長したのであり、彼にとってイエの継承は家格の維持という周囲の期待と、華族令に規定される種々の特権の保持という点から平民のそれとは違った責務を負っていた。つまり、彼が阿蘇家の嫡男として求められる生活態度のうち、周囲の期待は彼にとって倫理的規範であり、華族令は法的規範であり、この二つの社会規範を意識しながら行動していたのだった。戦後は法的規範が無くなったが、残るもう一つの社会規範から難局に当たらなければならなかった。

一方、彼は両親、姉と一緒に暮らす機会に恵まれず、しかも全員が早逝したこともあって円満な家庭環境で育ったわけではなかった。(10)とはいえ一般的には華族は使用人の乳母に育てられることも多く、実父母と縁遠い関係は当たり前のものでもあったことを踏まえれば〔タキエ・スギヤマ 二〇〇〇〕、惟友氏の家庭生活への憧憬とは、両親姉弟と一緒に暮らして苦楽を共にし、本人の成長を温かく見守ってくれるという、平民的な一般家庭を理想化したものであったと指摘することができる。

第三節　昭和戦後期の神職——阿蘇神社宮司としての阿蘇惟友氏

戦後はいわゆる神道指令（序章、註（3）参照）によって、神社は国の管理を離れて一宗教法人として活動していく時代へと移った。また、華族令の廃止（昭和二十二年五月二日皇室令第十二号）によって華族の法的権利と義務がなくなった。本章では戦後における阿蘇家と阿蘇神社祭祀の継承をみていく。

（一）敗戦直後の神社界と阿蘇神社

惟友氏は復員後、神社での実務経験を積むため上京して奉職先を探したが、戦後直後の神社界の経済状況は厳しく、いずれの神社からも給料が支給できないとの理由で断られてしまい、昭和二十一年（一九四六）七月、神社本庁事務総長宮川宗徳氏の伝手で東京大神宮に社務見習いとしてようやく奉職先が決まった。同宮では最年少だった彼に供物の調達が任され、食糧難のなかを埼玉や千葉まで野菜を買い求めたり、満員列車のなかを築地から魚を運んだり、あるいはヤミ米の買い出しに行ったりと、苦労して供物を入手した。こうした経験を経て、祭りは宮司だけではできず、誰かがやりたくない仕事をしなければ成り立たないことを身をもって知ったという。

昭和二十三年（一九四八）の秋、宇佐神宮の横山秀雄宮司が亡くなり、後任に阿蘇神社の到津保夫宮司（惟友氏の叔父）が着任することになったため、同年十二月、惟友氏は帰郷して阿蘇神社宮司に就任した。

当時の阿蘇神社の運営は戦前と比べて厳しい状況に置かれていた。国の援助が打ち切られたため資金が底を尽き、神職と用務員の給料も満足に払えない状態であったという。また、氏子の気持ちにも変化がみられ、祭りが近づくと「馬鹿らしか！　暑い最中にみこしなどかつげるか。牛車でもつくって引かせろ」、「祭りが多くて寄附ばかり。世話はできん」、「春祭りは毎年日が変わって覚えにくか。三月の何日とハッキリ決めろ」と言われたこともあったという〔阿蘇　一九八三　一〇二〕。惟友氏が煙草を買って釣銭を賽銭箱に入れ、夕方開けてみるとその釣銭だけという日もあったという。

それでも祭りの費用は氏子の寄付で賄えたが、給料や社殿整備費用は神社側で確保しなければならなかったため、惟友氏は神社内部の結束と融和に取り組んで、禰宜や権禰宜と協力しあう体制づくりに着手した。とはいえ、現在の阿蘇神社の様子からは信じられないことだが、当時の同社の神職は人柄はよいが無愛想であり、参拝者が御札の値段を聞いた時も「三百円！」と言ったきり「です」も「ございます」も付け加えず、お金を受け取るやいなや窓を閉めるといった態度であったという。惟友氏は一五歳ほど年上の神職を叱責したが、彼は叱られている理由がわからず、きょとんとした顔をしていたという。戦前の国家神道時代の環境に慣れていた神職の態度は、戦後の状況を憂う若き宮司にとっては改善すべき点に映った。彼の意に沿わぬ時は、神職を宮司室に呼びつけ叱責もしたという。

このように戦後の神社をとりまく状況は、国家の権威に頼ることもできず、経済的自立が求められており、地域社会との付き合い方を根本的に改めなければならなかった。

（二）地域社会との付き合い

惟友氏は、阿蘇神社に参拝者が来ない原因を地域社会との隔絶にあると考え、青年団や婦人会に出かけてはどぶろくを酌み交わし交流を深め、昭和二十六年（一九五一）に氏子青年会を、昭和五十二年（一九七七）には敬神婦人会を発足させた。氏子青年会[11]は旧宮地町、旧古城村、旧山田村、旧黒川村（以上現阿蘇市）の男子青年からなる任意加入の団体で、おもに祭礼時の奉仕活動を行う。

氏子青年会結成当時に入会した者（旧古城村手野在住）の話によれば、同じムラに住む阿蘇神社権禰宜の宮川實《さね》雄《お》氏に勧誘され、近所の若者たちと一緒に入会して惟友氏や禰宜の宮川正也氏と交流し、祭礼時の流鏑馬の警護に当たったりしたという。つまり、神職たちは地元の青年に声を掛けて協力を仰ぎ、惟友氏は彼らと酒を酌み交わし膝を交えて語り合って交流を深め、阿蘇神社の維持、発展の体制づくりに取り組んだのであった。戦前にも神社としては地域社会に協力を仰いでいたであろうが、当時の神職の参拝者への対応には粗雑な面がみられたように、華族身分の宮司自ら地域の青年の元に出向いて頭を下げることなど戦前にはなかったことであった。

惟友氏が考える神職のあるべき態度とは次のようなものである。本来ならば氏子が直接自分の土地の神様にお仕えするのが本義であるが、それができないので神職が代わってお仕えしている。それで、「皆さん方の心を心として神にお願い申し上げたり、ご報告したり御礼申し上げたり、又、神は今こんなことを望んでいらっしゃるだろうからと、神の御心を付度して、氏子の方々に広めたり、教化的なことをする」、「いわば、神と、その土地の氏子の皆さんの間に立って色々なことをする、仲とりもち役みたいな存在」であると語っている〔阿蘇 一九八八 八〇〕。そして、「氏子や、世間の大衆は自分の〝心情〟の琴線にふれてくれるような、親しみやすいシリアスな神職を求めていると思う」と述べ〔阿蘇 一九八三 一一六〕、畏敬と親愛を共有している人が理想の神職であるとしている。そして、「神社は、時代の流れのなかで、大衆とともに生きてきた」ところで、心の広場であり、文化的な催し、婦人、青少年の研修の場として文化センター的な存在価値を高めるべきとの考えも披露している〔阿蘇 一九八三 一〇九〕。

また、惟友氏がエッセイを書くことに対して「阿蘇の大宮司ともあろうものが俗っぽいものを書くとはケシカラン、という同職の蔭口」もあるが〔阿蘇 一九八八 三九〕、「神職は常に氏子大衆と共にあって、氏子大衆と苦楽を共にし、思索し、前進しなければならら」ず〔同 三九〕、「今日の日本の現状は敗戦を機に大きく変貌して」いるのだから〔同 四〇〕、「昔ながらに、限られた人を相手に神道や、皇室のことを説くだけではいけない」のであって〔同 四二〕、現代を生きる神職としては幅広く関心をもって氏子に説かねばならないと応えるのであった。

（三）戦後復興にみられる祭祀の志向性

戦後の社殿造営と境内整備は氏子崇敬者からの寄付によって行わざるを得なかった。昭和三十二年（一九五七）には神幸門・還御門の屋根葺替工事を行ったが、これは窮状を見かねた氏子青年会による奉仕であり、本来のかたちである檜皮《ひわだ》葺ではなくトタン葺であった。

本格的な造営事業が進められたのは、終戦直後の神社運営の危機を脱し、高度経済成長期に入って人心も落ち着き、氏子崇敬者の組織化が一段落した昭和四十年代後半からである。昭和四十八年（一九七三）に募金を着手し、翌四十九年（一九七四）に第一期造営工事として一の神殿、二の神殿、三の神殿の屋根葺替工事（銅板）を進めて同五十二年（一九七七）に完了。同年より第二期工事として楼門改修、石玉垣四〇〇本、手水舎新築移転、山上神社の補修工事を行った。昭和六十一年（一九八六）には祓殿の廃止と社務所新築工事を行った。これらの特徴としては、費用の掛かる檜皮葺から銅板葺に替えたことと、祭礼時に仮殿として使用していた祓殿を合理的利用の観点から廃止したことである〔島村 二〇一〇 一一八〕。

惟友氏の宮司としての功績は、氏子崇敬者団体の組織化、講演や小冊子の出版を通した神道教化、といった地域社会との関係構築を図ったことであった。これにより社殿造営事業の達成や神輿渡御など神賑行事に協力を得られるようになり、阿蘇地域の農家の崇敬を集めることに成功し、阿蘇神社の威厳を取り戻したのであった。

一方、惟友氏が阿蘇神社と地域住民との心の距離感を縮める努力をした結果、当社の一連の祭事が地域住民の伝える文化として再認識されることで、伝承の道筋がついたことも注目に値する。その象徴的な例として、祭事の一部が国の重要無形民俗文化財「阿蘇の農耕祭事」（昭和五十七年一月十四日指定）に指定されたことが挙げられる。阿蘇神社祭祀が地元住民の農耕生活のなかから育み伝えられてきたものとする価値づけは、国民の文化つまり実質的には平民の文化と同義であって、戦前にはみられない論理であった。戦前の例大祭には阿蘇家の家宝の太刀「蛍丸」などが一般公開され[12]、阿蘇家が南北朝時代に勤皇の武家として活躍したことを世間に知らしめ、同社の祭祀は国史と関連づけられて表象されていたのである。

惟友氏の次男治隆氏は子どもの頃、家に知らないおじさんたちが来て刀剣（蛍丸以外のもの）などを見ていた光景を記憶しており、また、熊本大学に阿蘇家文書が保管されていることをニュースで知って驚いたことがあったが、父は息子たちには言いにくいことがあったのだろうと推し量る。惟友氏は神職を辞めて会社員になることも考えたらしいが、氏子から止められたうえ、雨漏りする自宅の屋根替えまでしてくれた恩義に対し、宮司として頑張ろうと決心したという。こうして戦後は地元住民のための神社という志向になったのである。

（四）阿蘇家当主と阿蘇神社宮司としての心構え

ここでは阿蘇家当主および阿蘇神社宮司としての心構えに関する惟友氏の考え方を確認する。

①阿蘇家当主として

惟友氏は昭和十年代に家族を相次いで失い、本人も出征するなどして当時の阿蘇家は断絶の危機にあり、神社も戦後の制度変更で先行きを見通せない状況にあった。このことは戦国末期の阿蘇家と阿蘇神社の没落の歴史と重ね合わさるものがあって、彼は先祖の伝記をめくって当時の状況を振り返りながら困難な状況に立ち向かおうと心に決めていると述べている。阿蘇神社宮司と阿蘇家当主としての「宿命的重圧を息苦しく感じることがある」〔阿蘇 一九八三 六五〕と述べ、神社と宮司を戦国期の城と大名に見立て、「先人たちの生きざまやきびしさを子供たちにしっかり伝えていかねばならない。古き家門を継承する者の、それは責務であろう」と決意を述べる〔阿蘇 一九八三 六六〕。

また、謡曲高砂に第二六代の友成が登場するように、阿蘇家は古くから知られた家柄であるが、周囲が想像するような贅沢な暮らしをしていれば阿蘇家は存続していないと力説する。明治以降は屋敷の一部を解体して部屋数を減らし、冬には火鉢を減らして木炭を節約したり、総絹の布団は来客用にして普段は木綿布団を使用したりして、子どもの頃からイエの維持のために質素倹約を旨とすることを躾けられていたという。戦後、地元の青年が阿蘇家の食卓を見て、「わーあ！　宮司さんも、自分達とそぎゃん変らんとば食べよんなはりますなー」と言われたこともあったが〔阿蘇 一九八八 一二八〕、もし殿様が贅沢の味を覚えればイエを滅ぼす危険が生じるばかりか、家臣の失業問題も引き起こすと語る。例えば細川家の親類が熊本県内では阿蘇家と松井家だけなのは、昔から少なかったのではなく、「旧家の家系の後継者がそれぞれの時代に応じてシビアな生き方ができなくて家門や土地をすて去る仕儀となった事例もまた少なくな」く、「その時代時代のアクシデントの対応に誤りがあって、家（名）を保つことができなくなったから」であると説きつつ〔阿蘇 一九八六 三〇〕、東京に引き払った母の実家の砂取細川家の例を挙げている。そして、阿蘇の大宮司、阿蘇家第九〇代の当主、元男爵という肩書は自分の実力で得たものではなく、「かえって自分自身を甘やかす下地になる場合もあり得る」という〔阿蘇 一九八八 四六〕。

②宮司・神職として

惟友氏は元来短気な性格であると自認し、東京大神宮奉職中も上司によく立てついていたが、宮司就任のため帰郷する際には諸先輩方より送別の辞として、「いよいよ君も大宮司、総大将はむやみに腹を立てぬものなり」と訓戒されたという〔阿蘇 一九八八 一二〕。彼が自戒を込めて述べるには、若くして大将になってしまうと対人関係に苦労することもあるが、そもそも「大名の家では極端にいうと主人はかざりもので、家そのものが本体」なので〔阿蘇 一九八八 一三二〕、凡君でも優れた家来に支えられて安泰に過ごせる場合もあると宮司としての気構えを説く。そして、横綱は負けが込んで権威が保てなくなれば引退するように、地位や年功に応じた働きが要求されるとも述べる。

惟友氏は父からイエの伝統ではなく真心を伝えられているという。食事のときはしつけが厳しく、「こころの目がつぶれる」と忠告されていたが、彼が小学二年生の頃、下校中に畑でトウモロコシを盗んだところ、父は和服に着替え、彼を連れて畑の持ち主宅まで行って謝ったことがあった。後年、祝詞のなかに「手肱《たなひじ》に水沫《みなわ》かきたり、向股《むかもも》に泥《ひじ》かきよせてとりつくらむ奥きつ御年《みとし》（稲）を悪しき風荒らき水にあわせ給わず、八束穂のいかし穂になし幸え給い」という、泥田に四つん這いになって両腕に汗を垂らし両足を股まで泥に浸かりながら働く人の表現があり、父の言った言葉は「貴い労働によって得る、みのりに対して感謝する『こころの目』のことだったと気付いたという〔阿蘇 一九八三 一二三〕。

惟友氏は、神職も現代の消費生活を送っていることに配慮すべきと考え、「祭神に即した伝統と歴史のうえに立った神社経営の近代化がはかられるのなら、その風潮もいちがいに否定はできないと思う」と述べる一方、神社が儲け商売だけになってしまってはならないと考えており、例えば、阿蘇神社の表参道の車馬止めを外してはどうかという意見に対し、観光客の増加が期待できるが神域の静かな佇まいは失われてしまうとの理由で反対している。神を祀らない営利目的や観光用の「まつり」の企画には反対の意見を持っており、神道人としての矜持を保っていた。

③家族の一員として

惟友氏は息子二人に阿蘇家と阿蘇神社の歴史を託したが、そこには父としての顔も覗かせていた。次男治隆氏を阿蘇神社で採用するとき職員に対して次のように述べたという。

「宮司の息子が二人も奉仕するということは、同勤の諸君も、さぞかしやりにくいことだと思うがここはいちばん、二人の息子を神職に仕立てあげて祖神阿蘇の大神に奉仕したいという、わたしの希いをかなえさせてほしい、長男の場合も諸君と同様な取扱いをしたが、次男も同じ。親子がへんないたわり方をして、お互いの傷口をナメアウようなことがあってはいけないというのはわたしの信念だ。上司として、親として見ても未熟な面も多いと思うが、当社の繁栄という目的のために協力してやってほしい。ただ将来、もし次男がいることがお宮のためにマイナスになるという事態が生じたら、吾が子といえども転出させる。これもまた、わたしの強い信念として伝えておく……」〔阿蘇 一九八三 一五七〜一五八〕。

努めて宮司として息子に接する気持ちを述べているものの、幼少期に家族関係に悩んだ惟友氏にとっては親子の情もイエと神社の継承にとって大切な事柄であったとみられる。そして、親子で奉職するということは、昭和十年代には断絶の危機を迎えたこともあった阿蘇家の継承が無事に進んでいることを周囲に示す行動でもあった。

第四節　平成を担った次代の宮司――阿蘇惟之氏・阿蘇治隆氏

惟友氏は、家族と一緒に暮らし、親子揃って阿蘇神社に奉仕するという幼少期以来の願いを叶えることができた。そこで本章では、彼の息子二人の取り組みに焦点を移し、彼らが先代から受け継いだ内容について検討する。

（一）昭和から平成へ――先々代宮司阿蘇惟之氏

①惟之氏の経歴

惟友氏の長男惟之氏は、昭和二十六年（一九五二）四月二十日、一の宮町宮地（現阿蘇市一の宮町宮地）に生まれた。幼名を潔丸《きよまる》といい、地元の学校を卒業後、皇學館大学国史学科に進学。昭和四十九年（一九七四）同大卒業後、寒川神社（神奈川県寒川町鎮座）に奉職し、同五十二年（一九七七）太宰府天満宮（福岡県太宰府市鎮座）権禰宜、同五十四年（一九七九）住吉神社（福岡市鎮座）権禰宜を経て、同年阿蘇神社権禰宜に就いた。昭和六十一年（一九八六）、惟友氏の死去により宮司に就任し、翌年十一月四日、阿蘇大宮司の代替わり儀礼である「衣そそぎの神事」を行った[13]。平成二十四年（二〇一二）二月二十四日帰幽。なお、聞き書き当時（平成二十二年）は阿蘇神社宮司であった。

②周囲の期待とイエの継承への心構え

惟之氏が振り返るには、子どもの頃は父から神職になるように言われたことはなかったが、小学校高学年ぐらいから父が参列するお祭りに連れられて横に座ってお参りするようになっていたという。そのときお年寄りから父の跡を継いで頑張ってもらいたいとの声を掛けられ、高校は商業科への進学も考えたが、いずれは高等神職の資格を取るために大学進学も視野に入れて普通科に入学した。高校卒業後の進路を決める時、父から跡を継いでほしいと言われた。

大学卒業時、太宰府天満宮の宮司から鎮座一〇七五年大祭があるということで奉職の誘いを受けたが、父からは九州に帰ってくると頻繁に実家に戻ってきて甘えるとの理由のほか、國學院大學卒の神職と顔見知りになるために敢えて皇學館大学卒の神職がいない神社で学ぶのもよい経験になるとの判断で寒川神社への奉職が決まった。同社の当時の宮司と父とは國學院大學での同級生で、息子を預けるからには旧知の仲のところがよいという父の判断で同社への奉職が決まった。同社の規則では奉職一年目には休暇を取得できなかったが、阿蘇神社例大祭の御田祭は少しでも勉強させておきたいとの父の要望により特例で三日間休みが与えられ、御田祭に奉仕した。いずれは阿蘇神社に奉職することを見越しての措置だった。その後、太宰府天満宮に奉職し、さらに父の指示で人員不足で困っていた住吉神社に奉職した。このように、父惟友氏からは将来のことを考えたキャリア形成を促されていた。

昭和五十四年、阿蘇神社の神職たちも高齢化していたので、惟之氏は阿蘇に戻ることになった。当時の神職たちは戦前生まれで、神職としての心構えや奉仕内容について拘る人が多かった。祭式などは一社の故実があって最初の一年くらいは戸惑うことがあり、先輩の神職も手取り足取り教えてくれるのではなく、祭りや神職の態度

写真 4–1　春祭にて惟邑氏（現宮司）披露
（左から 3 人目。2009 年 3 月 19 日、筆者撮影）

を見て覚えるというやり方であった。父が献幣使として奉仕するときに衣紋付けや鞄持ちで随行したときに祭式を見て覚え、また多くの神社を訪れた際に、そこの宮司たちと顔見知りになる機会が得られた。父からは神社では上司に当たる父に対して敬語で話すよう厳しく指導されたという。

父が亡くなったとき、惟之氏の年齢は三〇代と若かったので、当時七〇代の禰宜（阿蘇神社社家の宮川正也氏）が繋ぎ役として宮司に就くという話も出たが、その禰宜から阿蘇神社宮司は阿蘇家の者が継ぐのが筋であると提案されたことにより周囲も納得し、彼が宮司に就くことになった。

惟之氏は、宮司に就くということは阿蘇家や阿蘇神社に対する周囲の人びととの気持ちを受け止めなければならない重い責任があると語る。例えば、寒川神社奉職一年目のこと、地元から総代が面会に来て第一声「若様」と彼を呼び、「早く修行して一人前になって帰ってきて阿蘇の神様と自分方を守ってください」と言い、これを聞いていた寒川神社の宮司以下神職たちはきょとんとした顔をしながら「お前のとこはずいぶん時代がかってるな」と言われたことがあった。彼は子どもの頃から周囲の人びとから注目されているという自覚はあり、日頃の行動などには気をつけているという。子どもの頃より古老の方々から地域のために頑張ってほしいと声を掛けられ、そういう目で奉仕を続けていると、地域の方々の気持ちも次第にわかるようになってきたという。

彼は大学の卒業論文で南北朝時代の阿蘇家を取り上げた。当時の阿蘇家は南朝方と北朝方に分裂したが、これは徳川時代の真田家のようにイエを断絶させないための戦略であり、先祖はイエを残すために血みどろの努力を行ってきたから、自分の代で絶やさぬよう次の代に受け継がせることが大事な使命だと思っていると語る。彼の息子（現宮司）は高校生のときに自ら神職を継ぐと言ってくれて嬉しい気持ちであると述べる（写真4―1）。

③社会環境の変化と祭祀の伝承

宮司就任直後はちょうど年配の氏子も亡くなって世代交代が進み、祭りに奉仕する人びとの生活事情や考え方にも変化がみられた時期だった。

惟之氏が語るには、阿蘇神社の伝統については信念を持っていなければならず、そうでないと神社界に迷惑をかけることになるという。外部の意見に安易に協力すると他の神社にも同様の協力要請が入った際、「阿蘇神社は協力したのになぜここの神社はできないのか」といった苦情が出ないともかぎらない。また、神社には一社の故実、由緒があるので、歴史研究者が証拠を出して異なる見解を出したとしても、神社側としては先人が伝えてきた内容を重視する立場にあり、昔からの伝統や習慣を崩すわけにはいかないと説く。

また、兼業農家が多くなってくると、祭日を移せば仕事を休まずに祭礼に奉仕できるとの意見が出てくるが、昔からの伝統で云われのある祭日を移すことはできないと反対してきた。また、阿蘇の火祭り（火振り）を観光イベントとして祭日以外にも実施したいとの依頼があったときには神事との理由で協力を断ったこともあったという。地元の人びとは神社の発展を考えて提案したのに宮司は頭が固いと言われたこともあったが、生活習慣が変わっても祭りの大元は変えないようにしていきたいと抱負を述べる。

一方、宮司の仕事として労務管理や税務、参拝者の安全管理などの組織運営面の整備も行ってきた。適任者であれば旧社家以外の神職も採用して組織運営の強化を図ったほか、楼門、社殿三棟、神幸門・還御門を国の重要文化財に指定されるよう働いて、[14]神社の森厳と歴史的評価を確固たるものにしつつ、不測の事態による修繕費の発生に備えていた。それらは彼の没後、平成二十八年（二〇一六）の熊本地震による楼門倒壊といった境内の被災に対し、行政や専門家との交渉や連絡などの事務面で効果を発揮している。

このように惟之氏は、父惟友氏の阿蘇家当主と神道人としての矜持を受け継ぎ、祭りは由緒に基づいて行うことを原則として安易に変えることはせず、祭祀を滞りなく厳修していくための神社の環境を守るため、社務体制の整備に積極的な行動をとってきたのであった。

（二）平成から令和に向けて——先代宮司阿蘇治隆氏

①治隆氏の経歴

惟友氏の次男治隆氏は、昭和二十七年（一九五二）十月十二日、一の宮町宮地に生まれた。幼名なし。地元の学校を経て、昭和五十年（一九七五）に國學院大學を卒業し、伏見稲荷大社（京都市鎮座）に奉職した。同五十二年（一九七七）宮地嶽《みやじだけ》神社（福岡県福津市鎮座）権禰宜、同五十五年（一九八〇）諏訪神社（長崎市鎮座）権禰宜を経て、同五十七年（一九八二）阿蘇神社権禰宜に就く。平成九年（一九九七）には同社禰宜に就任し、同二十四年（二〇一二）五月一日、兄で先代宮司の惟之氏の死去により宮司に就任した。令和元年（二〇一九）七月、病気療養のため宮司を離任する。なお、聞き書き当時（平成二十三年）は禰宜を務めており、その翌年の宮司就任は想定されていなかった。

②イエと神社を支えていく心理的重圧

治隆氏は次男であり、イエの跡取りである兄がいることもあって、子どもの頃から神職になることを強く意識してきたわけではないが、父から卒業後は自由にしてよいとの言葉を受け、父の母校の國學院大學に進学した。同級生には社家の子弟が多く、家柄の背負いや神社の経済的事情の悩みなどを語り合って認識を共有していくなかで神職の道に進もうと決意したという。大学では周囲の学生と変わらずに過ごしていたが、伊勢の神宮の実習では少宮司から「阿蘇君おるかね」と呼ばれ、みんなの前で「僕は君のお爺ちゃんと同級生なんだよ」と声を掛けられたりして家柄について負担を感じることもあったが、父も学校の先生などからそのような声を掛けられ、苦労を重ねてきたのだと思ったという。

昭和五十年に大学を卒業し、関西に行ってみたかったこと、大きな神社に奉職したかったこと、神社本庁の包括下にない単立の神社で経験を積みたいとの思いがあって、伏見稲荷大社に奉職した。同社は阿蘇神社とは異なり、商売繁盛という儲けることを意識した神社で、神職は頭を下げて参拝者に気持ちよく帰ってもらいなさいという方針だった。同社に奉職して二年後、父の指示で宮地嶽神社に奉職し、さらに三年後には神職に欠員が出て困っていた諏訪神社に奉職した。その二年後の昭和五十七年、父に呼び戻されて阿蘇神社に奉職した。父と一緒に奉職した期間は五年と短かった。

治隆氏が語るには、阿蘇神社に奉職し始めた頃は祭式や神楽を覚えることに必死で、周囲の氏子が地元に帰ってきた自分のことをしっかり見ていることに緊張したが、父も同じ思いをしてきたのだろうという。父からは、「昔は十六歳で元服してたんだから、お前たちは失敗しても殺されることなかろうが」とよく言われ、当時は大袈裟と思っていたが、いざ父が亡くなった時には、その責任の重さを感じて足がガクガク震えるような感覚になった。父亡き後は周囲の人たちに支えられてここまでやってきたが、来年（平成二十四年）には還暦を迎えて一安心

写真 4–2　**惟友氏の墓**（奥）、**母と姉の供養碑**（中）、**惟紀氏の墓**（手前。2021 年 8 月 10 日、筆者撮影）

していると率直な気持ちを述べる。他の神社では親子兄弟間で争うところもあると聞くが、阿蘇神社では兄と一緒に無事にやってきたので、「一つの阿蘇神社の時代を担えたのかなぁ」と彼は気持ちを吐露する。父を看病していた時、子どもの頃にいろいろな祭りに連れて行って横に正座させたりして、阿蘇家の者、神職になるような意識を植え付けるようにしてきたと父から伝えられたが、父は苦労して神社を維持してきたので、兄だけでなく自分にも神職資格を取らせて兄の補佐ができるようにと考えたのだろうと語る。

さらに治隆氏は父惟友氏が建てた墓について話してくれた。惟友氏は自身の墓と彼の父惟紀の墓のあいだを挟むようにして母と姉の供養碑を建て（写真４―２）、その供養碑の裏に次の言葉を刻んだという。

「惟紀親子の縁うすく生涯家庭を共にせず　東京にて
各々歿す　ここに供養の碑を建ていささか霊を慰む
昭和六十一年十月吉日　第九十代当主　惟友建之」

せめて没後は親子で一緒に暮らしたいという、幼少期からの切実な願いをかたちに表わしたが、その願い自体は一般家庭が抱く理想と同じ性格のものであろう。

治隆氏は、阿蘇家や阿蘇神社の守るべき部分はあるが、心は自由でありたいと思っていると語る。父は治隆氏の息子には阿蘇家の重みを感じさせない名前をつけてくれて、父の思いもたくさん背負っているので、親として子どもには一番幸せなことをしてあげたいと思い、無理に阿蘇に戻らせることはせず、将来のことは本人に任せているという。

③祭祀の伝承における近年の課題への取り組み

治隆氏の指摘によれば、彼が阿蘇に戻った昭和末年頃にも後継者不足による御田唄の継承など神社固有の課題はあったが、平成から現在にかけての課題は社会全体に関わる性質のもので、少子高齢化対策、地域経済への協力、行政との連携方法であるという。地域社会では全体的に後継者不足に悩んでいて、駕輿丁（神輿担ぎ）も人手が足りず、これまでは町役場職員の氏子は有給休暇を取得して祭りに参加してくれていたが、町村合併後は他の町村地域の職員もいるので従来通りにはいかなくなっていたり、祭りの寄付は隣保班（行政区内の任意の互助組織の民俗語彙）からの集金に加えて神輿担ぎの人は別途出していたりと、氏子側も苦労している。個人商店も減ってきているので寄付の依頼もしづらく、無理を承知でお願いする一方で、商店街のイベント開催時における駐車場提供といった神社側の協力などには、氏子には農家の方々もいるので利害関係の調整が必要になるという。

そして、近年は伝統や文化というもの自体が国の方針の影響を受けるようになってきていると指摘する。東日本大震災（聞き書きの四ヵ月前に発生）は阿蘇には関係がないと思っていたが、食料や電気の供給など様々なところで社会は繋がっていていることが明らかになった以上、祭りやイベントの開催なども日本全体の動向に合わせていく必要もある。また、祭りのときの事故などの対応などにも気を配る必要が出てきていると語る。

このように近年の課題は、戦後直後のように人びとに協力自体を仰ぐというよりも、地域社会の人間関係や諸団体間の調整に気を配る必要が出ていることが特徴である。

（三）イエの継承と神社祭祀の伝承

惟之氏も治隆氏も父惟友氏の意向を受けて神職になったが、子どものときから祭りに帯同して地域の人びとの阿蘇家と阿蘇神社に対する期待の言葉を受けることにより、自身の社会的立場への自覚が芽生えていった。惟友氏が伝えようとした内容は、地域社会の期待そのものであり、教育方法としては親子間の直接的な指導というよりも本人たちが地域社会の人びとと接して自覚していく、というものであった。そうすることで惟之氏も治隆氏もイエと神社の歴史に向き合って自己の生き方を定め、現状の課題に対処している。また、兄弟で別の大学に進学し、卒業後は阿蘇神社とは環境が異なる神社を三社ずつ奉職することで神職としての知見を広げ、神社の運営力の強化を図っていた。

惟之氏はイエと神社の断絶を回避し伝統を守り次代に伝えていくこと、治隆氏は地域社会の協力を取り付けて兄を補佐しつつ、さらに惟友氏が求めた幸せな家庭を築くことを心掛けていることからわかるように、惟友氏の思いをそれぞれ受け止めながら平成期の阿蘇神社を支えてきたのであった。受け継いだ内容に重きをおく部分は長男と次男という立場で異なるが、お互いに補完しあって祭祀を厳修してきたのである。

おわりに――戦後阿蘇家に共存する「華族」的性格と「平民」的性格

惟友氏は、親戚などを例に家柄の高さだけではイエを維持できない現実を戦前から見知っていた。戦後は国家神道体制と華族制度の廃止といった大幅な制度的変更もあって、イエの維持には本人の自覚と努力の必要性を痛感し、時代に合わせた取り組みを始めた。逆説的であるが、阿蘇家と阿蘇神社の伝統を守るために従来のやり方に変えざるを得なかったわけで、当事者にとっての伝承とは絶えず変えていく営みなのであった。

戦国末期の阿蘇家の一時没落は当家の歴史の大事件としてしばしば言及されるが、惟友氏も戦前・戦後の時代変化のなかでイエと神社の没落の危機を体験し、その歴史を教訓としながら回避策の創発に努めた。その一環として、地域社会の氏子組織である氏子青年会や敬神婦人会の結成と、各種講演会活動を通した神道教化活動が挙げられ、これらは地域社会からの協力の必要性が増した戦後神社界の状況を表わす典型的な新たな活動であり、華族だった戦前の官社時代とは異なる動きであった。これらの活動を通して彼が守り伝えようとしたこととは、阿蘇家の継承と阿蘇神社祭祀の催行という、言葉にすると極めて簡素で単純な内容である。しかし、それは没落に対置される行為であるとともに周囲から期待されている伝統の根本的部分であり、数百年も滞りなく続けることの難しさを彼は自家の歴史や没落した他家の事例を見て知っている。平民には感じることのない責任の重さ、難しさ、周囲からの注目が華族にはあって、イエの没落を防ぎ、先代から受け継いだものを後世に確実に伝えていくには、現代的状況に絶えうるかたちを創発していく実行力と守るべき部分を安易に変えない忍耐力が同時に求められるのである。

本章で取り上げた三代の宮司は、イエと神社を維持していくうえで新たな社会状況に対応したかたちを創り上げてきたが、その伝承の力学には、地元の人びとから寄せられる阿蘇家と阿蘇神社への期待に応えること、個を犠牲にしながら家系維持と神社運営に努めてきた先人の歴史を絶やさぬこと、それらに加えて一家団欒という幸せな家族像を実現すること、といった華族と平民の二つの身分の倫理的規範の共存がみられるのである。

第五章　平成のムラと神職の三〇年
——摂社国造神社の氏神社的性格と社家

はじめに――村落社会における神職と氏子の付き合い方

戦後の神社界において、神職は故実を尊重して祭祀を厳修しつつ現代社会に対応した教化活動が求められている(1)〔庄本・渋川 一九八八〕。故実とは祭祀にあたって参照すべき知識、あるいは従うべきとされる先例のことを指すが、一方で氏子崇敬者側の事情を汲み取る必要もあるから、神社祭祀の伝承は故実と氏子のあいだに立つ神職のふるまい方に掛かってくる。

伝承における個人の役割について、先行研究では当事者の認識世界を語りから再構成してきた。ただし、伝承は人から人への伝達行為であるから、周囲の人びととの関係性のなかで捉えなければならない。すなわち、伝承主体としての個人の内面をムラ人との関係性のなかで考察することになるが、そのためには序論で提起した倫理的規範への視点(他者からの評価を受けて各自の行動と言動を自制していくような社会規範のことで、社会集団内の人間関係を維持していくための生活態度に作用する)が必要である。また、認識世界は絶えず人との関係のなかから現れるので、伝承の特性を踏まえると、一世代分のタイムスパンのなかで考える必要もあろう。

そこで本章では、地域社会に居住しながら地元神社の宮司を務めてきた社家で阿蘇神社禰宜の宮川経幸氏を取り上げ、氏子との日常的な関わり合いのなかで神職としての経験を積んでいった過程を記すとともに、神社の故実とムラの規範の折り合わせ方を考察する。

第一節　社家と兼務神社

（一）阿蘇神社の社家

すでに触れているが、阿蘇神社は中世末に大宮司惟光の死罪によって没落し、慶長六年（一六〇一）の熊本藩主加藤清正による所領安堵によって再興し、一時四散した社家も復帰した。(2) 近世においても阿蘇大宮司は阿蘇家に仕える家臣団と阿蘇神社に仕える神職集団を束ねる頭領的存在であって、実質的な社務については同社の一二柱の祭神のうち第九宮若彦神を祖とする二〇家二一人の社家が務めていた（第二章、図2―6）。社家は阿蘇神社鎮座地の宮地を中心に阿蘇谷各地に居住し、神官（一二人）と権官（九人）の職に分かれ、神官には一太夫から金凝祝まで﨟次制の一二の職階があり、権官には北宮祝など九つの職があった。権官最高位の権大宮司職のみ当代の社家二〇家のなかから適任者が選ばれて一代限りで草部姓を名乗り、残りの職は世襲であった。神官は宮川姓、権官は宮川姓や今村姓を名乗った。また、社家以外には神人（社家支族、一五人）、巫（神人支族、一四人程度）、伶人（若干名）がいて、阿蘇谷各地に定住して摂末社の祭祀に与っていた。

近代に入ると多くの社家が神社から離れ、現在では阿蘇神社神職のうち社家の子孫は二名、うち宮川姓を継ぐのは禰宜の宮川経幸氏のみである。(3) 彼は権官の北宮祝の家系で、手野（阿蘇市一の宮町）に居住して国造神社（通称北宮）に仕えてきた。代々手野に居を構えてきたため、日頃の近所付き合い（区役と呼ばれるムラの共同作業など）ではムラ人の一員として生活をしている。その点では同じ神職でありながら旧華族の阿蘇家とは異なる社会的位置にいる。

（二）国造神社の概要

宮川氏が宮司を務める国造神社は阿蘇神社の摂社であり、手野に鎮座している。社格は旧県社であった。当社はすでに承和十四年（八四七）七月には官社に列せられており、(4) はやくから朝廷に知られた古い歴史をもつ式内社である。祭神は阿蘇を開闢した健磐龍命の子、速瓶玉命以下三柱（雨宮媛命、高橋神、火宮神）である（第一章、図1―3）。手野は稲作を主な生業とする農村であり、古墳群が点在するほか、条里制の痕跡もわずかに確認されることから古くから人が生活していたとみられる地域である〔熊本県教育委員会 一九七七〕。氏子区域は一の宮町手野（行政地区としては古城五の一〜七区に該当）で、氏子戸数は合わせて一七五戸である（平成十六年当時）。当社は阿蘇神社の摂社ということもあって氏子のみならず広く阿蘇谷の住民からも農耕の神様として崇敬されている。(5)

手野の人びとのあいだでは国造神社と阿蘇神社との関係について次のように語られている。

「その昔、阿蘇谷が阿蘇山のカルデラ湖だった頃、健磐龍命が外輪山壁を蹴破って水を抜き、手野に住まわれて農耕を開始された。その後、子息の速瓶玉命を手野に残して宮地（手野より南方約五キロメートルの地区）に遷られた。最初に住まわれた場所が国造神社であり、遷られた先が阿蘇神社であるという。」

国造神社は阿蘇神社の北に位置するため北宮とも呼ばれ、両社は同種の祭祀が並存している（第二章、表2―1の①と②、⑦と⑧、⑨と⑩、⑫と⑬）。(6) 年間の祭事は、新年祭、春祭、御田祭、眠り流し、二百十日祭、二百二十日祭、田実祭、新穀感謝祭、除夜祭であるが、このほか鯰社、金刀比羅神社、風宮、水神社、門守社の境内・境外社の祭祀が国造神社総代会のもとで行われている（表5―1）。ちなみに鯰社というのは、健磐龍命がカルデラ湖を干上がらせたときに湖底に姿を現わした大鯰を祀った社である。

表5–1　国造神社および境内・境外社の祭事

祭事名	月　日
新年祭	1月3日
金刀毘羅神社春祭*	旧暦3月10日
春祭	3月28日
鯰社例祭*	3月28日
風祭*	旧暦4月4日
水神社例祭*	4月28日
門守社例祭*	6月12日
風祭*	旧暦7月4日
御田祭	7月26日
眠り流し	8月6日
二百十日祭	二百十日の日
二百二十日祭	二百二十日の日
田実祭	9月23・24日
金刀毘羅神社秋祭*	旧暦10月10日
新穀感謝祭	11月23日
除夜祭	12月30日

*は境内・境外社の祭祀。

　例大祭は七月二十六日の御田祭と九月二十三・二十四日の田実祭である。御田祭は稲の生育を祈願する祭りで、集落はずれの水田地帯にある御仮屋まで渡御する。手野の氏子は神幸行列に出仕し、駕輿丁をはじめ、五色幟、太鼓、ウナリ（白装束の女性役）などに出仕し、神馬も手野から出している。田実祭は秋の稔りを感謝する祭りで、氏子が野菜などの供物を奉納するほか、神前相撲も奉納される。これも基本的に手野の氏子が相撲を取るが、戦後しばらくまでは阿蘇谷中から相撲を取りに人びとがやって来たという。調査当時は地元の古城小学校の児童が相撲を取っていた[7]。

　少なくとも旧神職組織がなくなった明治以降、国造神社祭祀は手野の氏子の出仕によって支えられ、宮司職（戦前の旧称は社司）は阿蘇神社の神職が兼務するかたちを取ってきた。戦後から昭和六十二年（一九八七）までは阿蘇神社宮司の阿蘇惟友氏が兼務宮司となり、阿蘇神社権禰宜だった宮川氏の父は補佐役として社務を担っていた（上米良編　一九八一　一六六～一八三、同四九一）を参照）。

第二節　神職と氏子の付き合い――宮司着任から現在まで

（一）宮川氏の神職継承

阿蘇神社禰宜兼国造神社宮司の宮川氏は、昭和三十六年（一九六一）、熊本県阿蘇郡一の宮町手野に生まれた。手野集落は阿蘇北外輪山麓に立地し、北外輪山から発した宮川（川の名称）が集落を貫流して阿蘇谷の水田を潤している。国造神社は、この宮川のほとり、手野集落の一番高い位置に鎮座して手野の氏子を護っている。宮川氏の居宅は国造神社の隣に位置している。

この宮川家は北宮祝（権官）の家系で、少なくとも明治初期までは高祖父の経茂氏が阿蘇神社と国造神社に勤仕していたが、曽祖父の経友氏は一時期旧古城村長を務め、祖父の實雄氏は中通《なかどおり》尋常小学校で教員を務めた後、阿蘇神社に勤仕して手野、旧山田村、旧中通村、産山村の神社を兼務した。宮川氏が生まれた当時には、彼の父幸生氏が権禰宜として阿蘇神社に勤仕していた。

宮川氏は高校を卒業すると、神職になるため東京都荒川区南千住の素盞雄《すさのお》神社に下宿しながら國學院大學に通った。國學院大學には神社実習制度という昼間に都内の神社に助勤しながら夜間の授業を受ける仕組みがあり、それを利用して実習先神社でも神職になるための修業に励んでいた。大学卒業後は福岡の筥崎宮《はこざきぐう》に奉職した。

宮川氏が阿蘇に戻った経緯は次のとおりである。昭和六十一年（一九八六）、それまで国造神社宮司を兼務していた阿蘇神社先々代宮司、阿蘇惟友氏が逝去し、同社権禰宜の宮川氏の父の幸生氏が国造神社宮司を兼務することになった。しかし彼は翌年の昭和六十二年九月に急逝してしまい、そこで同年十二月、宮川氏が福岡から阿蘇に戻って阿蘇神社権禰宜に就き、併せて国造神社宮司を兼務することになった。当時彼は二十五歳だった。

このようにして急遽宮川氏は父の跡を継ぐことになったが、神事の形式などは神社本庁が定める祭式があり、また大学生の時には御田植神幸式に助勤したことがあったので、大まかなことは問題なく引き継ぐことができたという。しかし、細部に関してはどのようになっているのかが分からなかったという。なぜならば、祭祀には神事だけでなく神賑・奉祝行事もあるわけで、経験を積んでいないと所役の手配などの準備を手際よくこなせないばかりか、それらについて氏子からどういう要望があるのか分からなかったからである。こうした課題がありながらも、当時の総代長がよく指導してくれたおかげで、無事に祭祀を催行することができたという。

ただ、無事に祭祀が催行できたからといって、神職の引き継ぎが完了したということにはならないらしい。筆者が阿蘇で調査をし始めた当時、宮川氏は権禰宜で阿蘇神社内では中堅の立場であったが、このとき彼が若手時代を振り返りながら筆者に話したところでは、宮川氏には父の跡を継いだことに関して心残りがあるということであった。それは神事にあたっての気持ちなどで父から伝えられるべきものがあったのではないかという感覚である。宮川氏の父が祭神や祭祀に対してどのような心構えでいたのか、健在ならば何かの折に教わったり感じ取ったりすることもできたであろうが、今となってはもう知ることはできない。ひょっとすると、仮に急逝しなくとも、「ひたすら神明に奉仕し、祭祀を厳修し、常に神威の発揚に務め」ることを旨とする神職にとっては[8]、このような心残りは必ずと言っていいほど常に心のなかにあるのかもしれない。ともあれ、この「神事にあたっての気持ち」は、これまでの神社祭祀研究にみられたような、祭祀形態への眼差しだけでは捉えられない別の次元の伝承であることはいうまでもない。

（二）氏子の引き継ぎ——ムラの規範との直面

宮川氏は、職務のほかに神職の心構えとでもいうべきものをも引き継ごうとしている。これは宮川氏が神職としての経験を積んでいくなかで育んでいくものであろう。ただし、神職の勤めは神社に奉仕するだけにとどまらない。実際のところ、神職とは現代社会における職業の一つでもあるわけで、神社が氏子とともに存在する以上、神職は氏子の要求を汲み取りながら勤める必要も出てくる。

宮川氏は阿蘇神社権禰宜となって手野の祭祀を引き継いだほかに、阿蘇郡産山村、阿蘇市山田の諸祭祀を任されている。阿蘇地域では専任の神職がいない地域がいくつかあり、そうしたところの祭祀の多くは阿蘇神社の神職が担っている。例えば、氏神社の例祭、屋敷神の祭祀（先祖祭）、神葬祭、ジモライ（地鎮祭）などがあれば、兼務の神職が出向いて神事を催行する。複数の地域を受け持つことで祭日が重なってしまい、一日に何ヵ所もの神社に出向くこともある。

宮川氏の話によると、彼が阿蘇に戻ってまもない頃、産山村で神事を終え、次に祭りを控えている神社へ行くため、直会の席で神酒を頂かずに場を発とうとしたところ、総代から「挨拶の仕方も知らんのか」と怒られたことがあったという。産山村は外輪山上にあり、次の祭りを控えている外輪山麓の集落まで自動車を使わなければ移動できなかったため、当然飲酒できない。このとき宮川氏がどのような態度で席を発とうとしたのか分からないが、とにかく総代たちにとってみれば直会で神酒を頂かないのは失礼に当るというわけで、それに何としても従うことが要求されたのである。

平成十六年当時も、宮川氏は阿蘇神社での勤めがあるため神事を済ませると直会の席を中座することが度々あった。直会では総代たちに一通りお酌をした後、時期を見計らって社務所の玄関まで足を運び跪居の姿勢で、

「それでは皆様、私はこれから阿蘇神社での勤めがありますので、これで失礼させていただきます」と丁寧に挨拶し、阿蘇神社へ向かう。こうした宮川氏の対応について、手野の総代たちは非難こそしないが、「さっと行きよるもんなぁ」と軽く酔いながら感想を漏らし、ときには引き止めようとしていた。

こうしたムラの規範ともいうべき氏子の要望はよくみられることであった。国造神社二百十日祭での出来事である。神事の開始時刻が午後のため、午前中に総代たちで境内の清掃をしたが、宮川氏は阿蘇神社の勤めがあったため清掃に参加することができなかった。そのため直会の席中でそのことについて或る総代から強い口調で文句を言われ、その場は静まり返った。宮川氏にとってみれば、本務社の阿蘇神社の勤めを果たさないわけにはいかなかったのだが、その総代からすれば、総代たちは仕事の都合をつけて神社に奉仕しているのだから、国造神社宮司である宮川氏はなおさらのことだという思いがあったのだろう。その後、再び境内清掃があったときに宮川氏は清掃に参加した。その日は阿蘇神社での勤めがあったかどうかは確認しなかったが、非難した総代は宮川氏が清掃に参加したことについて、この前注意したから来るようになった、と他の総代と満足そうに話していた。

つまり手野の氏子たちの宮川氏を見る目は、阿蘇神社の神職としてではなく国造神社宮司であって、可能であれば国造神社に常駐して欲しいとの気持ちがある。宮川氏はこのような氏子の眼差しを感じ取りながら神職として成長し続けていった。

(三) 総代会議におけるふるまい

次に宮川氏の氏子とのやり取りについて述べていくことにする。

先にみたように、国造神社祭祀は境内外社を合わせると年間一六にも及び、祭祀を中心とする同社の運営は国造神社総代会が当たっている。総代会の構成は、宮司の宮川氏、手野の区長四名（五の一・五の二・六・七区）、手野の各地区から選出された総代一〇名（第六章、表6―1参照）の合計一五名である。選出方法からみても地区住民即ち氏子という認識が認められる。平成十六年頃は、総代の年齢はだいたい六十歳前後であった。任期も各区で決められ、二年あるいは三年で交代するようになっているので、総代会のメンバーは毎年若干数入れ替わっている。平成に入るまでは、各区に周囲から適任者と目される人物が何年にも渡って総代を務めていたという。

総代会は祭祀にあたっては拝殿に着座して神事に参列するほかに、神賑行事の準備、つまり所役の手配などをするほか、祭典費の徴収や神宮大麻《じんぐうたいま》の頒布にも奉仕する。特に御田祭や田実祭は大祭で、氏子の出仕を必要とするので最低二回は事前に会議を開いている。毎年恒例の行事とはいえ、毎年新たな総代が加わったりするので、会議を開いて意思統一を図らなければならない。総代会議は宮川氏が議案をまとめてその内容を説明し、それを受けて総代がそれぞれ意見を出し合い、最後に総代長がまとめるという進め方である。したがって、総代長の性格如何で会議のまとめ方は違ってくるし、進み具合も違ってくる。

次章で詳しく扱うが、総代会では次のような対応をしてきた。平成二年（一九九〇）と平成三年（一九九一）は手野の氏子にとって不幸が続いた年で、平成二年七月は大雨が降って山からの土石流で社務所が流され、参道は巨大な石が転がって荒らされたうえ、倒れた水神木が拝殿の屋根を破壊した。翌年九月には台風で国の天然記念物の神木が途中から真っ二つに折れてしまった。当時宮川氏は宮司になって間もない頃で、しかもまだ二〇代であり、突然の災害には困惑したそうである。だが、このときの総代長がリーダーシップを発揮して、すばやく物事を決断して総代たちの意見を取りまとめ、水神木の売却と社殿修復、社務所の新築、天然記念物の補助金申請等をこなした。このような大災害のため祭りどころではなかったそうだが、平成二年の御田祭では何とか神事だけは行い、神幸式は中止することで落ち着いた。

平成三年に折れた天然記念物の神木については、平成十三年（二〇〇一）から平成十五年（二〇〇三）にかけて保存対策の会議が頻繁に開かれた。筆者は何度もこの会議を見学する機会を得た。この神木は折れた当初、折れ口から雨水が浸透して腐ってしまうおそれがあったので、樹木医の指示に従い、幹の内部をポリウレタンで覆って雨水の浸透を防ぐ養生処置を施していた。しかし、その効果も期待通りいかず根が腐り始めていたので、総代会はこの神木の保存方法の話し合いを始めることにした。総代たちは総代会議と各区の寄合とのあいだを往復し、氏子たちの意見をまとめて、①「根元から神木を持ち上げてその場で保存する」、②「根元と幹を切断し、幹だけ保存する」、③「神木を売却する」との三案を出した。会議の結果、②「幹だけ保存する」という方針を採ったのだが、会議のなかで宮川氏はそれぞれの案の見積り金額や登記上の問題点などの事務的な発言はしていたが、神道の立場から神木をこのようにしたい、という意見は出さなかった。つまり、宮川氏は国造神社宮司ではあるが、神社運営に関して強く物事を主張するといったことはみられなかった。それは当時の宮川氏が言うには、「総代さんたちは年配ということもあって、自分の意見は強く言えない。親父ならまた（神木の保存の方法は）違う方向に進んだだろう」とのことであった。この発言からは、宮川氏は手野に住む住民としての立場をわきまえており、将来、総代と同じくらいの年齢あるいは彼の父が亡くなった当時の年齢に近づいたときは、自分の意見を積極的に発言できるようになると読み取ることもできる。さらに、宮川氏が彼自身の対応について父と比較して下した評価をみると、神職としての心構えの継承がいまだ完了していないという意識も読み取れる。

以上から、国造神社運営の方針はムラ人たちの意向に左右されており、宮川氏も神職の立場を強調することなく、ムラに置かれた立場を受け入れながらふるまっていることがわかる。少なくとも平成の中頃までの宮川氏はこうした対応によって父の跡を継ごうとしていた。

（四）阿蘇神社と国造神社の運営上の違い——神職と氏子の乖離

宮川氏が氏子たちの要求を尊重しているのは、それが神社運営にとって必要なことだからである。ここで参考として、宮川氏の本務社である阿蘇神社の場合と比べてみる。

阿蘇神社の氏子は鎮座地の一の宮町宮地の住民であるとされるが、そこから選出された総代が会議に加わるのは御田祭の打ち合わせ会議だけで、通常の神社運営に関わる会議は神職のみで行われている。また、法人としての意思決定機関は宮司や氏子の有識者六名から構成される責任役員会である。このようなこともあってか、阿蘇神社では祭典後の直会の場でも意見が出されることはほとんどない。別の見方をすれば、阿蘇神社祭祀は氏子ではなく阿蘇神社が主催しているといえる。

阿蘇神社の或る神職によると、当社は古代から戦前まで国家祭祀を催行してきたから、神社側にしても鎮座区域の住民にしても氏子という概念自体が希薄であり、したがって当社は氏子の対応に慣れておらず、戦後の状況への対応が遅れがちであるという。近年は例大祭の寄付金や祭礼参加等の氏子の協力は難しくなっているらしく、総じて手野のほうが氏子意識は強い。例えば、ジモライ（地鎮祭）などの祭りを神職に依頼するときは手続き上、阿蘇神社に依頼するかたちをとるが、手野の氏子は国造神社の宮司に依頼していると思っている。こうした氏子意識の強さは年末の神札頒布にも表われており、伊勢の神宮や阿蘇神社に初穂料を差し出すくらいなら国造神社に回した方がよいではないかと主張する氏子も出てくるわけである。ちなみに神札頒布率は阿蘇神社鎮座地の宮地よりも手野のほうがよいとのことであるから、総じて手野の人たちは敬神の気持ちが強いともいえる。

このように、神社運営にとっては氏子たちの神社に対する眼差しをいかに押さえておくかが重要となる。

第三節　神社において「故実」はどう扱われてきたか

（一）旧社家としてのふるまい

少なくとも国造神社は手野の住民から選出された総代たちによって運営方針が立てられ、それに従いながら祭祀が催行されてきた。宮川氏の会議でのふるまい方は、宮司としてよりもまず、手野に住む住民としての立場を基本としている。では、宮川氏の神社に対する眼差し、あるいは自身の神職に対する自己認識はどうであろうか。平成十六年当時、宮川氏が筆者に話したところによれば、宮川家にしても阿蘇家にしても神職を継ぐのが当たり前という気持ちになっていて、神社の歴史についてあまり勉強していないと述べた。この「継ぐのが当たり前」という認識は氏子たちのあいだにも存在する。現在、神社本庁に所属する神社では、宮司は世襲制ではなく、氏子の具申によって神社庁長から任命される仕組みになっている。[9] つまり、氏子が宮司として相応しいと思う人物が推薦されるのである。阿蘇谷では、「昔、阿蘇家は殿様だった」としばしば語られ、大正生まれの話者によると、「幼かった頃、祭りのときに阿蘇神社の宮司がやってくると、総代たちは土下座して出迎えたのを見たことがある」といった話が聞かれる。宮川家に関しては、老人の会話のなかではオシャケシサン（「御社家さん」の意か）のイエとして語られている。こうしたことからみても、氏子のあいだには阿蘇家と宮川家は神職の資格を有するイエである、といった意識を感じ取ることができる。

「神社の歴史についてあまり勉強していない」との理由について、当時の宮川氏は次のような経緯に求めていた。阿蘇神社は古代から続く由緒ある神社であり、これまでにも歴史研究者がしばしば訪れてきた。また、阿蘇神社と国造神社の一連の祭りは、国の重要無形民俗文化財「阿蘇の農耕祭事」に指定されており、学生や地元の学校の生徒も毎年見学にやってくる。阿蘇神社では、こうした訪問者からの質問に答えられない場合があって、そうしたときは地元で熱心に当社について調べている旧社家の方を紹介してきたという。そして、平成六年（一九九四）に池浦秀隆権禰宜が着任し、彼が史料を読んだり研究会に出席したりと勉強しているので、阿蘇神社でも外部からの問い合わせに対応できるような状況になりつつあるという。ただし、訪問者への対応は池浦氏がしているので、宮川氏の認識では阿蘇神社の歴史について詳しいのは彼であって、宮川氏自身は「あまり勉強していない」と口にしていた。

宮川氏の名誉のために補足説明すると、池浦氏は広報担当としてマスコミや外部の研究者の問い合わせに対応する機会が多く、求められる回答の多くは、公共性を帯びた文化財的な意味合いでの歴史的価値である。一方、宮川氏は兼務神社の祭典において地元の氏子と会話する機会が多く、そこでは経験や記憶の一部としての歴史が語られる。つまり神職に求められる対応方法と伝えるべき情報の内容は聞く相手によって異なっていて、宮川氏は氏子崇敬者に対して回答できる知識は十分に持ち合わせている。そうした点において、阿蘇神社は幅広い対応ができる体制が整っているともいえ、第四章で紹介した惟友元宮司の神社運営の方針がよく機能している。

（二）国造神社の「故実」

次に、国造神社の故実についての宮川氏および氏子の認識はどうであろうか。

第二章でみたように、国造神社の例大祭である御田祭は中世以来行われていたことが史料のうえから判明している。「年中祭式之次第」には、御田會が六月二十四日に行われ、神幸行列は駕輿丁・太鼓・早乙女一二騎であって、いずれも神職が役に就いたらしく、現在のかたちと異なる部分がみられる(10)。宮川氏は中世・近世の史料に御田祭が記載されていることを知っているが、その内容を氏子の前で話すといったことはなかった。また史料のなかには、中世に行われた下野狩の獲物は国造神社の鳥居の傍の木に掛けたとか〔『阿蘇宮記』〕、その狩りで獲れた鹿の角が国造神社に納めてあるといったことが記載されている〔『蘇渓温故』[11]〕。このことを宮川氏に尋ねたところ、神殿に鹿の角などが入った箱はあるが、よく見ておらず、誰にもその存在は話していないという。風祭の風穴についても同じような対応で、その場所について知ってはいるがあまり口にしていないようである[12]。

氏子のほとんどはこのような故実を知らない。彼らに国造神社のことについて訊ねると、宮川氏のほかに詳しい人物として山部氏を挙げる。山部氏は国造神社の隣りに居を構え、宮番として境内の清掃や直会の準備などに長年奉仕していた人物である。山部家は阿蘇神社の巫・伶人の家系だったと思われるが[13]、氏子は詳しいことを知らず、ただ「お宮と深い関係にあるイエ」と認識している。山部氏は「蘇渓温故」を所収する『肥後國誌』の刊行本を持っていたりして、氏子のなかでは阿蘇神社と国造神社について詳しく知る人物である。だが、彼もこうした知識は氏子から訊ねられてはじめて口にしているようである。つまり、宮川氏にしても山部氏にしても、書物の知識は身につけているが、それを氏子に積極的に伝えることは控えているのである。

それに代わって、氏子たちは国造神社の由来や伝説について折に触れて語り合ってきた。例えば、「もともと国造神社の神輿は四基あったが、そのうち三基が大水で流され明神淵（小嵐山の手前）に沈んでしまった。今でもそこを通ると鈴の音が聞こえる」といった類の話しが今でも御田祭近くになると語られている。また、神社側の由緒では、祭神の速瓶玉命は健磐龍命の子であるのに対し、手野では姉であると語られることがある。子と姉では大分違いがあるが、このような矛盾した由緒であっても、直会の席などで氏子から質問されると宮川氏は、「手野の方たちはそう言いますねぇ」と言いながら、どちらかの説を採るといった発言はしない。それはおそらく、氏子の気分を害さないようにとの配慮などではなく、神社の継承とは本来的に氏子とともにあることを熟知しているからであろう。

ただし、彼は祭祀のすべてを氏子の気持ちに委ねているわけではない。例えば、彼が阿蘇に戻る直前まで、風祭は彼の父と宮川泉氏（ともに阿蘇神社権禰宜）が執り行っていたが、二人とも高齢のため宮地の風宮から手野の風宮まで車で移動するようになっていた。彼が風祭を引き継いだときに「昔に戻しましょう」と提案して再び歩くようにしたという。そして、昔の写真を見て上席の神職が東側のルートを歩いていたことを確認し、治隆氏が東側、宮川氏が西側を歩き、その後治隆氏から年下の権禰宜に担当が変わったときに、上席にあたる宮川氏が東側を歩くようになったという。彼が言うには、風祭は宮川家がしなければならないという決まりはないが、彼の父が携わっていて、しかも地元の手野に歩いて行く祭りなので思い入れがあり、元々の人が奉仕した方がよいという気持ちもあるという。

このように、氏子の手から離れている部分については故実に沿った祭祀を厳修しようと取り組んでいる。

第四節　還暦を迎えて

その後二十年ほど筆者は調査を継続し、世代交代に伴う人間関係と国造神社祭祀のあり様をみてきた。その間、宮川氏自身も経験を重ねて還暦を迎え、彼と年齢の近い総代が選出されるようになった。

宮川氏は令和元年（二〇一九）に阿蘇神社禰宜に昇任した。昇任理由は、宮川家という家柄ではなく、あくまで社内での奉職経験や年齢に基づいて決まったものであったが、結果として近世以来の社家組織のあり様（かつての権大宮司職に相当する禰宜職に社家出身者が就く）を踏襲するかたちとなった。ただし、禰宜になっても職務内容はそれほど変わらないという。それは権禰宜のときから職務として治隆宮司を支えていたからであり、このこと自体は阿蘇神社の社務の特性ではないかと彼は述べる。

国造神社の氏子との付き合い方は、総代が自身と同年代に近づいてきたことよりも、多くの総代と付き合ってきたことによる経験値の積み重ねによって慣れてきた部分のほうが影響は大きいという。かつては、総代は数年おきに変わらず熱心な氏子が継続して就いていて、彼もそのほうがよいと考えていたが、実際には頻繁に総代が交代することによって多くのムラ人との付き合いが生まれ、むしろ氏子全体に話を通しやすくなったと感じることがあるという。

また、父は満五五歳で亡くなったので自分が同じ年齢になったときには意識したという。神職のキャリアとしては自分の方が長くなったが、地域との関わり方などはまだ父には及ばないと思うと述べる。彼が子どもの頃は祭りを止めようと強く言う人たちがいて、父は歌慣らし（駕輿丁による御田唄の練習）に毎回行って親睦を図る努力をしていて大変そうだったと振り返る。むしろ現在では若い年代が神社への協力に積極的になってくれているという。確かに、筆者が調査し始めた頃の駕輿丁は宮川氏と同年代であったし、現在では総代に選出される者も現れ始めていて、「自分たちが暮らす手野を盛り上げたい、そのためにも彼に協力したい」という彼らの気持ちを筆者は幾度か聞いてきている。

それから、宮川氏の息子は成人して現在は県外の神社に奉職している。宮川氏は若い頃、別の仕事をして晩年になったら神職になるのもよいという気持ちもあったので、息子に対しても同様の思いがあって神職になるよう促したわけではなかったが、本人が神職になると決意したという。息子が神職になったことは嬉しく思うとともに、転出などで阿蘇谷から宮川家が少なくなっていてイエを途絶えさせてはいけないという気持ちがあるので、北宮の宮川家を維持できて一安心であるという。

さて、かつて筆者に対して「神社の歴史についてあまり勉強していない」と述べた真意を二〇年ぶりに改めて尋ねたところ、次のように答えた。

振り返ってみると大学生のとき、実習先神社の宮司の教えは「知識ではなく、神様に奉仕する気持ちでいなさい」とのことで、その指導を受けたことが神職生活の態度への影響が大きかったかもしれないという。最初の奉職先の宮崎宮は地域社会との交流も大事にしなさいという方針であった。もちろん学業を疎かにしたわけではなかったが、神様に向かう気持ちや氏子との付き合いのほうを優先させてきたと振り返る。さらに学生時代、惟友宮司が神社本庁の会議で上京すると羽田空港まで出迎えに行って、鞄持ちをしながらいろいろな会話を交わしたが、彼には独特の威厳があり、そのときのやりとりも神職として影響を与えているという。先に紹介した宮川氏の「父の神事にあたっての気持ち」に拘る態度は、彼が神職生活を始めるにあたって身につけた最初の教えに由来し、これに従いながら現在まで神明に奉仕してきたといえる。

結局のところ、彼が神職として経験を積んでいく態度は、神様への真摯な気持ちを持ちながら氏子の期待に沿っていくというものであり、これを神社界の言葉で言えば神様と氏子との「仲執り持ち役」に徹してきたということになろう。

おわりに——神職成長過程における「ムラの規範」の重要性

以上、地域社会に暮らす禰宜の宮川氏が、地元神社の氏子との日常的な関わり合いのなかで彼ら／彼女らの要望と神社の故実とを折り合わせ、理想の神職像に近づくための経験を積んできた過程を考察した。

氏子は国造神社を阿蘇神社摂社や式内社ではなく手野の氏神社として、宮川氏を阿蘇神社の神職ではなく国造神社宮司と認識している。特に戦後は氏子の協力なしに神社を運営していくことは難しく、氏子は神社の故実や神道生活の心得なるものを知っているわけでもないから、そうした知識に基づいた行動だけを取っていても氏子の協力は得られにくい。したがって、宮川氏は氏子が関与しない神職だけが扱う祭祀の宗教性に関わる部分については故実を前提に、それ以外の社会性（あるいは世俗性）に関わる部分は氏子の要望を前提として行動し、祭祀の宗教性と社会性の分別を付けている。一方、第二節で取り上げた宮川氏が父の跡を継ぐにあたっての心残り、すなわち祭祀や祭神に対する心構えといったような伝承は、宮川氏自身が還暦を過ぎてもなお追い求めているものである。つまり宮川氏の神職生活は、先代の教えを承け継ぎつつ氏子の期待を折り合わせていくという、祭祀の宗教性を保持した社会性の受容の繰り返しである。

このように本章は、一神職におけるムラの倫理的規範の受け止め方に迫るものであった。そのなかで、社家の家系である宮川家を継承して宮司の務めを果たすこと、氏子の要望に基づいて氏神社の運営が行われるべきであること、これら二つの従うべき価値観がムラ人のあいだに存在し、国造神社祭祀の伝承における倫理的規範として作用していることを論じた。

第六章　「氏子」の論理——寄合における総意形成と神社運営

はじめに――ムラの総意形成の場への着目

前章ではムラに居住する神職が氏子の要望を受け止めながら神社祭祀の伝承に携わる様相を記述した。一方、神社運営をめぐる寄合では、神職も氏子も一人ひとりはそれぞれ意見を持ちながらも周囲に配慮しながら意見を調整し総意の形成を図っている側面もある。伝承とは人から人への伝達行為であるから、一人ひとりの考えや気持ちが集団のそれとして共有されていく過程の検討も必要である。

先行研究では、寄合における話し合いの仕方は家格・資産・役付き・年齢といった序列意識を反映した座順、全会一致・多数決制といった議決方法、年齢階梯制の宮座組織にみられる年齢尊重の意識など、村落社会の制度的側面に影響されるとの理解があるが〔和歌森 一九八一b 八三～九五、平山 一九九二 一七一～二〇四、花島 一九六五 一二～二〇、関沢 二〇〇〇 一七～五〇、同 五一～七二〕、一方、皆の意見をまとめる人物とそのタイミングの重要性も指摘されている〔小野 一九三六 五九、山口 一九四七 一六～三六など〕。例えば、宮本常一が対馬の集落で区有文書を借用する際に窺った寄合の様子は、出席者らが議事に関して見聞きした話を延々と述べ合う冗長なもので〔宮本 一九七二〕[1]、指導者は皆の話を十分汲み取ったうえで落とし所の結論を提示する必要があったという。

つまり、寄合とは自らの意見を論理的に提示して相手の意見を説き伏せる議論の場ではなく、出席者全員が納得するような結論に調整していく総意形成の場であって、そこは集団内部の人間関係に配慮した言動や行動によって成り立っている。そして、指導者が提示する落とし所の結論とは、皆が周囲に配慮して従わざるを得ないような当該社会の暗黙の了解事項を汲み取ったものであり、その内実は皆が納得し、自発的に従うような言説のなかに見出すことができよう。

以下では、筆者が平成十三年（二〇〇一）から同十六年（二〇〇四）にかけて国造神社総代会で観察した寄合の様相を記述し、神社運営をめぐって氏子が総意を形成していく過程と、そこに表われた暗黙の了解事項について考察していく。そして、氏子たちが暗黙のうちに認め合っている考え方の内実は幾重もの歴史的背景を帯びていることを指摘する。

第一節　国造神社総代会の概要

（一）国造神社の氏子地域——熊本県阿蘇市一の宮町手野

熊本県阿蘇市一の宮町手野は、阿蘇谷東北部の外輪山麓に立地し[2]、カルデラ火口原の平地を水田に、外輪山を放牧地および採草地にして利用する稲作農村である。その内部は東手野・西手野・尾籠の集落に分かれており、「手野」とはそれらを一括した地名表記である。手野は近世初期の藩政村の範囲と重なる。現在、阿蘇市の行政区名ではこれらの集落を古城五の一区・同五の二区・同六区・同七区とし、住民もこちらの名称を口にすることが多い（表6—1）。平成十六年二月末時点で、五の一区四三世帯一七九人、五の二区三七世帯一三三人、六区八〇世帯二六一人、七区二九世帯一〇三人で、手野全体で一八九世帯六七六人であった[3]。

一方、これら行政区の範囲は、冠婚葬祭や共同労働を目的として組織する任意の社会集団でもあって、これを住民は部落《ぶらく》と呼んで社会生活を送っている。部落の下部組織には隣保《りんぽ》があり、天神や庚申講などの祭祀や葬式組の単位になっている。また、この部落や隣保を目安にして牧野組合を組織し、入会原野の管理・利用にあたっている。

阿蘇谷では大地主が存在し、小作農家は零細経営を強いられていたとされるが（阿蘇町町史編さん委員会編 二〇〇四a 七九八〜八〇四）、それは大地主が成長した町場や近世の新田村地域において顕著な例であって、手野では自小作が多く、各戸の経済規模にも大差はなかったようである。

手野の四部落の氏神社は西手野に鎮座する国造神社（阿蘇神社摂社、元県社）である。例大祭は御田祭（七月二十六日）と田実祭（九月二十三・二十四日）で、その他に例祭や境内外社（水神社・鯰社・門守社・金刀毘羅宮・風宮）の祭祀を合わせて年間一六の祭典がある（第五章、**表5―1**参照）。

国造神社の運営は、宮司、区長、神社総代から構成される総代会が行う。総代会は国造神社とその境内社・境外社の祭典を準備し、参列する。

（二）国造神社総代会の構成

①選出方法の概要

総代会は手野の四部落から選ばれた総代一〇名、区長四名、宮司一名の計一五名で構成されている。総代会は境内の社務所で開かれ、寄合は「会議」「協議会」「寄り」などと呼ばれている。毎回宮司が案内の葉書を出して開会日時を連絡する。旧暦一月十六日の歌い初めという行事が年度始めとなり、この日の夕方に新旧総代歓送迎会が開かれる。

総代会の役員は、総代長一名、副会長二名、会計一名であり、総代一〇名のなかで互選する。任期は二年が目安になっている。選出方法は総代から選ぶというほかに特に規則はないが、総代長は年配者を重視するといわれている（現在は四部落の輪番制に変更）。総代長が決まると、残りの役員は各部落から均等に選出するよう調整する。

一方、各部落での総代・区長の選出方法や任期は各部落で異なり一様ではない。任期が異なっているので、総代会のメンバーは毎年数人が入れ替わることになる。煩雑ではあるが、各部落での総代・区長の選出方法を表6―1を参照しながら説明する。

〈五の一区〉 五の一区の総代は二名で、任期は二年である。総代二名のうち一名は、区長がその任期を務め終えると引き続き就任する決まりがある。残り一名は隣保を回しながら年配者を重視して決める。

区長の任期は二年である。五の一区には五つの隣保があり、区長はこれらの隣保を回しながら決める。かつては年配者が多かったが、現在では五〇代の者が区長を務めることが多いという。

〈五の二区〉 五の二区も総代が二名選出され、任期も二年である。五の二区も五つの隣保があり、平《ひら》・中園・榎園から一名、屋敷上・屋敷下から一名選出する。明文の規定はないが、総代は年配者が務めることになっている。

区長の任期は二年で、五の二区全体のなかから年配者を重視して選出する。

表6–1　手野の社会組織と神社総代選出人数

集落		行政区	隣保		戸数	宮総代選出人数と任期
手野	東手野	5の1区	山下		6	2人（2年）
			北		8	
			上		9	
			中		8	
			昭和		11	
		5の2区	平		7	1人（2年）
			榎園		4	
			中園		8	
			屋敷	上	6	1人（2年）
				下	9	
	西手野	6区	平井	上	8	1人（2年）
				下	7	
			立山		13	1人（3年）
			橋詰	上	5	1人（3年）
				下	7	
			神宮寺		13	
			昭和		13	1人（3年）
			宮の前		7	
	尾籠	7区	盤奈木		9	2人（2年）
			下		10	
			寺		7	

＊隣保加入戸数は平成15年（2003）現在。
＊筆者調査。

〈六区〉　六区の総代は隣保ごとに選出方法を異にしている。総代は平井一名、立山《たちやま》一名、橋詰と神宮寺から一名、昭和と宮の前から一名で、計四名選出する。平井の総代の任期は二年であるが、残りの隣保は三年である。橋詰・神宮寺、昭和・宮の前は交互に総代を出している。六区も年配者を重視して決めている。

区長の任期は三年で、仕事を辞めて暇のある者を基準にして選出しているという。

〈七区〉　七区の総代は隣保ごとに選出せず、全体のなかから年配者を二名選出する。任期は二年である。七区は戸数が少なく、時間にゆとりのある適当な人物もいないことから、総代は五〇代で仕事を持つ者が選出されている。そのため、総代が仕事の関係で総代会に出席できない場合は区長代理が出席するようにしている。区長の任期は二年で、年齢順にして全員務めることにしている。

以上が平成十五年現在の総代と区長の選出方法である。それ以前は各部落でこのような規則はなかったという。かつては国造神社の祭典に詳しく、暇のある者が何期も総代を務めていたが、適任者が容易に見つからなくなったため、このような規則や申し合わせを設けたという。

総代会は国造神社と境内外社の祭典に参列するほか、年末年始における参拝客への神札頒布の奉仕や、謡い初めや眠り流し等の手野の年中行事にも関わる。さらに国造神社に関わる問題が起きた場合には臨時の会議が開かれる。このため、総代会の集まりは年間二五日以上にのぼる。総代のなかには仕事の関係上、平日の祭典や会議に出席できない者も多く、そうした場合は欠席せざるを得ない。ただし、そのなかでも御田祭、眠り流し、田実祭は仕事を休んででも出席すべき祭典とされ、ムラ人の参拝を義務づけた四部落の区役となっている。

②選出方法の実情

〈総代の選出〉　総代は家を回して決めている隣保が多い。しかし、このような申し合わせを厳密に守っていると、適任者のいない家に当たる場合もあって不都合が生じてくる。

　或る総代は病気がちで総代会を度々休んでいたが、こうなると他の総代に迷惑がかかり、彼らのあいだからは「なぜあの隣保は彼を総代に選んだのか」、「もう少し配慮してあげられなかったのか」などと疑問や感想が出される。しかし聞く話によると、その隣保では家を回して総代を選んでいるため、何の連絡もなしにその人を外して選ぶことは失礼にあたるわけで、念のためこの総代に依頼したところ引き受けたという。そして、本人が承諾した以上、周囲から「あなたでは総代は務まらない」などと言えるわけもなく、このような状態になったのだという。つまり、その隣保では面子に配慮するかたちで総代を選んだためこのような事態になったのである。一方、或る総代は隣保で定められた任期の途中で交替したが、この人は少し耳が遠くなりつつあって会議の内容を隣保にうまく伝えられないおそれがあったので、この人の甥が気を利かせて引継ぎを申し出て交代したのであった。交代した総代によれば、甥だからこそ交代を申し出ることができたという。したがって、総代を選ぶということは、規則や申し合わせがあってもムラ人の配慮によって決められているのが実情である。

　筆者が調査を始めた頃は、総代の任期を設けたのは適任者がいないためという説明を多く受けてきたが、このような話を聞いているうちに、任期を設けたのは適任者がいないということのほかにも、任期を設けないと引き継ぐきっかけを失うからではないかと思うようになった。一度総代になれば、その人が辞任を申し出るまで周囲から交代を求めることができず、総代も引継ぎ手を探したうえで辞任しないと無責任だと言われかねない。病気などの特別な事情でもないかぎり、交代は難しくなってしまうのである。或る総代は二期務めたが、それは彼の隣保には仕事を辞めて時間にゆとりのあるような適任者がおらず、気を遣って二期務めたのであった。もしも任期制でなかったらば、この人はいつまでも総代を務めることになっていただろう。

〈総代長の選出〉　総代長の選出方法には明文の規定はなく、年配者が重視されるとの説明がなされる。しかしなから、筆者が確認したかぎりでは、必ずしも年長者が総代長に就任しているわけではない。総代長に相応しいと思われる人物が自然と推薦されるようである。

平成十一〜十二年度の総代長は当時五〇代で就任したが、彼より年配の総代は何人もいた。それでも彼が総代長になったのは、他の総代はちょうど新しく就任した人たちばかりで前年から務めていた者が少なく、また彼が昔から御田祭には神輿の飾り付けを手伝い国造神社と深く関わっていたからである。ただ彼が言うには、自分より年上の総代にあれこれと指示するのは難しかったという。

平成十五年度の総代長はなかなか決まらなかった。会議では一応或る総代が推薦されたが、その人は元来神仏に興味がないという理由もあったが、とりわけ前年度の総代会の運営方針に反対意見を持っていて、前年度の事業を引き継ぐ役には就けないと固辞し続けていた。そのため数ヵ月も総代長不在のままであった。そして、周囲が総代長になるのはこの人だという雰囲気や宮司の説得に押されて、ついに総代長を引き受けた。総代たちがこの人を総代長に推した理由は、年配ということもあるが、それ以上に「正しいものは正しい、悪いものは悪い」と白黒はっきり言う性格であったからである。その前任の平成十三〜十四年度の総代長は温厚な性格で、皆の意見を一通り聞いてから妥協点を探す性格ではあったが、後述するように当時の神社運営においてはより指導力のある人物が求められていた。

平成十六〜十七年の総代長は昭和二十三年生まれで、総代の平均年齢よりも一〇歳ほど若い。彼が総代長になった理由は、役員選出のための会議中、先代の総代長（平成十五年）に突然指名されたためである。この会議は筆者も見学していたが、先代の総代長は会議を始めるにあたって、すでに就任の内諾を取り付けてあると宣言し、それを聞いて皆が「それなら話は簡単だ」という顔を見せたところで、次々と役職を発表していった。総代長に指名された総代は片手で顔を押さえてうつむきながら、「ちょっと待ってくれ」と困った調子で話を止めようとしたが、周囲はすでにそのような人事で治めようとする雰囲気だったので、結局反論らしい反論もなくそのまま先代の総代長の言う通りになってしまった。つまり、最初から内諾など取り付けていなかったわけだが、自分より一〇歳以上も年上の者から皆の前で総代長就任を内諾したと宣言されてしまってはなかなか反論できない、と彼は愚痴を溢していた。この様子を見ていた宮司は、先代の総代長のやり方は上手いと感心していた。要するに先代の総代長はどのようにすれば皆が動くかをよく知っていた、ということである。ちなみに、新しく総代長に選ばれたこの総代は、皆より年齢は若くとも、先代の総代長同様、はっきりとものを言う性格であり、責任感も強い。自分より年上の者でも、道理をはずした言動や行動をした者に対しては容赦なく叱責するほどの正義感の持ち主である。

さて、会議で普通に話し合って誰かを総代長に推したとしても、平成十五年度のようにすぐに承諾するとはかぎらないので、会議の前に根回ししておくことも大切である。平成十八年度の総代長をめぐっては、すでに半年前の平成十七年九月には会議前の雑談中に総代長が或る総代に打診していた。このように話をしておけば、話を受けた総代も来年度を見越して会議や祭典にあたるので、神社運営のやり方を学ぶ時間を確保でき、他の総代も何となくこの人を次期総代長と看做していくことになって、来年度の総代会の人間関係が整えられていくのである。ちなみに次期総代長の話を受けた総代は、平成十六〜十七年度の総代長と同様、正義感が強く、年齢は若いが年上の者にもはっきりとものを言う性格である。本人が言うには、この性格が時として災いすることもあるようだが、前年から総代長としての心構えの準備をし、他の総代と良好な人間関係を築いておけば、円滑に総代長を引き継げるのである。

〈総代会の座順〉 総代会では折りたたみ式の長机を四角に並べ、上座正面に宮司が座り、その脇に役員が座る。そのほかはだいたい年齢順に座る傾向がある。ただし、新年度が始まってしばらくの間は、役員であっても社務所に来てそのまま上座のほうに座る者はほとんどおらず、おそらく自分はここに座るであろうと思っている位置の二～三人分下に座る（総代長は別である）。それを見て宮世話をしている女性がもう少し上に行くように促しつつお茶を所定の場所に置く。この女性は大正生まれで総代よりも年齢が上で、長年宮番をしているので、総代も彼女に強く促されれば上座に移るのも幾分か気が楽なようである。そうしているうちに他の総代もやって来て、席を詰めないと座れないので各自相応しい位置に座るようになる。数ヵ月が過ぎて総代たちも場の雰囲気に慣れてくると、各自居心地の良い場所を見つけてそこに座るようになる。

社務所に来るのは宮司が一番早く、配布資料の準備などをする。総代・区長では早い人で会議開催時刻の二〇～三〇分前であるが、これは家柄や年齢に関係なく本人の気分次第でやって来るようである。それから徐々に人が集まりだして、予定通りの時刻に会議が始まる。

このように、手野における序列意識は年齢を基本にしているが、役を決める際にはそのときの状況や個人の性格・才覚も重視されている。

第二節　国造神社の運営における諸問題

（一）少子高齢化

御田祭、眠り流し、田実祭は手野の四部落の祭りであるとされ、ムラ人はそれらの神賑行事の所役に就き、そうでない場合も国造神社に集まって祭りを囃したてる。

しかし、最近では祭りの賑やかさが薄れてきているといわれる。その理由の一つに若者の流出が挙げられる。

団塊の世代では兄弟の一人がイエに残り、そのほかは進学や就職のため、熊本市をはじめ東京、名古屋、大阪、福岡などに移り住むというかたちが一般的であった。それが現在ではすべての子どもが他所に出て行ってしまい、跡取りが一人も残らない家も出始めている。こうして駕輿丁を務める若者が減って、青年組織の脱退年齢を引き上げざるを得なくなっている。七区では五〇代の者が神輿を担ぐなど、総代と年齢がさほど離れていない例も出てきている。

また、近年は少子化傾向にあるため、神幸行列の所役を務める子どもの確保にも苦労している。かつては子どもの数も十分にいて、小遣いがもらえるため子どもはこぞって役に就きたがったというが、近年は積極的に参加しようとする子どもも減ってきているという。特に七区では役に就ける年齢の子ども自体がいないという。

さらに、近年では自主的に参加するムラ人自体も減っているという。かつては祭りとなれば仕事を休んで参拝に訪れたというが、現在では部落の区役で各戸一人の参加を義務づけ、区長が出欠を確認し、欠席者には夫銭《ぶせん》を徴収するようになっている。

このようにムラ人全員で協力して支えていた祭りは、かつてのように維持することが難しくなってきている。

(二) 神木の保存

国造神社境内には主祭神速瓶玉命が植えたとされる神木が立っていた(写真6—1)。樹高四八メートル、幹周り一一メートル、樹齢二〇〇〇年ともいわれ、「手野の大杉」として国の天然記念物に指定されていた[4](以下、大杉と表記)。しかし平成三年、九州地方を襲った台風一九号の暴風雨により、大杉は幹の途中から折れてしまった[5]。このとき、総代会は熊本県林務課の指導のもと養生処置を施すことにした。大杉の内部は空洞だったため、折れ口から雨水が浸透して腐ってしまうおそれがあったので、幹の内部をポリウレタンで覆って雨水の浸透を防ぐ処置をした。

以上は当時の総代から聞いた話であるが、このときムラ人のあいだでどのような意見が出され、総代会でどのように取りまとめたのかは詳らかではない。ただ、さほど問題なく話が進んだとのことである。宮司はこの当時の総代長について、皆の意見をうまくまとめて積極的に行動する人だったので、大変助かったと感想を述べている。したがって、おそらくムラ人のあいだでは多様な意見があったであろうが、総代会では多様な意見のわりには簡単に意見を一本化できたと思われる。

こうしてひとまず大杉の保存問題は落ち着いたかにみえたが、その後もムラ人のあいだからは幹を伐って保存すべきとの意見が出ていたという話も聞かれる。そして平成十三年九月十一日、二百二十日祭の直会の席中、総代・区長らから根元が腐りかけているとの指摘が俄かに起こり、総代会のメンバーで大杉の現状を確認し、新たな保存方法を早急に考えようということになった。

写真6–1　手野の大杉
（保存工事前。2001年7月25日、筆者撮影）

だが、大杉をどのように保存するかとなると、なかなか意見がまとまらない。そこで総代・区長が

写真 6–2　手野の大杉
（保存工事後。2005 年 8 月 20 日、筆者撮影）

部落の寄合でムラ人と大杉の処置を話し合い、各部落の意見をまとめて最終的に総代会で協議することにした。総代会では、①「根元から持ち上げてその場で保存する」、②「根元と幹を分離させ、幹だけ保存する」、③「大杉そのものを売却する」、などの意見が出た。①「根元から持ち上げてその場で保存する」との意見も多かったが、境内地は埋蔵文化財包蔵地になっているため発掘調査なしに工事ができない。結局、天然記念物の指定を解除して②「根元と幹を分離させ、幹だけ保存する」との方針が採られ、幹だけ伐って少し場所をずらして保存することになった。また、伐った幹は雨水がかからないよう屋根を掛けることに決めた。

二〇〇〇万円を超える工費は、とても手野のムラ人で負担できる金額ではない。国造神社には平成二年の豪雨で倒木した水神木の売却金が特別会計として残っているが、一般会計は毎年赤字で特別会計から補填している状態であるから、工費全額をこれから負担することは神社運営の将来を考えると危険である。そこで工費の半分は崇敬者からの寄付金で賄うことにした。平成十三年十一月七日、総代会のメンバーは「手野の大杉保存事業期成会」を結成し（以下、期成会と表記）、会長に一の宮町町長（当時）を据えて阿蘇谷中から寄付金を募った。[6] 総代らの努力により、阿蘇谷を中心に熊本県外からも寄付があり、九〇〇万円以上の寄付金を集めることができた。[7] こうして平成十四年五月三日に地鎮祭、同年五月十五日に伐採、同年七月三十日に上棟祭、同年十一月十六日に落成式を催行し、平成十五年一月十七日の期成会の解散式をもって幹の保存事業は一段落した（**写真6—2**）。

ただし、大杉の根元の処置が問題として残されていた。期成会としてはまず幹の保存事業に着手することが先決で、根元は事業後の課題としていたから、この問題は次年度の総代会で扱うことになった。だが、そもそも大杉の保存方法をめぐっては、ムラ人のあいだでは根元を伐らずにそのまま持ち上げて保存するなど多様な意見があったから、他の意見を尊重するムラ人が新たに総代になったり、新たに総代になった者は事業についての経緯をよく知らなかったりすることがあって、総代会での協議は簡単にはまとまらない。

（三）国造神社営繕事業

国造神社運営の問題は大杉の保存だけではない。国造神社の境内および境外には社殿をはじめ多数の建物があるが、その維持・修繕にも費用がかかる。神輿を安置している神輿庫、参道の鳥居、金刀毘羅宮本殿、御仮屋（行宮）、風宮は、風化のため損傷が激しく、その営繕は差し迫った問題として平成十五年度の総代会で協議されていた。

神輿庫、金刀毘羅宮、風宮は建築からかなりの年数が経ち、境内林の枯れ枝などが屋根に積もって建物自体が腐りかけている。特に鳥居、御仮屋の損傷は激しく、基礎部分が腐りかけて倒壊の危険がある。御田祭では駕輿丁が神輿を鳥居にぶつけるため、いつ倒壊してもおかしくない状態である。また、御仮屋の基礎部分と柱はズレが生じている。したがって、参拝者の安全を考えれば早急に補修する必要がある。その費用の見積りは根元の保

表6–2　営繕事業一覧表

事業対象	内　　容
大杉根株	根株の研磨
大杉根株の建造物	根株を安置する建物の建立
神輿庫	神輿庫の改修
お仮屋	お仮屋の新築
金刀毘羅宮	金刀毘羅宮の新築
風宮	風宮の新築
鳥居	鳥居（2基）の新築
境内整備	参道の階段の脇にスロープを設置

＊総代会議で配布された資料をもとに筆者作成。

存工事と合わせて一〇〇〇万円ちかくになるという（表6―2）。しかし、国造神社の運営費は赤字状態であるため、寄付を仰ぎようにも前年（平成十四年）に大杉の幹の保存事業で多額の寄付金をもらっている経緯から、費用の調達ができないでいる。だからといってこれらの補修を先延ばしにすることは安全上できず、総代会の最重要案件であった。

第三節　総代会会議の分析――問題にどのように対応するか

（一）会議進行の概要

本節では、大杉の根元の保存や営繕事業の問題に対してムラ人がどのように対策を練ったのかを、総代会の会議を通して把握する。なお、総代会では議事録を取っていない。

総代・区長の一四名は、よく発言する人、それをまとめる人、私語をする人、何も話さず黙って聞いている人など多様な人物がおり、そうした人びとが毎年若干数入れ替わって総代会を構成している。総代長はこうしたメンバーの意見をまとめて問題の解決策を提示し、実行に移すのであるから、総代長の性格によって会議の進め方にも雰囲気の違いが出て、問題の解決方向も違ってくる。宮司は神社運営の中心人物であり、会議の資料を用意するなどして種々の提案をするが、調子としては司会進行役に徹することが多い。前章で論じたように、それは宮司が昭和三十六年生まれで、総代・区長よりも若いということもあって、自分の意見を強く言うことは憚られるからである。先代宮司が存命ならば、対策も違った方向で進んでいただろうと宮司は語っている（第五章参照）。平成十三〜十四年の総代長は、自ら積極的に意見を提示するのではなく、皆から意見を求めてそれをまとめていくという会議の進め方だった。彼は元教員で地元の小学校校長を務め、宮司も教え子の一人であった。一方、平成十五年の総代長は専業農家で、自ら意見を提示し、それに対して残りの総代・区長が意見を付け足すというような会議の進め方であった。ちなみに、平成二〜三年の災害の復旧にあたった総代長（故人）は、皆をグイグイと引っ張る性格だったので、何とか当時の問題を処理することができたと宮司は振り返る。

総代長が誰にせよ、氏神社である国造神社の問題は氏子であるムラ人の問題でもあるから、総代会で決議した内容は各部落の寄合にかけて賛否を問い、新たな意見を取り入れながら再び総代会で検討していく。つまり、総代会と部落を往復しながらムラ人のあいだで問題意識を共有し、ムラの総意による解決方法を採っている。したがって、総代会は国造神社運営の権限を有するといえども、ムラ人の意見が反映されない決定は不満が潜伏され、機会あるごとに噴出するようである[8]。

（二）会議の内容

①七月十三日（日）「御田祭第一回協議会」——多様な意見の提示

平成十五年七月十三日午後六時、毎年恒例の御田祭の準備に関する会議が開かれた。まず、宮司の挨拶があり、本日の会議は御田祭の打ち合わせと営繕事業の件について話し合う旨を説明し、続いて筆者の紹介をした。筆者が数年前から国造神社祭祀を調査しており、今回は祭りの準備も含めて見学させていただきたいと挨拶した後で、総代長の挨拶に移った。総代長はこれまで自分は総代長に不向きだろうと思い固辞してきたが、皆様方の推薦があった以上は腹を括って務めなければならないと思う。ついては、大杉の根元の保存や御仮屋の補修では一〇〇

○万円以上の費用がかかることが予想され、皆様方に寄附を仰ぐことになると思うのでご協力をお願いしたい、と挨拶した。そして、宮司が御田祭の準備について一通り説明した後、営繕事業について話し合われた。部落によっては初寄り（一月開催）でこの問題に対するムラ人の意見が出ていたため、この場で紹介された。

六区では根元の保存に反対との意見が多数で、七区では国造神社の特別会計を崩して保存するとの意見が多数を占めたことが伝えられた。その後、総代から「幹と根元で二重に保存する意味があるのか」、「金刀毘羅宮社殿の補修も必要ではないか」との意見が出て、これらはムラ人の判断に任せるほかないという話になった。ただ、その場合は多数決で決めてよいかどうか、前年度の総代会で出された意見はどのようなものであったのか等、次々と意見や質問が出た。そこでとりあえず保存の賛否から議論したほうがよいということになり、各部落で寄合を開いて部落としての総意をまとめ、そのうえで総代会で意見を調整することになった。

次回の協議は八月十日とし、それまでに各部落の総意をまとめることになった。部落の寄合にあたっては、営繕事業の見積り額をムラ人に提示して意見を求めることにした。この日の会議は祭典準備の件で約四〇分、根元の件で約一時間話し合われたが、会議終了後しばらくのあいだ、社務所の隅々で部落ごとに総代らが打ち合わせをしていた。

②八月十日（日）「国造神社営繕事業会議」——意見の方向づけ

七月十三日の会議の後、各部落では寄合を開き、見積り額を提示してムラ人に意見を求めた。ちなみに、総代会では七月二十日に御田祭の打ち合わせをしたが、その場では営繕事業について話し合われることはなかった。

〈論点確認〉　八月十日の会議は午後八時から社務所で始まり、まず宮司が開会の挨拶をし、二人が都合のため欠席し、一三名で行われる旨を説明した。そして総代長の挨拶に移った。総代長は、この問題について個人的な考えをもっているが、とりあえず各部落の意見を一つずつ紹介してもらった後で述べることにする。そして、会議はとかくいろいろな話に逸れていく傾向があるので、一人ひとりの意見を聞いたうえで次の人が発言するよう確認した。そして、各部落の総代が順番に意見を紹介した結果は次の通りであった。

五の一区　大杉の根元の保存も大事だが、神輿庫・御仮屋などの補修も大事であるから考慮に入れるべきである。総代会が保存すると決めた以上、それに従う。

五の二区　基本的に五の一区と同じ。総代会に一任。

六区　神輿庫その他は、補修しても近いうちに再び補修することになるのだから、どうせなら新築して次の補修までの期間を長くしたほうがよい。今日の総代会議で話し合われた内容を、もう一度部落の寄合にかけて六区としての総意を決める。大杉の根元の保存に関しては寄合で話し合われなかった。

七区　一月の初寄りでは特別会計を崩して大杉の根元を保存することに決めていた。しかし、見積り額は予想以上に高いので、根元を売却し、その売却金を神輿庫等の補修費にまわす。

各部落の総代が意見を紹介するたびに、その部落のもう一人の総代が部落の寄合ではどのような状況でそのような結論に至ったのかを説明した。例えば六区の場合、補修費用が一〇〇〇万円と聞いて皆が一斉に文句を言い出しあって、結局根元の保存はどうするかという話に進まなかったという。

〈総意に対する意見〉　各部落の意見の紹介が終わると、しばらくこの件について雑談が続いた。総代たちは隣にいる人どうし二〜三人ずつ集まって各部落の寄合の様子を話し合っていた。そのなかで或る総代は、阿蘇神社にも立派な神木があって国造神社と同様に幹を保存したが、定期的に磨かないので黒く汚れてしまっているから、そのあたりも我々は注意しなければならないと発言したりして、各自見聞した話を交わしていた。

〈論点整理と総代長の提案〉　その後、頃合を見計らって宮司が「それでは確認を致します」と言って場を静かにさせ、各部落の意見をかい摘んで整理した。そして総代長がこの問題の解決策について一私案を述べ始めた。総代長は個人的に一の宮町町長や町役場の職員（両者とも手野のムラ人）に相談したところ、町役場では宮川（西手野を流れる川の名称）を中心とした観光開発計画があることを聞いた。そこで総代長は、総代会としても努力するので何とか協力してほしいと内々に頼んだという。それで、国造神社の施設や末社が現在のように傷んでいると、観光客が来てもお賽銭をあげる気になるわけもないので、我々も何とか補修するよう努力すべきではないかと総代たちに提案した。

〈提案に対する意見〉 その後、補修費用は具体的にはどのくらいになるのかという話題で雑談に入った。総代たちは各自見聞した県内外の神社の建物について話し始め、知識をひけらかすように喋っていた。こうした雑談の最中、或る総代が町役場の事業計画とは一体どのようなものなのかと総代長に尋ねた。総代長は、宮川上流部に町営キャンプ場があるが、その一環で宮川の観光開発計画があるらしい。しかし、国造神社を中心とした開発計画は絶対に通らないと町役場の職員から言われた。だから、とにかく観光客が来たときに国造神社や末社に興味を持ってもらえるよう努力すべきなのではないか、そのようなことを他のムラ人からも言われたことを紹介した。再び雑談に入り、それでは遊歩道の整備も必要になるのではないかと発言する総代もいた。それを受けて総代長は、総代会だけで道を作ることは不可能で、やはり手野に点在する末社を整備して観光ルートに組み入れてもらえるような状態にしないと、町役場の開発計画に入ることはないだろうと答えた。

〈論点整理と総代長の提案〉 こうした問答を繰り返した後、総代長は、そもそも手野のムラ人すら参拝しないというのは問題であり、御田祭にしても区役で参拝を義務づけているのはおかしなことであると述べ、次のように語った。

「国造神社は歴史あるお宮であるというふうに自負はしております。しかしどんなに歴史あっても、もう少子高齢化が押し上げるなかで国造神社運営を維持するだけの力が氏子になくなってきたと、それをどういうふうな「形」で継続していくかということを真剣に考えないかんと、時期にきているというふうに感じます。」

（傍線部は強調して話した箇所）

〈提案に対する意見提示〉 これを受けて、総代の一人が昨年保存した大杉の幹は何年ごとに磨かなければならないのかと総代長に質問した。総代長は三～四年ごとにおよそ六〇万円、年間二〇万円の維持費がかかると説明した。その説明を受けて別の総代は、七区の意見のように根元の保存を諦めるのも已む無しではないかと感想を述べた。それを受けて総代長は、結局保存した場合の維持費用を確保する良い案を考えなくてはならないだろうと答えた。そして或る総代は、根元を保存するにせよしないにせよ、昨年保存した幹には維持費用がかかるので、費用の捻出方法を考えなくてはならないと発言した。そのようななかで宮司は、昨年大杉の幹を保存するとき幹の一部を業者に売却したが、それが今度長崎のホテルに売られたので、今後どのように維持管理するのかを見に行ってくる予定だと発言した。

〈反対者への非難〉 その後、総代たちは根元の保存対策や費用についてあれこれと雑談を始めた。そのなかで、今年度から総代になった人のなかには昨年度の大杉保存の経緯を詳しく知らないので、その説明を求める声が上がり、昨年度から引き継いでいる総代が次の説明をした。昨年度の段階では根元が腐っているのではないかという疑念があり、まず幹を保存しようということになって、根元のことや維持費用のことは全く考えていなかったと説明し、やや現状を憂える雰囲気に包まれた。そのようななか、昨年度から引き継いでいる総代の一人が、やはり前年度の事業は失敗で、根元の保存も没にしたほうがよいのではないかと弱気な感想を口にした。これを聞いた或る区長は、この人は普段は温厚な人柄であるが、保存事業は皆が決めたことであり、そして皆でその話をしている最中に、無責任にもほどがあると怒鳴った。

〈論点整理と総代長の提案〉　そのような雑談を遮るように、総代長は次のように発言した。

「まぁ私たちもどげんすっとか、前の期成会の方々が保存をすると、保存をしていくということで森林組合あたりにも見積りをとって昨年の九月に取ったわけです。でその意思を私たち新しくなった人たちも引き継がなならんが、が引き継いだ以上ですね、さっきから私が申し上げるように、問題は管理です。」

このように述べて、国造神社の裏手にある町営キャンプ場は夏期には満杯になるが、だからといってここに来た人たちは国造神社に参拝するわけではない。参拝してお賽銭をあげるようなかたちにしないといけないだろうと発言した。

「そこらへんのな、今後、今日結論が出ずにしろですね、どうやって五〇～六〇万の金を三～四年間であれするか。そこらへんが課題でなかろうかと思うですね。維持管理費に直面してきた問題、誰でも保存はしたい気持ちがあるから、保存してもどうやって今から維持管理してくかと。」

こうして総代長は結局のところ問題は費用の捻出方法であるとまとめ、次の提案をした。総代長が言う神社運営の新たな「形」とは、手野の水源を利用している部落に水神札を頒布し、それで国造神社運営費を賄うというものである。手野の水源は古城地区をはじめ、宮地地区全域と中通地区の一部に水道水を供給している(9)。また、この水源から流れる川は黒川に合流して阿蘇谷一帯の水田を灌漑している。こうした広域に渡る手野の水を享受している部落に対し、水神札を頒布しようというのである。総代長は古城財産区の委員長も兼任しており、古城地区および宮地地区の水道水の調整役を務めている。こうした総代長個人の置かれた立場がこのような計画を発案させたと思われるが、個人の発案でもそれが総代・区長たちのあいだで協議され、採択されればムラの総意となる。

〈提案に対する意見と総意の形成〉 阿蘇谷では年末になると神宮大麻や阿蘇神社のお札が頒布される。また、八月下旬から九月にかけて阿蘇町役犬原の霜宮が霜除け札を阿蘇谷一帯に頒布している（令和五年から頒布を止めた）。会議では、他所の神社の運営費を負担しているのだから、手野でも水神札を頒布して運営費を確保するのはお互い様だという意見で一致した。また、二百十日前後には国造神社に風除け祈願の参拝客が阿蘇町方面から来ていることもあり、国造神社の神徳は阿蘇谷に広く知れ渡っているとの判断もなされた。こうして、この計画は総代・区長のあいだで支持を得て、成功するかしないかはともかくやってみる価値ありと判断された。

こうして次回の会議までに宮司が水神札頒布予定の部落と世帯数を調べてくるとともに、神輿庫などを新築した場合の見積り額を手野の四人の大工に出してもらうことになった。運営費さえ確保できれば営繕事業に対するムラ人の意見は一本化できるため、次回までに各部落で寄合を開く必要はないと判断された。この日の会議は一時間五〇分ほどで終わった。

③九月一日（月）「田実祭第一回協議会」——具体案の成立

この日は二百十日祭が行われるほか、九月二十三日の田実祭に向けて会議が開かれる。この日も例年通り、田実祭の準備を確認した後、営繕事業の協議に移った。

写真6–3　国造神社総代会の様子
（2003年9月1日、筆者撮影）

　前回の会議を受けて、宮司がまとめた頒布予定部落数と世帯数は、一の宮町、阿蘇町を含めて四四五隣保、三五一二世帯にのぼり、一枚二〇〇円、頒布率三四パーセントで大杉の保存経費、年間二〇万円が賄えるとの見積りが発表された。水神札頒布にあたっては趣意書を作成し、阿蘇谷の各部落に配布して協力を仰ぎ、これらの部落を中心に総代・区長が水神札を頒布して回るということで話は進められた。宮司がイメージするには、水神札は単に配り歩くのではなく、他所の区長を水神祭に招待して巡拝合祭という「形」にする予定だという。

　また、この会議では宮司から神輿庫などを新築した場合の見積り額が提示され、建物の規模、材質など具体的な内容が話し合われた。現状の規模で新築すると工費の工面がつかないことから、社殿を小さくして新築するという案が出された。これについて次回の会議までに再び見積りを出してみることになった。また、前回の会議では七区は根元の保存に反対だったが、事業計画に見通しがつけば納得してくれるはずだと判断され、この計画を進めることにした。

　この会議では宮司がおもに説明し、それについて総代たちが意見を出し合うかたちとなり、前回のように総代長が意見を述べることはなかった（写真6—3）。

（三）営繕事業の進展――実行と解消

その後、翌月の十月五日（日）に会議を開いて営繕事業内容を確認し、翌週の十二日（日）には業者一同社務所に呼んで、談合して工費を上げないよう一社ごとに部屋に呼び出して総代が予定金額を提示した。業者は提示された金額では人夫賃も出ず、赤字になると渋ったが、業者も手野のムラ人だからということで請け負った。そして、必ず年内に竣工するよう業者に伝えた。

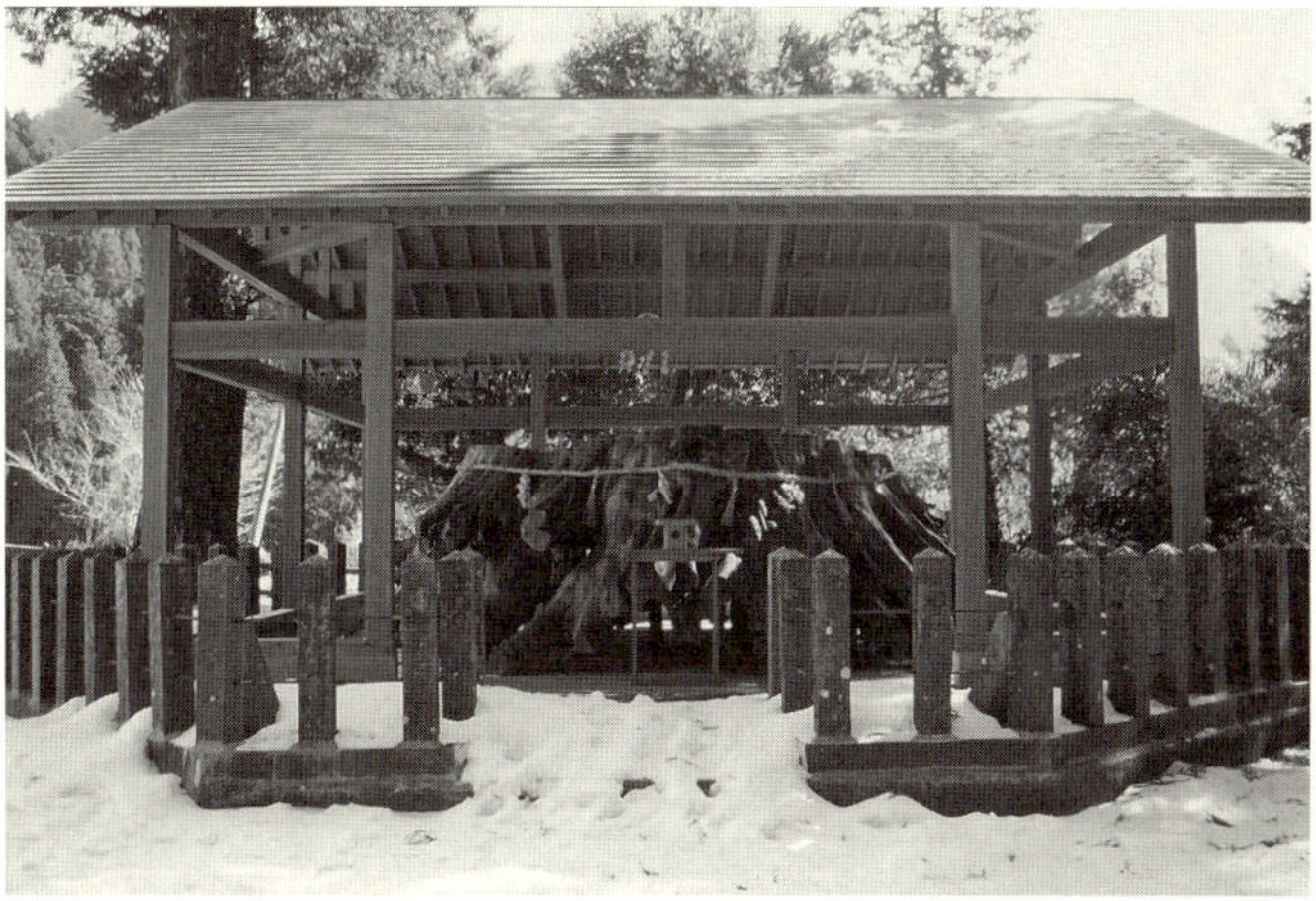

写真 6–4　大杉の根元

（保存工事後。2004 年 1 月 28 日、筆者撮影）

十一月七日（金）には金刀毘羅宮と風宮の神体を国造神社本殿に遷し、本格的に工事が始まった。少しでも工費を節約するため、両社の鳥居は総代たちが手作業で建て、国造神社の参道整備も総代たちが二日がかりで作業した。そして年内にはすべてが完工し、会議を開いてから半年足らずで営繕事業は終了した（写真6―4）。

ところが年が明けると、水神札頒布の計画はひとまず中断された。それは、二百十日祭には阿蘇谷中から参拝客が来るので、水神祭よりもそちらでお札を売ったほうがよいという話が内輪から出たからであるという。さらに一年後の平成十七年には、この計画自体が立ち消えになってしまい、この計画を知る総代も徐々に交替となってほとんどいなくなってしまった。計画が上がってから実行までの期間が早かったのと同様、立ち消えになるのも早かった。しかし、立ち消えになったとはいえ、当時は確かに総代会で根元を保存するという総意が形成され、実行に移されたのである。宮司はあの総代長だったからこそ営繕事業を完了することができたと回顧する。

立ち消えになった過程について、筆者はその場に居合わせていなかったのでよくわからないが、国造神社の過去を振り返ればこのようなことの繰り返しであったと考えられる。平成三年に大杉が幹の途中から折れたときにポリウレタンで覆った対応と、平成十三年に幹と根元を分離したときの対応も、おそらくは今回のような話し合いを経て決めたことだったのだろう。

第四節　「寄合」にみられる暗黙の了解事項

総代長はもともと神仏に関心がなく、大杉も売り払ったほうが良いとさえ考えていたという。したがって前年度の事業を引き継ぐ総代長の就任を固辞し続けてきた。しかし、総代たちは総代長に相応しい人物は彼しかいないと考え、数ヵ月間要請し続けてきた。だいたい月一回は祭典があって集合していたので、そのときの総代たちの視線や重苦しい雰囲気に耐えられなくなったのか、彼もさすがに根負けして総代長に就くことになり、就いた以上は個人的な考えがどのようなものであれ、ムラ人のために考えるよう態度を改めたのであった。彼は周囲との人間関係を考慮して役に就き、行動したのである。

会議では、総代たちが各自意見を出し合うなかで話が膠着状態に陥ったり、根元の保存に否定的な雰囲気になったりすると論点整理を繰り返し、「国造神社は歴史あるお宮であるというふうに自負はしております」「引き継いだ以上ですね、さっきから私が申し上げるように、問題は管理です」「誰でも保存はしたい気持ちがある」などの発言を挟み、議論の方向を修正していた。つまり、多様な意見がありながらも、ムラ人ならば誰もが納得し得る心情を言葉にすることによって議論の方向を定めたのであった。

ところで、ムラ人は普段から国造神社を「歴史あるお宮」「伝統あるお宮」と口々に言うが、この「歴史」や「伝統」の内実が語られることはない。では、ムラ人が考える理想的な国造神社祭祀とはどのような状態をいうのだろうか。御田祭献幣式後の宮司の挨拶では次のように表われている。

「当地区に永く伝わる国造神社の存在、そして季節のお祭り、地域の最大の行事であるこの神事が、先人たちが受け継ぐ、またこれから先も受け継ぎ、執行していくことでございます。時代が混沌の時期を迎え、非常にひとつの節目を迎えているように存じるわけですが、ここにお集まりの皆様のお知恵とお力をいただきまして、国造神社が皆様との心の拠り所であり続けるよう、またこの御田祭、大事なお祭りですが、お祭りが地域の最大の祭祀であり続けますように、今後とも皆様のお知恵とお力をいただきながらお宮の祭祀の運営に当たっていきたく存じます。」

（二〇〇三年七月二十六日）

この挨拶で分かるように、国造神社祭祀は先人たちが催行してきたものであって、神社は氏子の「心の拠り所」であり、氏子が一体となって支えることが求められている。そして、総代長は会議において総代たちに神社への意識を改めるよう次のように促している。

「はっきり申し上げて祭り事も何か尻つぼみであるし、氏子自体も強制、祭りあたりにしても強制的なやり方であるような話があるし、（中略）まあ要するに全員参加の出席を取るということ自体が、それはやっぱおかしい状況であるというような気がするわけ。(中略)ちと祭りだけん行こかというような自発的な気持ちを祭り事だけんな、まあどうでんここらへんも私自身も説教された経過がある。」

(二〇〇三年八月十日、営繕事業会議)

このように発言してムラ人として行動するよう自省も込めて反省を促している。ムラ人が自発的な気持ちで集い、皆が一体となって先祖代々催行してきた祭りを維持することがムラ人として相応しい行動であり、誰もが肯ける暗黙の了解事項になっている。そして、総代会と部落の寄合を往復しながらこの意識を共有させていき、ムラの総意として根元を保存するという方向にまとめたのであった。

総代長はどのタイミングで、どのような方向を示せば皆が従うかを知っていた。また、総代たちも話し合いが膠着すると暗黙の了解事項に沿うかたちで意見を述べていかざるを得ないようである。根元の保存を断念しようと思った総代に対して区長が怒ったように、皆が保存を目指している最中にそれとは異なる意見を述べると咎められる。このように各自ムラ人として相応しい行動を自発的に取らせる規制力が会議のなかでは作用している。

第五節　水神札頒布の根拠——総意の内容の検討

(一)阿蘇谷における神札頒布の状況

会議では、水神札を手野以外の部落に頒布して神木維持費を確保する計画を立て、その趣意は手野の水源を利用している地域全体で水神を祀ろうというものであった。総代長は財産区管理委員長の役に就いており、町役場の職員と内々に連絡を取り、観光開発計画に沿うかたちで営繕事業の方向を考えたのは事実である。しかし、会議では行政の援助に期待せず、彼ら独自の論理で計画を進めていた。筆者が別稿で論じたように、阿蘇谷の水源の多くは各部落で管理しており、その利用にあたっては周囲のムラ人との人間関係が大きく影響する〔柏木 二〇〇五 一〇三〜一二七〕。総代らが水神札頒布を実現可能と判断した根拠は、水資源をめぐる規範意識を持ち出せば、他所の部落は初穂料を差し出すにちがいないと考えたからであろう。

写真 6–5 近世の水神札の版木
（山部家所蔵、筆者による反転加工済）

ただし、この会議は計画実現の成否と頒布方法に関する実務レベルでの話し合いにすぎず、手野の水神を阿蘇谷全体で祀ろうとする発想自体に対する疑問は全く出てこなかったことが興味を引く。会議においてこの計画が実現可能であると判断された根拠は、①他所の部落が手野の水を利用していること、②国造神社の二百十日祭には阿蘇谷中から参拝客が来ること、③阿蘇谷のムラ人は阿蘇神社や霜宮の霜除け札の頒布を受けていること、の三点であり、筆者にはいささか心許ないと思われたし、結局この計画は立ち消えになってしまっている。

会議では全く触れられることはなかったが、水神札自体は近世にも頒布されており、過去にも阿蘇谷全体で水神を祀っていた史実があった。国造神社の隣りには前章でも紹介した山部家があるが、この家には水神札の版木が五点ほど残されている（**写真6―5**）。

写真 6–6　民家に据えられた霜除け札
（阿蘇市湯浦、2000 年 9 月 9 日、筆者撮影）

このような版木は、風宮（一の宮町宮地鎮座）の祭祀に与っていた山口家にも残されている。近世、神人以下の下級神職は神札を頒布して生活費の足しにしていたとされる。ただし、水神札の版木の存在を知っている者は山部氏と宮司しかおらず、他のムラ人は誰も知らないので、会議で水神札の話が出たのはむしろ霜宮のお札が想起されたと考えられる。

霜宮とは、霜除けの神様として崇敬されている阿蘇神社の摂社である。戦後しばらくまで、阿蘇谷では稲刈り前の十月になると霜害が生じていたので、それを避けるため約二ヵ月間神体を温める火焚神事が催行されてきた（第二章参照）。調査当時、霜宮ではお札を頒布して薪の購入代金を確保しており、一枚二〇〇円で、総代が各部落の区長を通して頒布していた（**写真 6—6**）。実際、平成十七年の頒布率は三三パーセントにのぼって六〇万円弱の初穂料収入があり、国造神社総代会で検討された水神札頒布の計画はあながち非現実的な話ではなかった[10]。ただし、総代会のメンバーのなかで、霜宮のお札の頒布実績を知っている者はほとんどいないであろう。なぜなら、霜宮を世話する三部落（上役犬原・下役犬原・竹原）のムラ人でさえ、総代でなければ神社の状況など全く知らないからである。ただし、霜宮の総代経験者を知り合いに持つ総代長ならば、この件を知っていた可能性も否定できない。

いずれにせよ、総代たちは近世の水神札のことを踏まえて協議していたわけではなかったことを確認しておきたい。

（二）阿蘇谷の自然災害と祭祀の展開

水神札は過去にも頒布されていたから、阿蘇谷の人びとは近世以来水神に対してそれなりの関心があったといえるが、現在の手野における水への関心はといえば、飲料水の安定確保にある。これは近代以降になって表われたムラの共的資源に対する意識である〔柏木 二〇〇五 一〇三〜一二七〕。

しかし、阿蘇谷における人びとと水との関係について歴史を遡れば、古くから阿蘇谷は水害に悩まされてきた地域である。そもそも大杉が折れた発端は平成三年の台風であり、その前年の平成二年には大雨で土石流が発生して境内が荒れ、阿蘇谷中が床上・床下浸水の被害に遭っている〔一の宮町 一九九五〕。同様の被害は昭和二十八年（一九五三）にも起きている。歴史的にみて阿蘇谷の人びとは水害と隣り合わせの生活を送ってきたのである。また、阿蘇谷は水害のほか霜害・霾害《ばいがい》にも悩まされてきた地域である。近世にはこれらに対する普請（公共事業）が行われ、役人をはじめ富裕農民が寸志を出して事業にあたってきた。熊本藩では近世後期になると農民も寸志によって郷士になる道が開かれ、郷士になれば新開地の所有が認められる場合があって、社会的地位と富を得ることができたから、この時期は公共事業に並々ならぬ関心が払われるようになっていた〔吉村 二〇〇一、阿蘇町町史編さん委員会編 二〇〇四a 三八一〜三八七〕。

水神札や霜除け札は、こうした自然災害への克服に対する関心が阿蘇谷一帯で高まった時期に頒布されていた。会議で水神札頒布の発想自体が問われなかった理由は、阿蘇谷全体で自然の安寧を祈願するという歴史的背景があって、特に話題にして是非を問うほどには意識化されていないためであろう。一方、会議で話し合われた内容は、飲料水や農業用水という現在の部落内部の関心に基づいた計画にすぎなかった。つまり、当時の阿蘇谷全体にわたって関心がもたれる趣意ではなかったところに、この計画が立ち消えになった要因があると思われる。厳密にいえば、阿蘇谷では小規模ながらも部落や組ごとに水源を有しているから、手野の水源が格別の関心をもたれるとは限らないのである。

よって、阿蘇谷全体に水神札を頒布するという発想自体は、自然災害への祈りという近世以来の歴史的背景を背負ったものであるが、話題にのぼった頒布の趣意はせいぜい戦後の水道利用の歴史的背景を背負うにすぎない。会議の言説から明らかになったことは、国造神社運営をめぐる担い手の論理には幾重の歴史的背景が交錯しているということである。

おわりに――総意形成過程にみられる歴史の想起

本稿では、寄合の分析にあたって出席者が自発的に従うような規制力を想定して考察の場を設けた。そして、寄合の観察を通して、神社運営に対するムラ人たちの考え方は当初多様であったこと、そのなかで総代長が適宜意見を述べることで総意が形成されていった過程を把握した。さらに、その過程を分析することで、総意としてまとめられた水神札頒布という発想には当地における幾重もの歴史的背景が絡んでいる状況を明らかにした。以上を踏まえて寄合の特徴について改めて次のようにまとめることができる。

①寄合では出席者から様々な考えが出されるが、暗黙の了解事項が提示されればそれに沿うかたちで意見を出し合う。指導者は話し合いが膠着状態に陥るとこれを提示して話を進めていく。本章の事例では、「先祖代々催行してきた祭りを皆で維持する」という内容であった。

②出席者は個人的な考えがあってもそれを押し通そうとはせず、意見の一致点を見出そうと臨んでいる。反対にそうした態度を取らない者は叱責される。したがって、総意はその場で落ち着かせた一過性のものであって、時間が経てば反対意見が出て覆される可能性を孕んでいる。

③寄合では語られるレベルの論理と語られないレベルの論理が交錯して具体案が練られている。本章の事例でいえば、水神札の頒布計画には近世と近代という異なる歴史的背景に基づく関心が重層的に反映しており、そのうち近代以降の論理に基づいて話が進められていた。このことはつまり、寄合は一人ひとりの意見全てを取り上げないにしても、当地に多様な考え方があることを確認する場になり、「諸種の伝承がつねに村人の共有財産となり、久しく保持され」ていくことになるであろう〔高取 一九七五 五六〕。

以上、個人の考えを出し合いつつも、皆との協調を重んじる規範が作用して、その時代、その社会に支配的な考え方に合わせながら彼らが辿ってきた歴史を想起し、総意を形成させていく仕組みを明らかにした。

第七章　現代における「自然崇拝」

――災害復興と地域振興のなかの神社

はじめに──度重なる自然災害のなかで

平成二十八年(二〇一六)四月、阿蘇地域は熊本地震による甚大な被害を受け、阿蘇神社楼門の倒壊は被災の象徴的光景として全国に報じられた。巷間に「災害は忘れた頃にやって来る」との言葉があるように[1]、過去を振り返ると阿蘇地域では自然災害が繰り返し発生しており、その度に人びとは物心両面から対応してきた。近世には身分上昇を望んだ郷士や富裕農民による寸志行為を通した復旧工事や、下級神職による風除け札、霜除け札、水神札などの頒布による不安感の解消が図られた。

近年の災害に関する研究では、被災の規模や状況は天変地異に対する事前の備えに依るところが大きく、災害とは社会的、文化的な問題であると指摘されている。そして、頻発する災害に対して地域社会が育んできた実践的な知や経験的な知を「災害文化」と捉え、災害への事前対策、発生時の対応、復興の方向づけに文化がいかに関係しているのかといった点に関心が寄せられている〔橋本・林編 二〇一六〕。例えば、無形民俗文化財が地域の人びとのネットワークづくりや地域のシンボルとして機能し〔例えば高倉・滝澤編 二〇一四、高倉・山口編 二〇一八〕、しかもそれらの多くが祭礼において披露される民俗芸能であるので、神社は相互扶助の場として機能しているとの指摘などである〔黒﨑 二〇一九など〕。

もう一つ着目すべき点として、人びとの生活は地域社会内部で完結しているわけではなく、常に外部との交渉があるという側面である。災害復興には氏子崇敬者をはじめとする地域社会内部が抱える課題と期待のほか、国や地方自治体の復興計画や観光産業など、地域社会外部からの思惑が交錯している。

以上の観点に基づいて本章では、筆者の調査期間中に発生した一連の災害・災禍も視野に収めながら、阿蘇神社の復興・復旧をめぐる対応と社会背景について分析し、現代社会における神社祭祀伝承のあり方を考察する。

第一節　阿蘇地域の災害史

平成二十八年四月十四日二一時二六分、熊本県熊本地方を震源とするマグニチュード六・五の地震が発生し、同県上益城郡益城町で震度七、阿蘇市では震度五弱を記録した。その約二七時間後の四月十六日一時二五分にはマグニチュード七・三の地震が発生し、益城町と阿蘇郡西原村で震度七、阿蘇市では震度六弱を記録した。熊本地震と命名された一連の地震はその後も震度五以上の余震を観測した。十四日の前震で県のシンボルである熊本城の屋根瓦や石垣が崩れ始め、十六日の本震では阿蘇地域のシンボルであった阿蘇神社楼門が倒壊した。阿蘇市では死者二一人、家屋全壊一一八棟、半壊八六一棟、一部破損一六一〇棟の被害を出した〔熊日出版編 二〇一二〕。この震災は全国に大々的に報道されたので、いまなお多くの人びとに記憶されている。

この震災は熊本県史上稀に見る規模であったが、だからといって「災害は忘れた頃にやって来」たというわけでもない。実のところ、熊本地震発生の四年前、阿蘇地域では「平成二十四年七月九州北部豪雨」と名付けられた大水害が発生しており、陸上自衛隊二七七一人（延べ）、警察関係二〇七一人（延べ）のほか、消防関係の各機関からの災害派遣を受け、住民は約二週間の避難生活を送るという局地激甚災害指定の大災害に見舞われていた(2)。そして、二〇年ほど同地で調査してきた筆者は地元の方々と話すなかで、水害では死者が出たが今回の地震では（氏子区域から）死者が出なかったことが不幸中の幸いだったとの感想を何回も聞いている。阿蘇地域の歴史を繙くと大規模災害は繰り返し発生しており、人びとも過去の被害を忘れているわけではない。

そこで近代以降の阿蘇地域の災害をみていくことにする（表7—1）。地元紙を見返すと頻繁に災害の記事を見

表7−1　阿蘇の災害年表

年月日	西暦	災害	被害状況	出典・参考記事
明治5年12月1日	1872	噴火	噴火口で硫黄採掘者4人死亡、負傷者多数。	『図録』
明治17年3月21日	1884	降灰	大量の降灰。南郷谷の耕地に被害。	『図録』、『熊本新聞』3月25日2面・4月17日2面
明治27年3〜8月	1894	降灰	激しい降灰。上蔟を終えていない養蚕農家に影響あり。	『記録』、『九州日日新聞』6月14日2面
明治27年5月21日	1894	霜害	茶・小豆・大豆・桑に被害。	『記録』
明治32年7月8〜9日	1899	暴風雨	民家の屋根破損多数。阿蘇神社の松の大木倒木、神殿の玉垣と門扉に被害。	『記録』、『九州日日新聞』7月11日2面
明治33年7月12日	1900	豪雨	床上浸水300戸以上、橋梁流出多数、田畑の被害甚大。	『記録』、『九州日日新聞』7月15日3面・19日2面
大正5年6月25日〜28日	1916	豪雨	河川氾濫。内牧町で床下浸水、橋梁1箇所流出。	『九州新聞』6月29日5面
大正8年4月3日	1919	降灰	桑畑と原野に降灰し、養蚕業と畜産業に被害。	『記録』、『九州新聞』5月29日4・5面
大正9年4月21日	1920	霜害	桑園、茶園の新芽の枯死。	『九州日日新聞』4月30日5面
大正12年6月〜	1923	降灰	農作物被害、牛馬流産、竹木折損の被害。	『九州日日新聞』7月5日4面、『九州新聞』12月15日5面、同大正13年2月19日3面
大正12年7月5日	1923	豪雨	河川決壊。宮地町で家屋浸水20戸、家屋損壊5戸、内牧町で家屋浸水150余戸。	『九州日日新聞』7月7日4・9面
昭和2年4月1日	1927	降灰	激しい降灰、養蚕業に被害。	『図録』、『九州新聞』5月28日4面
昭和2年6月15〜16日	1927	豪雨	内牧町で田畑浸水。	『九州日日新聞』6月17日4面
昭和3年6月25〜30日	1928	豪雨	堤防決壊。阿蘇谷の浸水家屋数百戸、浸水耕地375町歩。	『記録』、『記録誌』、『九州新聞』6月28日朝刊1・5面・29日朝刊5面・夕刊2面・7月1日朝刊6面、『九州日日新聞』6月28日朝刊5面夕刊2面・6月30日朝刊5面・7月3日夕刊2面
昭和4年7月5〜8日	1929	豪雨	河川氾濫、中通村・古城村の作物全滅。	『記録』、『九州日日新聞』7月7日5面

年月日	西暦	災害	被害状況	出典・参考記事
昭和8年1～6月	1933	降灰	強震と激しい降灰。牛馬と農作物に被害。	『記録』、『図録』、『九州新聞』3月7日朝刊5・6面
昭和10年6月23～24日	1935	暴風雨	河川氾濫。古城村、中通村の水田約50町歩が泥海と化す。5～6割減収。	『九州日日新聞』6月25日5面、『九州新聞』10月31日朝刊3面
昭和15年4月～	1940	降灰	農産物、畜産物への被害額数十万円。	『九州新聞』5月2日夕刊2面・8月30日朝刊8面・9月11日朝刊8面
昭和21年6月	1946	豪雨	内牧町395棟浸水。	『記録誌』
昭和22年5～7月	1947	降灰	降灰による放牧牛馬の被害。坂梨村・波野村の野菜全滅。	『記録』、『熊本日日新聞』7月12日2面・8月26日2面・9月19日2面・翌23年4月7日2面・5月12日2面
昭和22年7月17～22日	1947	豪雨	降灰を含んだ泥流による河川氾濫。浸水家屋約45戸、約1000町歩の耕地埋没。	『記録』、『熊本日日新聞』7月23日2面
昭和28年4月28日	1953	噴火	観光客死者6人、負傷者90人。激しい降灰のため農作物に被害。	『記録』、『記録誌』、『図録』、『熊本日日新聞』5月1日朝刊2面・5月2日朝刊3面・7月22日朝刊3面・8月1日朝刊4面
昭和28年6月26日	1953	**熊本大水害**	河川氾濫。堤防決壊・水田埋没・牧野崩壊・道路決壊。阿蘇郡の死者行方不明者129人、家屋全壊・流失553棟、田畑流失・埋没3376町歩。	『記録』、『記録誌』、『熊本日日新聞』7月9日朝刊2面・7月30日朝刊2面
昭和33年6月24日	1958	噴火	死者12人、負傷者28人。	『記録』、『記録誌』、『熊本日日新聞』6月25日朝刊1面・25日号外・6月26日朝刊1・4・5・7面・6月27日朝刊5面
昭和40年10月31日	1965	降灰	降灰。農作物被害。	『図録』、『熊本日日新聞』11月1日朝刊1・10・11面
昭和49年8月4日	1974	降灰	降灰多量、農作物被害。	『記録』、『熊本日日新聞』8月7日朝刊4面、8月22日夕刊7面
昭和50年1月23日	1975	**阿蘇群発地震**	手野地区を中心に震度3～5、マグニチュード6。負傷者21人、家屋全・半壊56棟。	『記録』、『記録誌』、『熊本日日新聞』1月24日夕刊1・6・7面・1月25日朝刊1・13面・夕刊7面・1月26日朝刊13面・1月27日朝刊13面・1月30日朝刊13面

昭和52年5～7月	1977	降灰	降灰多量、農作物被害。	『記録』、『熊本日日新聞』6月7日朝刊12面
昭和54年9月6日	1979	噴火	死者3人、負傷者11人。	『記録』、『記録誌』、『熊本日日新聞』9月7日朝刊1面
昭和55年8月	1980	豪雨	河川氾濫。内牧町中心に554棟浸水。	『記録誌』、『熊本日日新聞』8月30日夕刊1面・8月31日朝刊1・17面
平成元年7月1日～翌年12月	1989	降灰	降灰多量、農作物被害。送電線被害。	『記録』、『図録』
平成2年7月2日	1990	**7・2大水害**	集中豪雨。河川氾濫。降灰と流木を含んだ土石流発生。宮地地区・坂梨地区を中心に大水害。死者11人、負傷者12人、家屋全・半壊140棟。	『記録』、『記録誌』
平成3年9月27日	1991	台風19号	阿蘇で最大瞬間風速60m。国指定天然記念物「手野の大杉」の折木をはじめ、国造神社・阿蘇神社・馬場八幡宮の御神木約30本倒木。人家被害なし。	『記録』、『記録誌』、『熊本日日新聞』9月28日夕刊2面、9月29日朝刊7・24面
平成16年9月	2004	台風18号	阿蘇神社一の神殿・三の神殿・楼門に被害。	『熊本日日新聞』9月8日夕刊1面
平成24年7月12日	2012	**九州北部豪雨**	死者21人、行方不明者1人、全壊家屋60棟、大規模半壊13棟、半壊家屋1108棟。	『記録誌』
平成28年4月14日（前震）・16日（本震）	2016	**熊本地震**	死者21人・負傷者107人。阿蘇市の家屋全壊118・大規模半壊96・半壊765・一部損壊1610棟。道路被害158・橋梁被害20・河川被害58ヵ所。	熊日出版編『明日へつなぐいのちとくらし――平成28年熊本地震「阿蘇市震災記録誌」』（阿蘇市、2021年）
平成28年10月8日	2016	噴火・降灰	火口周辺のロープウェー駅舎被害。降灰。	『図録』、『熊本日日新聞』10月9日朝刊1・28・29面、10月10日朝刊1面、10月12日朝刊29面
令和2年～	2020	コロナ禍	令和2年10月22日阿蘇市内で初の感染者発生の発表、令和3年9月14日時点で同市内の感染者127例。	「阿蘇市内の新型コロナウイルス感染者の発生状況」（阿蘇市ホームページ、最終閲覧日令和3年10月3日）

＊本表掲載の災害は、おもに熊本日日新聞情報文化センター編『一の宮町大水害の記録　平成2年7月2日』（一の宮町、1995年）（表中では『記録』）、熊日情報文化センター編『九州北部豪雨阿蘇市災害記録誌』（阿蘇市、2013年）（表中では『記録誌』）、NPO法人阿蘇ミュージアム編『火の山・阿蘇　阿蘇火山博物館図録』（阿蘇火山博物館、2019年）（表中では『図録』）所収の災害年表、新聞記事と記載文献の情報に基づく。これら以外にも新聞記事では数多くの災害がみられる。

つけることができる。このうち特に被害が大きいものは災害名称が付けられて、過去の大災害として紹介される。昭和五十年（一九七五）の阿蘇群発地震では西手野（古城六区）の平井集落で土砂崩れが起き、被災者はしばらくのあいだ避難生活を強いられ、平成二年（一九九〇）の七・二大水害では同じく手野地区で土石流が発生して国造神社の水神木（「手野の大杉」とは別の神木）が倒木し、家屋流出などの大きな被害があって、地元住民の生命・財産の危機自体は頻繁に生じている。九州北部豪雨や熊本地震以前にも、地元住民は人的被害をともなう災害と隣り合わせに暮らしてきたのである。その他、平成三年九月の台風一九号、平成十六年の台風一八号などは人的被害が僅かであったものの、神社境内に大きな被害を与えている。

新聞記事によれば、河川改修工事が本格化する昭和三十年代以前は頻繁に水害が発生していた。典型的な被害は、堆積した火山灰が河川を堰き止め、大雨によって洪水が生じ、泥流となって耕地と家屋を流失させるとともに下流域にも甚大な被害を与えるというものである。昭和二十二年（一九四七）の豪雨と昭和二十八年の熊本大水害はこの類の災害で、後者では泥流が下流の熊本市内まで流れ出して甚大な被害を与えた。したがって、阿蘇地域では降灰と水害はひと続きの災害であった。昭和二十二年の水害後の河川改修では、阿蘇神社の神陵の長目塚古墳（前方後円墳）の方墳部分が工事対象箇所となり、神社側は古墳の破壊を了承している(3)。住民生活を守るためには神陵に手を付けなくてはならないほど、阿蘇地域において水害は深刻な問題となっていたのである。

河川改修工事の成果により、熊本大水害以降、水害発生頻度は減少したが、当時の主要な災害対策工事は「阿蘇特定地域総合開発計画」に沿って行われ、その主眼は「土地の高度利用化による生産の増強と安定を図る」ことであった〔経済審議庁 一九五九（一九五四）一、熊本県 一九六二 六～一〇〕。当時は食料増産が求められていた時代であり、近年とは異なる社会背景のもとに復興事業が進められていた。熊本大水害直後の例大祭も「一時は齊行も危ぶまれゐたが、関係者の熱意で例年と殆ど変ることなく行はれ」〔『神社新報』昭和二十八年八月三十一日四面〕、農家が大半であった氏子は阿蘇神社の祭りに農業経営の無事を祈願・感謝した。そしてその後、祭りの一部が国の重要無形民俗文化財「阿蘇の農耕祭事」に指定されると（昭和五十七年一月十四日指定）、同社の信仰は国土開発（開拓神）や五穀豊穣（農耕神）という御神徳によって喧伝されることになった。

第二節　災害と「祭」

（一）阿蘇神社と国造神社は災害・災禍にどのように対応するか

ここでは平成二十三年（二〇一一）以降に相次いで発生した災害・災禍と、阿蘇神社と国造神社の祭事の対応をみていくことにする（表7―2）。

平成二十四年（二〇一二）の九州北部豪雨は、阿蘇神社の例大祭御田祭（七月二十八日）と国造神社の例大祭御田祭（七月二十六日）の直前の七月十二日に発生したこともあって、両祭の神幸式実施の是非が問われた。

この水害では国造神社の氏子区域である手野地区の三ヵ所で大規模な土石流が発生して氏子から死者が出たほか、家屋全壊の被災者もいた。地区住民のほぼ全てが約二週間の避難生活を強いられるなか、避難先の一の宮中学校で国造神社総代会が開かれたが、例年通りの開催は困難との認識が会議前から醸成されていたという。会議の結果、神幸式（神輿渡御）は中止して献幣式のみ行い、拝殿内に神輿を安置して駕輿丁（神輿の担ぎ手）が御田唄を奉納するかたちとした。八月六日の眠り流しは、駕輿丁たちが御田唄を謡いながら手野地区を練り歩き、宮司の宮川家を経由して国造神社拝殿で唄を奉納する行事であるが、土石流のため集落の道路が寸断されている箇所があったほか、氏子から死者が出ていることもあって、拝殿にて駕輿丁による唄の奉納のみというかたちにした。

表7-2　災害後の祭事の対応

	祭事名（祭日）	平成24年7月（二〇一二）九州北部豪雨	平成28年4月（二〇一六）熊本地震	令和2・3年（二〇二〇・二〇二一）コロナ禍
阿蘇神社	御田祭（7月28日）	例年通り。	二の御仮屋ではテントを張って御仮屋祭を行う。宮巡りは神殿の瑞垣の外側を1周に変更（翌年以降も同様）。	神輿渡御中止。仮拝殿内に神輿を安置し、例年の御仮屋到着時刻に合わせて昼御饌祭、帰社時刻に合わせて夕御饌祭を行う（楽納めを御田唄保存会主要メンバーで行う。令和3年は新拝殿にて催行）。
	柄漏流（8月6日）	例年通り。	仮拝殿で謡う。	御田唄保存会の主要メンバーのみ参加。阿蘇家には立ち寄らず、田鶴原神社と阿蘇神社仮拝殿で謡うのみ（令和3年は新拝殿で謡う）。
	風祭（旧暦4月4日・7月4日）	例年通り。	例年通り。	例年通り。
	田実祭（9月25・26日）	例年通り。	流鏑馬中止（災害復旧工事の影響。翌年も中止、翌々年から馬場調整のうえで執行）	流鏑馬中止（令和3年も中止）。
	踏歌節会（災害後の翌年旧暦1月13日）	例年通り。	仮拝殿で謡う。	令和2年は例年通り。令和3年は御田唄保存会の主要メンバーのみ参加し、阿蘇家には立ち寄らず、仮拝殿で謡うのみ。
	卯の祭（災害後の翌年3月初卯～次卯日）田作祭（卯の祭期間中の巳～亥日）	例年通り。	例年通り。	令和2年は火振りが関係者のみの参加で他の行事は例年通り。翌3年は申日の御前迎えの道中の直会を中止、同日の火振りは関係者のみ参加。
国造神社	御田祭（7月26日）	神輿渡御中止。神輿を拝殿に安置し、献幣式のなかで駕輿丁が御田唄を奉納。	例年通り。	神輿渡御中止。献幣式のなかで神社総代が御田唄を奉納。神輿拝殿（令和3年も同様）。
	眠り流し（8月6日）	拝殿にて駕輿丁のみ唄奉仕。	例年通り。	総代だけが参加し、拝殿で謡うのみ（令和3年も同様）。
	田実祭（9月23・24日）	例年通り。奉納相撲・中江神楽奉納有り	例年通り。ただし境内災害復旧工事中につき、奉納行事中止	神事のみ斎行。前日祭は宮司のみ、当日祭は総代も参列。翌日祭は宮司のみで行う（令和3年も同様）。
	歌い初め（災害後の翌年旧暦1月16日）	例年通り。	例年通り。	令和2年例年通り。令和3年神事斎行。唄の奉納は神社総代。
	春祭（災害後の翌年3月28日）	例年通り。	例年通り。	令和2年は例年通り。令和3年は総代の参列なし。宮司のみで行う。

＊阿蘇神社社務所からの情報提供に基づき筆者作成。

阿蘇神社では例年御田祭前に開催される祭典委員会において神社側から神社役員に対してその年の祭りの進め方が説明されるが、祭典担当の内村泰彰権禰宜の話によれば、九州北部豪雨では氏子区域の宮地地区には深刻な被害は少なかったものの、氏子のなかには親戚を亡くしたり捜索中の人もいたりしたため、この年の御田祭の開催には否定的な意見が多く出て、担当神職としてはたいへん胃が痛い思いをしたという。しかし、この会議で反対意見が出尽くした後に、出席者の一人がぽつりと「阿蘇神社の祭りは祈りの意味も込められてるもんね」と呟いたことで意見の流れが変わり、祭りを続けようという話になって、例年通り催行された(4)。大水害直後の祭りが開催されたのを受けて、八月の柄漏流も例年通り行われた。

平成二十八年四月の熊本地震では、本震発生の早朝(十六日)、内村氏は他の神職と一緒に境内を見回りに行って楼門と拝殿の倒壊を発見した。その瞬間は大いに心を痛めたが、振り返ると御神体を安置する神殿は倒壊を免れており、その姿を見て安堵したのを覚えているという。震災後の祭りの開催の是非については、水害の時とは打って変わり、地域の方々から阿蘇神社で祭りをしてくれないと神楽やイベントができないので開催してほしいとの前向きな話が多く寄せられたこともあり、開催自体に障壁はなかったという。ただし、楼門と拝殿が倒壊するなど境内が被災していたので急いで仮拝殿を設置してそこで献幣式を行い(5)、神幸式の神輿渡御は二の御仮屋跡地にテントを張って御仮屋祭を行い、帰社後の宮廻りでは拝殿と神殿が破損していたので、通常は神殿の周りを一二周するところを、神殿を囲む瑞垣を一周するかたちに変更した。いくつかの変更は強いられたが神幸式自体を取り止めることはなかった。八月の柄漏流は仮拝殿で御田唄を謡い、九月の田実祭では復旧工事のため参道が使えず流鏑馬奉納が中止となったが、これらの変更は物理的理由によるものであって、自粛や辞退という開催に対する否定的な心理によるものではない。内村氏の話によれば、仮に震災で氏子に人的被害が出ていたら例大祭は中止になったのではないかと振り返る。国造神社でも熊本地震では人的被害はなかったので、その四年前の水害時の対応とは対照的に神幸式は例年通りに催行した。

一方、令和二年初頭に始まったコロナ禍は両社ともに開催できる雰囲気にはなく、話し合いの余地はなかったという。内村氏の話によれば、それまでの災害では神職の立場としてはなるべく祭りを行いたいという気持ちで臨んでいたが、コレラ流行時には祭りが中止になった前例があると聞いて今回の判断に納得したという(6)。結局、御田祭では神幸式は中止とし、仮拝殿に神輿を安置し、献幣式後、例年の神輿の御仮屋到着時刻や還御時刻に合わせて昼御饌祭《ひるみけさい》と夕御饌祭《ゆうみけさい》を行い、最後に仮拝殿内で御田唄保存会の主要メンバーが唄を奉納することにした。

令和二年三月の卯の祭は、新型コロナウイルスの感染拡大が本格化する前だったので、御前迎えで行われる火振りは一般参加者を入れずに関係者のみで行い、それ以外は例年通りに行った。翌三年は、御前迎えでの道中の坂迎えは中止にし、火振りも前年に引き続き関係者のみで行った。国造神社でも人との接触が憚られ、すべての神賑・奉祝行事は中止もしくは変更されている。

以上、直近三度の災害における両社の祭りへの対応を概観すると、物損のみの場合は変更のうえ開催とするが、人的被害がある場合は慎重になったことがわかる。昭和時代の災害に関する新聞記事では農産物の被害や観光客の落ち込みといった産業への悪影響が盛んに報じられ、祭り開催の是非が問われた形跡がみられないことから、災害時の祭りに際して遺族への配慮や人命尊重の表明は平成以降、次第に求められるようになってきたとみられる。そして、コロナ禍では実際に感染者が発生する前の段階で予防的措置として自粛を決めている。また、水害と震災では地元住民の気持ちに沿って開催の是非が決められたが、コロナ禍の場合は政府による自粛要請など、当事者外の意見、すなわち世間体といった外部の規範意識も働いていることが特徴であろう。

（二）災害への備え

阿蘇地域では災害は繰り返し発生している。平成二年の七・二大水害では境内被災のため国造神社の御田祭の神幸式が中止となり、平成三年の台風一九号では国の天然記念物「手野の大杉」が折損した。平成十六年九月の台風一八号では阿蘇神社一の神殿・三の神殿・楼門が破損している。こうした建造物の被災に対して、神社側も文化財指定による事前の対策を立てていた。

文化財担当の池浦権禰宜の話によると、もともと阿蘇神社の文化財指定への取り組みは、熊本県北部地域の重要文化財指定候補の打診を契機とするが、神社側としては神社建造物の歴史的、学術的価値を周知し、同社への崇敬を集めるという宗教的意義を持たせていた。したがって、平成十六年三月九日に楼門含む六棟が旧一の宮町の有形文化財に指定され、その年の六月に始まった建造物調査でも当初は神殿内部の調査は宗教的理由で認めていなかった。しかし、同年九月の台風一八号により一の神殿、三の神殿、楼門が破損したため、その復旧工事にあわせるかたちで内部調査を許可することにし、調査を経て、阿蘇神社の一の神殿・二の神殿・三の神殿・楼門・神幸門・還御門は、平成十九年六月十八日に国の重要文化財に指定されるに至った〔阿蘇市教育委員会生涯学習課・阿蘇神社 二〇〇六 三〕。

文化財指定後は速やかに消防設備を設置し、その後、指定文化財の「保存活用計画」を策定することになった〔『重要文化財　阿蘇神社保存活用計画』〕。その計画書には楼門や拝殿の耐震診断の緊急性の高さが指摘されるとともに〔阿蘇神社 二〇一三b 六二〕、布田川・日奈久断層で将来予想される地震の規模はマグニチュード七・二と指摘されている。[7] このように震災への備えはしていたものの、具体的な対策を講じる直前に熊本地震が発生したのである。

第三節　支援主体からみる復興の方向性

（一）阿蘇神社の被災と復興の経過

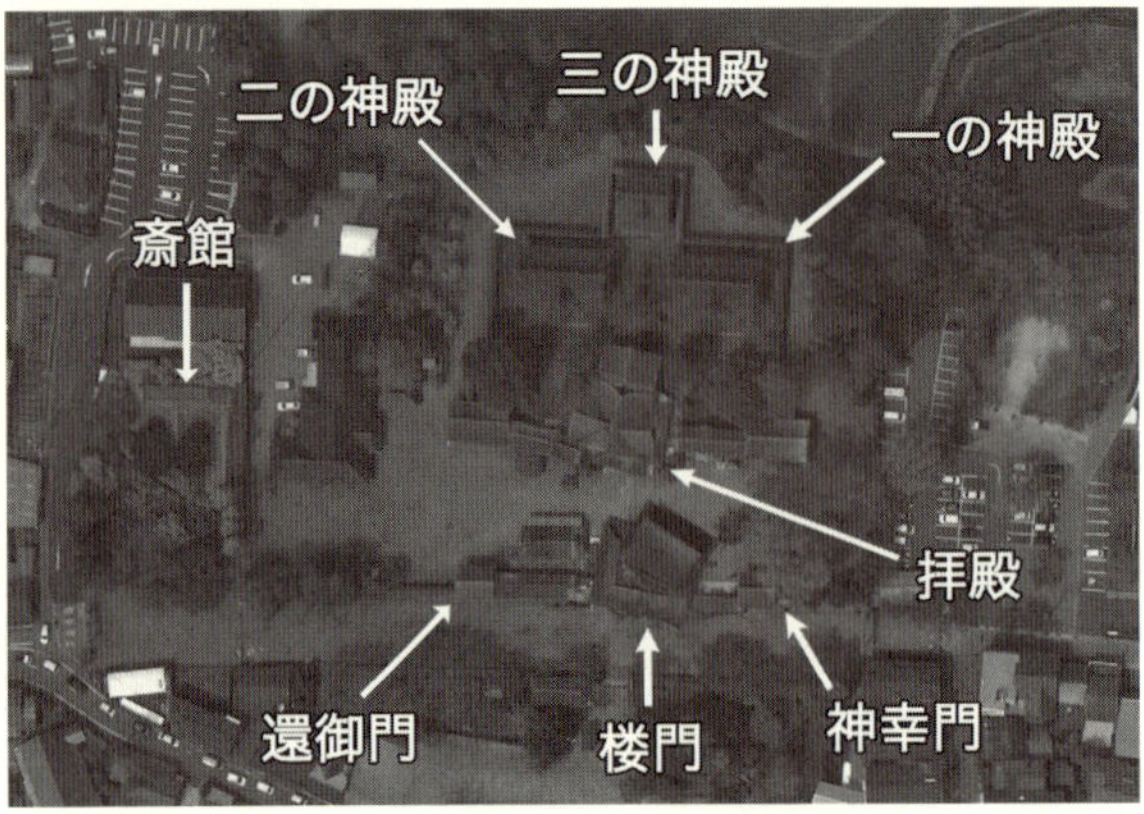

写真 7–1　被災直後の阿蘇神社境内
（2016 年 4 月 16 日撮影の国土地理院空中写真をもとに筆者加工）

平成二十八年四月十六日の熊本地震本震によって、阿蘇神社境内は甚大な被害を受け、楼門と拝殿が全壊、三の神殿が大規模損壊、一の神殿、二の神殿、神幸門、還御門と斎館が部分損壊といった惨状であった（写真7―1、表7―3参照）。国指定の重要文化財の六棟（一の神殿・二の神殿・三の神殿・楼門・神幸門・還御門）は、天保六年（一八三五）から嘉永三年（一八五〇）にかけて熊本藩の寄進によって造営されたもので、とりわけ楼門は農村地帯の阿蘇谷においてはその大きさから目を引く建造物であった。阿蘇市発行の災害記念誌では、被災の概要説明の最後で次のように記している。

「阿蘇市民にとって最大の衝撃は、心のよりどころであり生活の中心である阿蘇神社の変わり果てた姿である。『日本三大楼門』の楼門や拝殿が壊滅的な被害を受けた光景は、受け入れがたいほどの深刻さを呈していた。『阿蘇神社が私たちの身代わ

表7－3　阿蘇神社の災害復旧事業

建造物	被災状況	工事期間	事業	事業費	備考
一の神殿	部分損壊	平成三十年（二〇一八）七月～平成三十一年（二〇一九）三月	国庫補助事業	一四億一一〇〇万円	天保十一年（一八四〇）築
二の神殿	部分損壊	平成二十九年（二〇一七）五月～平成三十一年（二〇一九）三月			天保十三年（一八四二）築
三の神殿	大規模損壊	平成二十八年（二〇一六）十二月～平成三十年（二〇一八）九月			天保十四年（一八四三）築
楼門	全壊	平成二十八年（二〇一六）十一月～令和五年（二〇二三）十二月			嘉永三年（一八五〇）築
神幸門	部分損壊	平成二十九年（二〇一七）五月～平成三十年（二〇一八）九月			嘉永二年（一八四九）築
還御門	部分損壊	平成二十九年（二〇一七）五月～平成三十年（二〇一八）九月			嘉永二年（一八四九）築
拝殿	全壊	平成三十一年（二〇一九）二月～令和三年（二〇二一）六月	指定寄付金制度利用事業	七億二六〇〇万円	昭和二十三年（一九四八）築
翼廊	全壊				
神饌所	大規模損壊				
神輿庫	大規模損壊				
斎館	一部破損	平成三十年（二〇一八）四月十六日～十一月三十日	指定寄付金制度利用事業	一億二四〇〇万円	昭和三年（一九二八）築
御仮屋	老朽化	令和三年（二〇二一）五月～七月	自費事業	二二〇〇万円	
参道鳥居	老朽化	平成三十年（二〇一八）十二月十八日～十二月二十五日（解体工事）令和二年（二〇二〇）十月一日～十二月十五日（建立工事）	自費事業	三八〇〇万円	昭和四十四年（一九六九）築

＊阿蘇神社ホームページのプレスリリースおよび「阿蘇神社災害復旧事業のご報告」（阿蘇神社、令和五年十一月発行）をもとに筆者作成。
＊この表に掲載した工事のほかにも、雨水排水施設整備工事、防災施設整備工事、透塀再建工事、その他の附属工事がある。

りになってくれた』と人々は口々にしたものの、その後の復旧・復興への道が険しいものになるということは誰の目にも明らかだった」〔熊日出版編 二〇二二 四六〕

楼門の倒壊は被災の深刻さを伝える象徴的な光景として全国に報道された。幸いにも、楼門と拝殿の倒壊は夜中だったこともあって人的被害はなかったが、拝殿の倒壊によって祭りを行う場所の確保が急務となり、震災発生から三ヵ月後の七月、社務所前の空いた場所にプレハブ工法の仮拝殿を完成させ、同月二十八日の例大祭の催行に間に合わせた(8)。

まもなく社殿復旧工事を行うことになったが、被災した建造物には指定文化財とそうでないものとがあるので、財源別に復旧事業を進めることになった(9)。

国庫補助事業（重要文化財災害復旧事業）は国指定重要文化財六棟の復旧工事で、費用は国、県、市からの補助と所有者（阿蘇神社）で負担し(10)、工事期間は平成二十八年七月から令和五年（二〇二三）十二月まで、総事業費は一四億一一〇〇万円であった。平成二十八年十月三十一日に安全祈願祭を執行、翌日の十一月一日から工事を開始した。

楼門は平成二十八年十一月から翌年十一月まで解体格納作業をし（第一期工事）、そこから部材の修復作業を進めながら令和元年度より組立工事に入り（第二期工事）、八月四日に組立工事安全祈願祭、同三年二月十二日に立柱祭、同四年九月二日に上棟祭、五年十二月七日に楼門竣工祭を催行した（**写真7—2**）〔「阿蘇神社復旧工事パンフレット」〕。

神殿は被害の著しい三の神殿から工事を始め、二の神殿、一の神殿の工事へと続き、平成三十一年三月までにすべての補修工事を終えた。

一方、拝殿や斎館などの未指定文化財については神社財産と奉賛金で対応することになったが、今回の災害では税制上の優遇措置が受けられる指定寄附金制度が宗教法人にも適用されることになり(11)、早速その申請をして事業認定を受け（平成二十九年一月三十一日事業確認）、平成二十九年四月より指定寄附金制度利用事業として復旧事業が始まった。本制度による募金自体は平成二十九年二月一日から開始して平成三十一年三月には目標額の四億円（総事業費の半額）に達して終了した〔阿蘇神社ＨＰ　二〇一九年三月二十日付〕。

写真 7–2　楼門竣工祭

（2023 年 12 月 7 日、筆者撮影）

斎館は近代和風建築の様式を残す建物で、昭和三年（一九二八）に竣工し、集会施設として利用されてきた。地震によって玄関の柱が傾き、屋根や壁面が損壊するなどの被害を受け、平成三十年（二〇一八）四月十六日より工事が始まり、同年十一月三十日に完了した〔阿蘇神社ＨＰ　二〇一八年十二月一日付〕。

倒壊した拝殿は昭和二十三年（一九四八）に竣工した、南北の翼廊、神饌所、神輿庫が接続する複合社殿で、部材にタイワンヒノキ（台檜）を用いている。現在台檜は台湾行政の伐採禁止の方針により入手できないため用材を変更しなくてはならないが、木材価格は高騰していて課題を抱えていた。そのようなか、地元の阿蘇森林組合と伐採、製材、管理を含む委託契約を結ぶことができ、また、熊本県立阿蘇中央高校（旧校名は熊本県阿蘇農業学校、県立阿蘇農業高校、県立阿蘇清峰高校）からの申し出で、同校演習林のヒノキ五〇本が寄贈された〔阿蘇神社HP 二〇一九年二月二十三日付〕。地元の生徒によって大切に育てられた木材が、地域のシンボルである阿蘇神社の復旧事業に用いられ、郷土教育と連携するかたちとなった。用材は地元の協力によって県産材、地域材が使えるようになり、「郷土色を体現する創造的復興」という意義が付け加わることになった〔阿蘇神社HP 二〇二一年七月十三日付〕。

平成三十一年二月二十一日、演習林にて伐採開始にあたっての安全祈願祭を、令和元年八月二十八日に楼門組立工事と拝殿再建工事の関係者による合同の安全祈願祭を行った。拝殿については令和二年十二月三日に上棟祭を行い、翌三年六月に再建され、七月十二日に竣工祭を行い、八月一日より運用を始めた〔阿蘇神社HP 二〇二一年七月十三日付〕。

参道の鳥居二基はもともと経年劣化していたので、復旧工事に合わせて新調することになった。平成三十年十二月十八日から同月二十五日にかけて解体工事を行い〔阿蘇神社HP 二〇一八年十二月八日付〕、平成三十一年四月に阿蘇中央高校演習林で一一九年生のスギ五本を伐採し、令和二年十月一日から同年十二月十五日まで再建工事を行った〔阿蘇神社HP 二〇二〇年十二月九日付〕。

御仮屋は二棟あるうちの一棟は被災のため解体し、もう一棟は老朽化による耐震性への懸念から解体し、両方とも再建した。

（二） 様々な復興への支援――文化財と非文化財のあいだで

①神社の新たな公共性

阿蘇神社建造物群の復旧工事には国庫金と寄付金が用いられている。そのうち国庫金については指定文化財に対して使われる。

文化財とは「国民的財産」（文化財保護法第四条第二項）として公共性を帯びるものであって、だからこそ指定文化財には修理等に際して国・地方自治体の補助（公金）が交付されるのであり、同時に一般公開も求められる。したがって、その復旧過程もホームページなどで随時公表されることになる。また、今回は一般の寄付者からも寄付金を受けている以上、復旧事業の進捗状況などを報告することが求められる。これまで地元の氏子を相手に祭りを執り行ってきた阿蘇神社にとって、今回の震災を機に本格的に地域外部の人たちへの対応が求められるようになったのである。

震災前まで阿蘇神社では公式ホームページを持っていなかったので、一般財団法人阿蘇テレワークセンターに作成を依頼して開設した[12]。ホームページ上では、毎月の工事の進捗状況と指定寄附金の実績報告を公表しているほか、平成二十八年八月より毎月一回、工事の技術的解説や工事の過程で新たに判明した社殿や楼門の建築学的特徴や歴史的資料などを「修理工事こぼれ話」として公開し、寄付者をはじめとする世間の関心に応えている。

復興当初の課題として池浦権禰宜が指摘したのは寄付金の取り扱いの件である。自治体など公の機関が設置した募金への寄付金は宗教法人の復旧工事には使用できない。被災の象徴として熊本城と阿蘇神社楼門が大々的に報道されたが、熊本城は所有者が国で管理団体は熊本市になっていることから公共の建物として復興募金を使用できるが、宗教法人である阿蘇神社は当初は制度上それができなかった。しかし、事情をよく知らない寄付者が阿蘇神社の復興を願って公共の募金に応じる例がしばしばあったという。民間企業では震災復興の応援ということでキャンペーンを行い、売上金の一部を復興募金に寄付した例もあったというが、寄付先が自治体になると実際に寄付金が神社に回ってくるかどうかが明確でなく、寄付者に誤解を与えかねない事態にもなる。そのため指定寄附金制度に急いで申請し、一般に周知したのである。支援の受け入れ体制が整っていないと、善意が届かないという課題もあったという。

②地域外からの復興支援

阿蘇神社の復興には多くの人びとから期待が寄せられている。拝殿の復旧工事では地元の高校から木材の提供を受けたが、これは授業内で木材需要の国内外の現状と国産材の価値について生徒たちが学習していくなかで、地元の人が育てた木材を地元のシンボルの復興のために用いる、という意義が見出され、阿蘇神社の復興を通して地域産材と地域文化の価値の発信が期待されたものである。

さらに阿蘇地域外部からの支援も広がっている。その一つに、旧国宝の蛍丸[13]の写しの奉納が挙げられる。これは、震災前、岐阜県関市で修業していた九州出身の刀匠が独立を機に名刀の写しを製作しようと思い立ち、阿蘇神社に押形を利用したいとの相談を入れたことを契機とする。それに対して神社側は、関市運営のクラウドファンディングを利用した資金調達ということで信頼し、写しの製作を通して世間に不明文化財のことを周知させ、現物の発見に繋がる契機になればよいと判断し、了承した。熊本地震前年の平成二十七年（二〇一五）十一月からインターネット上で資金調達したが、ちょうど「刀剣乱舞」というオンラインゲームが流行していたこともあり、ゲームファンを中心に目標額の五五〇万円をはるかに上回る多額の寄付が集まった。写しは三振り製作し、一番出来の良いものを阿蘇神社に、二振り目を関市に、三振り目を高額寄付者に贈ることになった。寄付者には打始式参加権が付いており、地震発生直前の平成二十八年二月二十七日、九州刀剣会会員の参列のもと玉鋼を打ちのばす打始式を阿蘇神社で行った。その時までは刀剣ファンのイベントとしての意味合いが強かったが、熊本地震の発生を受けて、蛍丸復興プロジェクトに神社復興の支援という意味が加わった。平成二十八年八月二十七日に奉納焼き入れを行い、平成二十九年六月十七日に仮拝殿で奉納式の後、写しの刀が公開された。このときは一〇〇〇人くらいの参拝客が訪れたという。その後、この刀は八月七日から九月二十二日まで肥後銀行本店ギャラリーで展示された。さらに令和元年（二〇一九）九月三十日から十一月十六日にかけて、肥後銀行主催の展覧会「復興のシンボル　熊本城・阿蘇神社」が開催され、蛍丸写しの展示と、復旧事業の実務担当の池浦権禰宜による「重要文化財阿蘇神社6棟造営の意義」と題したギャラリートークが催された。その後も拵（刀の外装）復元のプロジェクトが続いている。

熊本市現代美術館では、平成二十九年十二月十六日から翌三十年三月十八日まで「熊本城×特撮美術　天守再現プロジェクト展」を開催し、熊本城ミニチュアセットや阿蘇神社楼門、神幸門、還御門の模型を製作して展示した。展覧会終了後、楼門の模型は阿蘇市に寄贈された。

また、事務機器の富士ゼロックス（現、富士フイルムビジネスイノベーション株式会社）では、社会貢献活動の一環として各地の古文書の複製に取り組んでおり、今回の震災を受けて、阿蘇神社に伝わる「後醍醐天皇綸旨」など古文書九点のレプリカを最新のデジタル技術を駆使して作製し、同社に奉納した。

池浦氏によれば、複製の製作は紛失物発見のきっかけづくりであるとともに、現物保護や研究資料としての情報を後世に残すという意義があるという。寄付金以外にも神社の価値を伝える復興プロジェクトが各方面から提案されるなか、肥後一の宮の復興は熊本の復興に繋がるという発想を強く感じるという。

③調査者（筆者）の行動

序論でも少し触れたが、民俗誌とはフィールドワークを通した調査者と被調査者との相互行為の産物でもある。この度の調査地の被災に対して筆者がとった行動も記しておきたい。

本震後、筆者の大学院時代の学友である蔡亦竹《さいいーちく》氏（当時、台湾の実践大学助教授）から連絡が届き、社団法人台南市台日友好交流協会の郭貞慧会長が阿蘇神社支援のためのチャリティー講演会を開催したいので阿蘇神社に取り次ぎをお願いしたいとの相談を受けた。そこで筆者は四月十九日に池浦氏にお見舞いを兼ねて本件相談の電子メールを送り、翌日二十日には先方より承諾の連絡を受け取った。それを受けて友好交流協会では募金活動の所管庁への許可申請、会場の確保、講演会開催の周知、などの諸準備を進め、「阿蘇神社台南支援重建　熊本地震募款演講會」と銘打ったチャリティ講演会を六月四日と五日に台南で開催する運びとなった。筆者はその講師を依頼されたが、蔡氏からは、台南の人びとは日本文化に関心が高いものの神社に関して知る機会があまりないので、阿蘇神社の歴史と祭り、社殿と鳥居の形態、といった初歩的な解説がよいとの助言を受けた。

六月四日午後二時から、南紡購物中心（大型ショッピングセンター）にて「阿蘇神社的偉大歴史及祭禮」、六月五日午後七時から林百貨（日本統治時代の百貨店建物を活用した商業施設、市定古蹟）にて「神道建築解密及阿蘇神社的文化財」と題する講演会を行った（**写真7―3**）。会場規模の関係上、聴衆は二〇～三〇人程度ではあったが、SNS上で動画配信され、多くの人が視聴できる体制になっていた。

写真 7–3　台湾でのチャリティー講演会

（スクリーン右側で座って話しているのが筆者、左側が蔡氏。2016年6月5日、於林百貨、蔡依儒撮影）

その後、友好交流協会は台湾各地で募金活動を継続し、活動・精算報告を所管庁に済ませた後、翌二十九年八月、台南市議会が日台友好サミット参加のため熊本県を訪問するのに合わせて、郭会長以下一六名が同月二十六日に阿蘇神社に来社し、義援金を阿蘇治隆宮司に手渡した。

神社神道とは縁のない台湾においても支援の輪が広がりをみせている理由として考えられることは、かつての被災者が次の被災地の支援者として活動する「被災地のリレー」によるものであろう〔渥美、二〇一四〕。ともに震災頻発地帯の日本と台湾とのあいだには、以前から救助隊派遣や援助物資提供、義援金送付といった交流があった。こうした背景のもと台湾の人びとも支援の手を差し伸べているのである。このように神社復興とは信仰の有無とは別に人道的見地からグローバルに進められていることも近年の特徴といえよう。

④宗教と文化財との関係性をめぐる課題

以上、阿蘇神社の復旧に対する様々な支援をみてきたが、池浦氏によれば、宗教と文化財の領域調整や、復旧のために公的資金や寄付金が充当される意義の説明の仕方が大きな課題になるという。また、被災後に情報発信や多様な活用需要が高まったこともあり、宗教としての神社という本質的部分をいかに保持して進めていくのか、つまり外部資金を集めれば出資者からの情報公開等の要求に応じる義務を負うことになるが、様々な思惑が交錯するなかで当事者の主体性をいかに確保していくかが課題になるという。

そうした問題意識のなか、楼門竣工後の令和六年三月四日から五月十一日にかけて開催された肥後銀行主催「楼門修復記念　阿蘇神社展」では、「歴史を扱う」ことをテーマに池浦氏の講演が行われ、復元された蛍丸、楼門模型、古写真、「足利尊氏御教書」、「下野狩図」などの展示を通して、これらモノに向けられた神社の歴史性への眼差しを紹介した。当事者ともいえる神職自らが神社の歴史的コンテキストを俯瞰し、表象の多様性を整理しながら外部に発信するという、これまでにはなかった歴史の説明の仕方であり、現代の人文社会科学の学術水準に達した内容である。

第四節　地域振興政策のなかの阿蘇神社

熊本地震は阿蘇地域に甚大な被害をもたらし、とりわけ国道五七号線とJR豊肥線の不通は通勤通学といった日々の生活を困難にした。こうした重要なインフラの復旧をはじめとして、行政では広範囲の地域復興に取り組んでいる。一方、行政では震災前から地域経済の活性化にも取り組んでおり、各種の行政計画が練られて個別の事業が進められてきた。結論から先に言えば、震災復興は既存の地域振興計画と併せて行われている。

さて、行政計画は地域社会の特性を最大限に活かしながら地域振興の全体的な目標を定め（構想）、それを達成するための各分野（産業・福祉・土木・教育・防災など）の個別計画が策定されていく（政策・施策）。したがって、個々の計画は大きな目標のもと相互に連関しあうことで地域全体の活性化が十全に果たされる。昭和二十八年の熊本大水害以後の治水・防災工事も、地域資源の開発による農業基盤の強化を目指した「阿蘇特定地域総合開発計画」の枠組みのなかで進められていた。このような行政的観点から考えると、神社の指定文化財（あるいは登録文化財）は公益性を有するものとみなされ、その活用方針が行政計画の俎上に載せられ、地域振興事業の構成要素として位置付けられるのである。(14)

そして、最近の文化財政策の重点は、文化財の個別的な保護措置から地域社会全体での継承と活用へと移っており、地域における総合的な保存・活用のための計画立案が求められている。(15)その際、「文化財はそれ単体で形成されたものではなく、自然環境や周囲の景観、地域の歴史、そこで行われる人々の伝統的な活動などと密接に関連している場合があるため、文化財そのものだけでなく、それを取り巻く周囲の環境を一体的に捉え、保存・活用していく視点も重要」とされて[16]、地域を包括的に捉える視点が要請されているのである。このような現代社会の潮流のなかで、阿蘇神社の復興も部分的とはいえ行政計画の俎上に載っているから、神社建造物の復旧事業についても文化財行政の具体的な進め方や自治体の担当職員との連絡体制など、行政ルートに精通している神職の有無は復興の進み具合に影響する。

行政計画の策定には、まずは地域社会を包括する大きな目標（標語）が掲げられるが、このときに地域のブランド化が行われる。阿蘇の地域ブランド化は昭和九年（一九三四）の阿蘇国立公園指定を嚆矢とするが[17]、昨今の環境保全に関する世界的な取り組みを受けて平成後期には相次いで地域ブランド化が推進されており、現在のところ次の動きがみられる。

平成十九年（二〇〇七）～現在　阿蘇地域の世界文化遺産登録に向けた活動（第一章、**図1—1**参照）
平成二十五年（二〇一三）五月二十九日　世界農業遺産認定[18]。
平成二十六年（二〇一四）九月　世界ジオパークネットワーク認定加盟[19]（ユネスコ世界ジオパーク）。
平成二十九年（二〇一七）十月十三日　重要文化的景観「阿蘇の文化的景観」選定[20]。

以上は、これらの遺産や文化財の認定・指定等を通して地域全体の魅力を高め、個々の構成資産の保全と活用に関する適切な施策を進めていくという地域振興政策である。阿蘇という地域ブランドの確立は、個々の資産をパッケージ化して包括的な保存と活用に取り組むことができる利点がある。国の財政的支援が、これまで基幹事業に対して省庁別（いわゆる縦割り）の補助金を交付していたのに代わって社会資本整備やソフト事業を総合的に支援する交付金にシフトするなか、地域振興政策の立案には地域を一体化して捉える歴史と文化のストーリーの確立が求められるのである(21)。

さて、以上の各遺産・文化財の構成資産をみていくと、そこには火山や農耕への信仰が挙げられていることがわかる。例えば、阿蘇の世界農業遺産ホームページには、世界農業遺産としての価値として「続く草原」「巡る農林業」「広がる命」「水の恵み」に加えて「伝わる文化」を挙げ、「農業と関わりの深い伝統文化」として国指定重要無形民俗文化財「阿蘇の農耕祭事」を掲げている(22)。また、ジオパークを構成するジオサイトとして「火山の神ジオサイト」が設定され、そのなかに阿蘇神社、国造神社、中通古墳群、霜宮といった信仰に関わる資産のほか、「阿蘇の農耕祭事」も紹介されている(23)。重要文化的景観においても「本質的価値と構成要素」の一つに「阿蘇神社」が挙げられている(24)。すなわち、阿蘇神社の歴史と祭りを通して、阿蘇地域の農地や牧野の維持管理や火山防災の体制整備に対する住民・国民の理解を促そうとしている。

世界文化遺産登録に向けた活動は、上記の地域ブランドをさらに包括する取り組みである。平成二十一年（二〇〇九）七月一日には熊本県と阿蘇郡市七市町村の共同事務所である世界文化遺産推進室が設置され、翌月には熊本県知事と阿蘇郡市七市町村長からなる世界文化遺産推進協議会が発足し、自治体間連携のもとに進める体制を敷いている。構成資産としては次の通りである。

・国の重要文化的景観「阿蘇の文化的景観」（人々が育てた草原景観）
・国の名勝及び天然記念物「米塚及び草千里ヶ浜」（平成二十五年三月二十七日指定）の「阿蘇五岳」（信仰の対象や神話の舞台となった阿蘇山）と「中央火口丘群」（直接覗くことのできる稀有な火山）
・国の重要文化財「阿蘇神社」（平成十九年六月十八日指定）の「阿蘇神社」（健磐龍命をはじめとした十二神を祀る神社）
・県の記念物「中通古墳群」（昭和三十四年十二月八日指定）の「中通古墳群」（熊本県下最大級の前方後円墳）

・国の史跡「豊後街道」（平成二十五年七月十日指定）の「豊後街道」（江戸時代に使われた歴史の道）

平成二十七年頃作成の世界遺産登録推進のパンフレット「めざそう！　阿蘇世界文化遺産」（熊本県企画振興部地域・文化振興局文化企画・世界遺産推進課、第一章の図1―1の改訂版）では、構成資産の筆頭に「阿蘇の文化的景観」が置かれ、そのうち特に草原景観の維持・管理に重点が置かれている。広大な牧野を抱える阿蘇地域にとって、牧野を維持してきた農家が減少していくなか、国土保全とその有効活用は地域振興にとって最も重要な地域課題になっている。

以上の取り組みと連携しながら、近隣自治体が共同して観光圏の整備を図って地域振興に取り組んでいる。例えば、熊本県阿蘇地域振興局や阿蘇郡市七市町村、上益城郡山都町《やまとちょう》を含む地元関連団体を構成機関とする阿蘇ジオパーク推進協議会が策定した「阿蘇エコツーリズム推進全体構想」は、阿蘇の自然を活用したツーリズムの推進を謳うなかで、観光資源の一つに阿蘇神社や国造神社、阿蘇の農耕祭事を挙げている。[25] ここで着目すべきは、同構想の「推進の目的と方針」において、震災を受けて「地域の観光業や農畜産業の復活を含めた、『震災からの復興』という視点が不可欠」とし、観光振興と震災復興を一体化して進める方針を採っている点である。[26]

こうした方針は、『阿蘇くじゅう観光圏整備計画（平成三十～三十四年）』（熊本県阿蘇市、阿蘇郡南小国町・小国町・産山村・高森町・南阿蘇村・西原村、上益城郡山都町、大分県竹田市、宮崎県西臼杵郡高千穂町、二〇一八年）にも読み取れる。観光圏を構成する市町村の主な観光資源として阿蘇市では「阿蘇神社、山岳信仰や農耕に基づく祭事」が挙げられている（一五頁）。そして、「噴火をはじめとする自然災害も多く、阿蘇くじゅう高千穂地域の歴史は災害からの復興の歴史であるといっても過言ではない」（一三頁）とし、震災復興という目的に沿って、阿蘇の自然を恩恵よりも畏敬の対象として捉えながら計画を進めようとしていることがわかる。

このような観光振興の文脈のなかで神社は観光スポットとして紹介されるが、たんに物見遊山的なアトラクションとしてではなく、阿蘇火山の活動を背景とした自然と人間の営みという全体のストーリーのなかの信仰的要素として神社が位置付けられ、振興と復興への願いがここに仮託されるのである。

おわりに——感謝から畏敬へ

本章では熊本県阿蘇地域の自然災害の歴史、近年の一連の災害における祭りの対応、被災した建造物の復旧過程の三点をみてきた。阿蘇地域では人的被害をともなう災害は頻繁に発生しており、その都度、地域社会は対応してきた。

平成以降に発生した災害では、人的被害を受けた場合は神賑・奉祝行事を自粛する傾向にあるが、阿蘇神社の御田祭では「祈りの意味もある」という地域社会の復興を願う新たな意味が共有されたことを受けて開催された。そのため同社の復旧事業も単なる建造物の復旧ではなく、地域社会の復興という意味が強調されている。阿蘇神社は地域のシンボルとして捉えられ、「私たちの身代わり」になった同社の復興には地域社会の復興が仮託されている。この認識は行政による地域振興計画にも認められ、阿蘇神社とその摂社国造神社は地域ブランドを支える文化資産として位置付けられるとともに、そこで紹介される信仰対象には農耕（五穀豊穣）に加えて火山（畏敬）が入りつつある。復興と振興の語りのなかで、阿蘇の自然は豊穣をもたらすものから災禍をもたらすものへと意味づけが広がっているのである。

歴史を繙くと、古代には阿蘇の存在はすでに朝廷に知られるところとなっており、阿蘇山の活発な火山活動は大宰府を通じて逐次朝廷に報告され、阿蘇神社主祭神の健磐龍命および妃神の阿蘇比咩神の神階の上昇が記録されている（表7—4）。こうした史実は歴史学者のあいだでは既知のものであったが、農業経営への関心が高かっ

表7-4　古代の阿蘇火山と祭神のおもな記事

年月日	西暦	火山活動と祭神に関する記事（抄録）	出典
		「有阿蘇山 其石無故火起接天者 俗以爲異 因行禱祭 有如意寶珠 其色青 大如雞卵 夜則有光 云魚眼精也」	『隋書』「倭国伝」巻八十一
景行天皇十八年六月十六日		「至二阿蘇國一也。其國郊原曠遠。不レ見二人居一。天皇曰。是國有レ人乎。時有二二神一。曰二阿蘇都彦・阿蘇都媛一。忽化レ人以遊詣之曰。吾二人在。何無レ人耶。故號二其國一曰二阿蘇一。」	『日本書紀』
		「筑紫風土記曰。肥後國閼宗縣。々坤廿餘里有二一禿山一。曰二閼宗岳一。頂有二靈沼一。石壁爲レ垣。（計可二縱五十丈。横百丈一。深或廿丈。或十五丈。）清潭百尋。鋪二白緑一而爲レ質。彩浪五色。絙二黄金一以分レ間。天下靈奇出二兹華一矣。時々水滿。從レ南溢流二入于白川一。衆魚醉死。土人號曰二苦水一。其岳之爲レ勢也。中レ天而傑峙。包二四縣一而開レ基。觸レ石興レ雲。爲二五岳之㝡首一。濫レ觴分レ水。寔群川之巨源。大徳巍々。諒人間之有一。奇形杳々。伊天下之無雙。居在二地心一。故曰二中岳一。所謂閼宗神宮是也。」	「筑紫風土記逸文」（『釈日本紀』巻十、「述義六」）
延暦十五年七月二十二日	796	「大宰府言。肥後國阿蘇郡山上有レ沼。其名曰二神靈地一。水旱經レ年。未二嘗増減一。而今無レ故涸減二十餘丈。考二之卜筮一。事主二旱疫一。民之無レ辜。恐レ蒙二其殃一。方欲二修レ德施レ惠消レ妖拯レ民。」	『日本後紀』巻五
弘仁十四年十月二十二日	823	「坐二肥後國阿蘇郡一從四位下勳五等建磐龍命神特奉レ宛二當郡封二千戸一。此神。亢旱之時祈即降レ雨。護レ國救レ民靡レ不レ頼レ之。」	『日本紀略』前篇十四
天長二年閏七月四日	825	「奉レ遣二使柏原山陵一。其詞曰。云々。肥後國阿蘇郡尓在留神靈池枯渇多利云々。」	『日本紀略』前篇十四
承和七年四月二十一日	840	「奉レ授肥後國從四位下勳五等健磐龍神從四位上。」	『続日本後紀』巻九
承和七年七月二十二日	840	「奉レ授二肥後國阿蘇郡從四位上勳五等健磐龍神從三位一。」	『続日本後紀』巻九
承和七年九月二十一日	840	「大宰府言。在二肥後國阿蘇郡一健磐龍命神灵池。洪水大旱未二嘗増減一。而涸竭卌丈。」	『続日本後紀』巻九

年月日	西暦	火山活動と祭神に関する記事（抄録）	出典
承和七年十二月七日	840	「遣二使於伊勢大神宮一。宣レ詔曰。頃日之間。御心有レ所レ思。將レ奉レ供二幣帛一。而國家諒闇。不レ果二御意一。加之。今年在二肥後國一神灵池枯盡卌「餘」丈。足三以為二國異一。因レ茲令レ祈禱之一。」	『続日本後紀』巻九
承和八年三月二十八日	841	「大宰府言。肥後國阿蘇郡神灵池。涵二一定之盈科一。歷二水旱一以自若。而今無レ故涸減卌丈。靜思二厥咎一。朕甚懼焉。詢二之著龜一。告以二旱疫一。今欲下因二循往烈一。則二象前規一。施以二徳政一。防中茲災青上。」	『続日本後紀』巻十
承和九年七月三日	842	「遣下二使於筑前國宗像神。竈門神。肥後國健磐龍神等諸社一奉上レ幣。縁レ有レ祟也。」	『続日本後紀』巻十二
承和十四年七月四日	847	「修二造攝津國大依羅社。肥後國阿蘇郡國造神社一爲二官社一焉。」	『続日本後紀』巻十七
嘉祥三年十月七日	850	「授〈中略〉肥後國健磐龍命神正三位。」	『文徳実録』巻二
仁寿元年十月八日	851	「進二肥後國健磐龍命大神階一加二從二位一。」	『文徳実録』巻三
仁寿二年正月十一日	852	「加二肥後國阿蘇比咩神從四位下一。」	『文徳実録』巻四
斉衡元年六月二十九日	854	「加二肥後國健磐龍命神封卅戸一。」	『文徳実録』巻六
貞観元年正月二十七日	859	「京畿七道諸神進階及新叙。惣二百六十七社。〈中略〉肥後國従二位勲五等健磐龍命神正二位。従四位下阿曾比咩神従四位上。」	『三代実録』巻二
貞観元年五月十七日	859	「肥後國従四位上阿蘇比咩神列二於官社一。」	『三代実録』巻二
貞観六年十二月二十六日	864	「大宰府言。肥後國阿蘇郡正二位動五等健磐龍命神靈池。去十月三日夜。有レ聲震動。池水沸二騰空中一。東南洒落。其落二東方一者。如レ布延縟。廣十許町。水色如レ漿黏二着草木一。雖レ經二旬日一。不二消解一。又比賣神嶺。元來有二三石神一。高四許丈。同夜二石神頽崩。府司等決二之龜筮一云。應レ有二水疫之灾一。」	『三代実録』巻九

貞観七年二月十日	865	「在二肥後國阿蘓郡一神靈池。經二淫雨一而無レ增。在二亢陽一而不レ減。而今無レ故沸騰。衍二溢他縣一。龜筮所レ告。兵疫爲レ凶。」	『三代実録』巻十
貞観七年二月十四日	865	「勅遣下二従五位下行木工権助和氣朝臣彝範一。奉中幣於豊前國八幡大菩薩上。告文云。天皇我詔旨尓坐。掛畏岐八幡大菩薩乃大前尓申賜倍止申久。大菩薩乃護賜尓依天。天下無レ事。然乎去年与利。天變地灾今月万天尓不レ止。加以。肥後國阿蘇郡尓在留神靈池無レ故沸溢太利。乍レ驚卜求礼波。兵疫乃事可レ有止申利。自レ此之外尓毛。物恠亦多。」	『三代実録』巻十
貞観七年二月十七日	865	「勅遣下二参議従四位下守右大弁大枝朝臣音人。従四位下行中務大輔忠範王等一向中山階山陵上。告以三神靈池水沸騰。預防二灾害一。告文云。天皇我詔旨尓坐。掛畏岐山階乃御陵尓申賜倍止申久。自二去年一至二于今月一。天變地灾不レ止。加以。肥後國阿蘇郡尓在流神靈池無レ故沸溢太利。乍レ驚卜求礼波。兵疫乃事有レ可止申利。自レ此之外尓毛物恠亦多。」	『三代実録』巻十
貞観八年二月十四日	866	「神祇官奏言。肥後國阿蘓大神懐二藏怒氣一。由レ是。可下發二疫癘一憂中隣境兵上。勅。國司潔齋。至誠奉幣。并轉二讀金剛般若經千卷。般若心經萬卷一。大宰府司於二城山四王院一。轉二讀金剛般若經三千卷。般若心經三萬卷一。以奉レ謝二神心一消二伏兵疫一。」	『三代実録』巻十二
貞観九年八月六日	867	「大宰府言。肥後國阿蘇郡正二位勲五等健磐龍命神。正四位下姫神所レ居山嶺。去五月十一日夜。奇光照耀。十二日朝震動乃崩。廣五十許丈。長二百五十許丈。」	『三代実録』巻十四
貞観十年閏十二月二十一日	868	「授二肥後國従四位上阿蘇比咩神正四位下一。」	『三代実録』巻十五
貞観十五年四月五日	873	「授〈中略〉肥後國正四位下阿蘇比咩神正四位上。」	『三代実録』巻二十三
貞観十七年十二月二十七日	875	「授二肥後國正四位上阿蘇比咩神従三位一。」	『三代実録』巻二十七
寛平四年二月二十日	892	「授二肥後國阿蘇郡従三位健磐龍命比咩神封戸五烟一。」	『日本紀略』前篇二十

た時代の一般の人びとはこの古代の信仰にリアリティを感じることは少なかった。社会全体で防災への意識が高まるなか、美しい景観を破壊し、生命と財産を奪う自然災害を目の当たりにすることで、阿蘇の自然を再び畏怖し、同社の信仰が火山を基盤として展開したとする語り口が徐々に強まってくる。

　さらに近年では、太刀や綸旨の複製物の奉納のように、従来の阿蘇神社の信仰とは異なる文脈からも関心をもたれるようになり、信仰圏は脱地域化している。インターネットを通して個人単位で阿蘇神社の情報を得て、個人的関心から寄付をする。同社の災害復興は、インターネット社会やグローバル化といった二十一世紀型社会のなかで進んでおり、地元の氏子に加えて遠方の崇敬者からの期待にも応じることが求められている。

　こうしたことから、阿蘇神社の造営や復興を考えるうえで寄進者への着目は重要である。重要文化財の建造物群は幕末の熊本藩による寄進であるし、拝殿などは戦前の神祇院の整備計画によるものであった。戦後の造営は氏子崇敬者からの奉賛金によるものである。そして近年の復興事業は、文化財行政による補助と企業や民間からの寄付金に頼っている。つまり、幕末から現代にかけて、神社経済を支えるおもな担い手が変わってきているのである。そのため阿蘇神社の信仰と祭りの社会的意義は、同時代の担い手の関心に沿って意味づけられ、国土開闢（開拓神）—豊穣（農耕神）—鎮災・復興（火山神）へと移ろいでいる。

　地元の氏子は地域社会の祭りとして担い続ける一方で、様々な文脈から阿蘇神社の御神徳が語られていく。災害復興に関する研究においては、被災者である地元の人びとの活動に関心が集まるが、実際には地域社会を取り巻いていた様々な取り組みが災害を契機に顕在化し加速化している現状も見逃してはならない。

結論

神社祭祀はどのように伝承されてゆくか——社会生活の変遷のなかで

はじめに――神社祭祀伝承の解明に向けて

本書の研究目的は、人びとの社会生活上の関心がどのように神社祭祀に仮託されてきたのかを説くことであり、序論では民俗誌という記述方法を採ること、その際に倫理的規範という人間関係を維持するための規制力に着目することを述べた。そして本論では、阿蘇神社と地域社会との関係史を近現代の各局面において分析した。この結論では、本論の民俗誌的分析からみえてくる、近現代における地方大社の伝承の構図を論じることにする。

まずは本論各章の内容を振り返って全体の流れを確認しておく。「阿蘇」の範囲は各時代の政治経済的背景のもと恣意的に描かれてきたものであり、阿蘇神社の主要祭祀や祭祀構成も神社を支える主体の交替によって変わってきた。明治初期、西南戦争中に発生した農民一揆では、阿蘇神社はいまだ地域社会で前近代的権威を保持して民衆を説諭する立場にあり、その後、阿蘇家は華族、官幣大社の宮司という近代的権威を体現する身分や立場から地元住民と接しつつ祭祀に当たっていた。しかし、戦後の華族制度と国家神道の廃止を受けて状況は一変し、地元の要望に寄り添った神社運営に方針転換せざるを得なくなり、地元に居住する社家たちも氏子との不断の交流を通して在地の論理に従いながら神社に奉仕した。氏子は地域社会の人間関係や地域固有の歴史的背景にもとづく具体的経験を通して祭祀を担い、その点において阿蘇神社は地域社会の象徴として崇敬を集めてきた。ただし、近年の阿蘇神社は熊本地震からの復興において地域社会外部の崇敬者から多大な支援を受けたことで、インターネットを活用した教化・広報活動など、グローバルネットワークを見据えた運営を検討し始めるようになり、新たな動向が現れつつある。

このように、阿蘇神社を支えてきた主体は藩、国家、地域社会、グローバルネットワークへと移り変わり、祭祀はそれぞれの主体の論理に従って催行されてきた。以下では、この過程から窺える神社祭祀の伝承の構図を論じていく。

第一節　生活環境と神社祭祀の関係史

（一）自然環境と神話の連想

阿蘇谷は阿蘇カルデラ火口原の盆地であり、大雨が降ると周囲の外輪山から雨水とともに火山灰土が押し流されてカルデラを貫流する黒川が氾濫するという、洪水常襲地域であった。阿蘇神社の主祭神健磐龍命《たけいわたつのみこと》が活躍する阿蘇開闢神話はこのような地形特性と自然現象を舞台に語られてきた。

開闢神話によると、健磐龍命は外輪山を蹴破って阿蘇谷に湛える水を抜いたところ、鹿などの動物たちも一緒に流れ落ち、その場所が数鹿流《すがる》ヶ滝であるという（写真8―1）。ここは北外輪山と南外輪山の切れ目にあたる深い谷になっていて、平成二十八年の熊本地震では大規模な土砂崩れが発生し、阿蘇谷と南郷谷に架かる阿蘇大橋が崩落したうえ、谷を堰き止めた土砂によって荒々しい流路が現れた（写真8―2）。おそらくここは昔から崩落が繰り返されて外輪山が切り崩されてきたのであろう。大規模崩落の頻発地点は開闢神話の重要な舞台として語られている。阿蘇谷に人びとが暮らせるようになった契機は大量の水と土砂が吐き出されたことであり、自然災害はしばしば開闢神話を想起させる。

また、地元に伝わる話によると、健磐龍命が外輪山を蹴破った際、なかなか水が抜けないので調べたところ、湖底に湖の主の大鯰が留まっていることがわかり、健磐龍命に退治されて大量の水とともに黒川を下っていったが、上益城郡嘉島町の鯰という地名はこの大鯰が流れ着いた場所であるという（第一章、図1―2参照）。昭和二十八年の熊本大水害では阿蘇の泥流が熊本市内に流れ込んで大惨事を引き起こしたが（『熊本日日新聞』昭和二十九年六月二十六日朝刊二面）、このときの状況も開闢神話の水抜きの話を連想させるものがある。

このことは地元紙のコラム欄でもしばしば触れられていることから（『熊本日日新聞』昭和三十七年八月二十日朝刊六面、同平成二十八年十月九日朝刊一面）、少なくとも近現代の阿蘇地域周辺では自然災害を神々の物語に仮託して語ろうとする認識枠組みの存在を指摘できる[1]。

写真 8–1　数鹿流ヶ滝
（2009 年 3 月 18 日、筆者撮影）

写真 8–2　土砂崩れ後の黒川
（2021 年 3 月 31 日、筆者撮影）

（二）自然環境に対する社会的関心の変遷

平成二十四年の九州北部豪雨発生以前のことであるが、筆者は調査地の人びととの会話のなかで、最近の土石流の発生原因を外輪山麓のスギとヒノキの植林に求める声をよく聞いた。それによると、これらの樹木の根は浅く張るので大雨が降ると根こそぎ倒れてしまい、これが平成二年の七・二大水害を引き起こしたということであった。そして、この解釈は平成二十四年の大水害の発生によってさらに信憑性が高まった。

この語りでは、災害発生の要因を木材需要増大に伴う植林面積の拡大という産業構造と自然環境の変化に求めている。しかしながら、昭和三十年代以前の水害に関する新聞報道では、大雨によって火山灰土の表土が大量に流出してしまい、それが河床を埋めて大洪水を引き起こしたと語られていた〔『熊本日日新聞』昭和二十二年七月二十三日二面、同年八月二十六日二面、昭和二十四年七月七日二面、昭和二十六年一月二十四日朝刊四面、昭和三十七年八月二十日朝刊六面など〕。当時、外輪山内壁は米の増収を求めて堆肥・緑肥用の採草地および牧草地として利用されていた。阿蘇の自然景観は近現代という短い期間でみてもその利用目的と利用方法は変遷しており〔川島 一九五八、熊本大学教育学部日本史研究室 一九九九、同 二〇〇二〕、そこに災害の原因が求められている。そして、災害とは一体「何に対する害なのか」という評価も時代によって異なり、それによって災害復興の目的や方針にも違いが現れる。

第七章で述べたように、災害対策は各種の行政計画に沿って進められるが、国が主導する国土開発計画は特に重要である。戦後日本の国土開発は「国土総合開発法」〔昭和二十五年五月二十六日法律第二百五号〕に基づいて作成された、五次にわたる「全国総合開発計画」〔昭和三十七～平成二十七〕の方針に沿って進められた。とりわけ同法施行当初は内閣総理大臣指定区域での「特定地域開発計画」の作成に重点が置かれ、その対象地の一つである阿蘇地域でも『阿蘇特定地域総合開発計画書』が策定され、地元の資源開発を通して食料増産が図られた[2]。

昭和戦後期の災害対策はあくまでも地域資源開発による産業振興を主目的とする開発計画の一環として進められたものであった。しかし、それから半世紀が過ぎ、日本社会は食料増産が国家的課題だった時代から自然環境の保全とその持続可能な利用による産業振興が求められる時代へと移り、「国土総合開発法」も平成十七年には「国土形成計画法」へと抜本改正されて法律名称から「開発」の文言が消え、方針も「国土の利用、整備及び保全」（同法第一条）へと変わった。こうした社会情勢に沿うように、自然災害に対する新聞報道も、戦前には耕地と農産物の被害状況を詳しく報じていたが、現在では被災者の安否情報と生活情報を主としつつ、地域のシンボルとなる建造物や美観の喪失にも触れている〔『熊本日日新聞』平成二十八年四月十六日以降、熊日出版編 二〇一二 口絵〕。つまり、自然災害とそこからの復興に対する期待や評価、すなわち自然環境への社会的関心が変わってきているのである。

また、阿蘇地域の象徴ともいえる阿蘇山に対する社会的関心も宗教、観光業、防災へと変化している。昭和以前、春秋の彼岸や男子の成年時には阿蘇参りという登拝の習慣がみられたこともあって、阿蘇山は宗教的な文脈で語られることが多かった。例えば、火口への投身自殺者が現れるたびに阿蘇神社の神職が死穢に対するお祓いをしたとの報道はその典型である〔『九州新聞』大正八年五月二十九日五面〕。それが昭和に入ると、阿蘇国立公園の指定を目指すなかで噴火は見学の絶好の機会と捉えられ、観光業者をはじめ地元有志の期待は大いに高まった〔黒田 二〇一二 五五〜六二、『九州新聞』昭和八年三月七日朝刊五面〕。その風潮は戦後も続き、例えば昭和三十年の噴火では観光客とともに新聞記者も火口底に降り立ってその様子を報道し〔『熊本日日新聞』昭和三十年七月二十七日朝刊五面〕、同三十三年の噴火では死者が発生しても数日後には立ち入り可能区域までバス路線が再開されていた〔『熊本日日新聞』昭和三十三年六月二十八日朝刊五面〕。

またこの時代、旧阿蘇町は阿蘇山頂で観光客から入園料を徴収したため国から提訴されている。この裁判では、近世まで阿蘇神社と西巌殿寺の社寺境外地であった火口周辺の土地が、社寺領上知令（明治四年正月五日太政官布告）によっていったん官有地に帰属した後、国有土地森林原野下戻法（明治三十二年法律第九九号）によって町村に払い下られたものかどうかをめぐって争われた。そして、火口周辺の土地は荒蕪地、つまり当時は経済的価値がなかった点において払い下げ対象地であったとは認められず、ゆえに国有地であると判断された『判例時報』三九九　八～二〇[3]。

このように、阿蘇山に対する眼差しは昭和以降になると信仰対象から観光資源へと移っていった。しかし、昭和五十四年の噴火で死者が発生すると観光重視の姿勢が問題視され始め『熊本日日新聞』昭和五十四年九月七日朝刊一四面）、近年では人命が最優先され、気象庁発表の噴火警戒レベルに応じて火口付近の立ち入り規制が速やかに設定されるようになり、経済よりも防災に意識が向けられている『熊本日日新聞』平成二十八年十月九日朝刊一面）。

筆者の調査経験では、台風や豪雨に見舞われると地元の人びとは農作物の状況を心配し、家の前の畑の様子を見に行くこともしばしばみられた。専業農家が大勢を占めていた戦前生まれ、とりわけ大正生まれの人たちにとっては、もちろん人命を軽視しているわけではなかったが、農業は生活上の最優先の関心事であった。彼ら／彼女らが働き盛りの年代だった昭和戦後期は、近代の地主―小作関係からようやく解放され、収穫量の増加が生活の安定と質の向上に直接結びついていた時代であった[4]。

本論で論じてきたように、阿蘇地域の人びとは自然環境に対して宗教的、経済的、防災的関心を寄せてきたのであり、各時代の必要に応じてそのいずれかを優先させてきたのである。

（三）社会と祭祀の関係

自然環境への関心が時代によって異なるように、神社を支える主体およびその宗教的関心も決して固定的なものではなかった。

明治以前は神仏習合状態であり、藩から安堵された所領（黒印地）は阿蘇家と阿蘇神社と西巌殿寺に三分される状態であった。神霊地とされた火口近くには上宮の山上神社と阿蘇修験（西巌殿寺）がそれぞれ儀礼を行い、豊穣祈願と鎮災祈禱という宗教的役割が分担されていた。しかし、明治初年の神仏分離によって修験が廃止されると儀礼の鎮災部分が衰退し、存続できたいくつかの坊では農家の牛馬信仰に活動を求めざるを得なかった〔広木 一九六五 七四〕。これによって神社側の国土開闢と農耕部分の祭祀が残るかたちとなったが、近年の防災意識の高まりを受けて阿蘇神社祭祀の言説に鎮災的な部分がみられるようになった。一方、寺院側では、観光業者と連携し、火口への信仰を軸とした観光ルート開発の取り組みが報道されたが（『熊本日日新聞』平成三十年五月三十一日十五面）、宗教と観光の結びつきが成功するかどうかはともかく、このような取り組みが見られ始めたことは、神社と寺院を取り巻く社会環境に変化が現れた証左といえる。

さて、明治以降の神社の動向に着目すると、本論の事例でみてきたように、「阿蘇」に関するテキストの書き手と読み手の変化（第一章）、維新直後の社会変革や現代の少子高齢化による祭事の担い手の変化（第二章）、明治初期における士族と平民との感情的対立（第三章）、阿蘇家と地域社会との付き合い方の変化（第四章）、神職の世代交代とムラ人との協力関係の構築（第五章）、水資源の利用実態に基づく水神札頒布による信仰圏拡大の試み（第六章）、インターネットを介した阿蘇神社への支援者の登場（第七章）など、近現代という時間幅でみても神社を取り巻く人間関係には変化がみられたことを指摘できる。

このように様々に変化する社会環境のもと、神社運営を支える主体の交替は祭祀への評価を変えていく。明治以前は藩主、明治以降は国家、昭和戦後期は地元住民（農家）のための祭りへというように願主と祭祀目的の重点が変わってきており、近年は自然災害に関心をもつ国内外の人びとの存在が意識され始めている。阿蘇神社の

写真 8–3　火口鎮祭
（2023 年 6 月 10 日、筆者撮影）

主要祭祀の多くは中世以来行われてきた史実があるものの、近代以降の祭祀の志向性は次のように各時代の社会的関心によって移り変わっている。

明治期～昭和戦前期―国家祭祀・開拓神的・地域社会の近代化を目指す人びとの集団的展開

昭和戦後期～平成期―農耕祭事・農耕神的・農業に関心をもつ人びとの地域的展開

平成中期～令和初期―鎮祭・火山神的・自然への畏敬の念を共有する人びとによるインターネットを通した個人的かつグローバルな展開

本論でみたように、日常の人間関係は戦争や自然災害という生命・財産に関わる非日常の出来事に直面して意識化され、祭りも危機を乗り越えるための新たなかたちを模索するなかで改めて神話や故実が語られ、国土開闢、稲作開始、火山活動という部分が強調されながらその本義が振り返られていく（写真8―3）。このような過程を経て祭祀はあたかも神代から定められていたかのように表象される。

特に熊本地震以降、阿蘇神社祭祀は稲作儀礼というよりも厳しい自然とともに暮らしてきた人びとの祈りという言説が目立つようになってきている。そして、祭祀の担い手も専業農家が減って兼業農家や会社員が増え、さらに地域社会外部からの崇敬者がやってきている。新たな崇敬者はインターネット上で祭りの魅力を発信し、それがさらに外部の人びとに共有されていく時代になりつつある。

神社祭祀の方向性は、神社運営を支える主要な担い手に影響され、政治経済的背景を基づく社会関係の力学が働いている。彼らは阿蘇地域の歴史や社会の実態を踏まえながらも、それぞれの立場や関心から祭祀の方向性を求めていくが、どのような方向性にしても歴史ある古代律令制以来の官社には相応の歴史的根拠が見つかるものなので、祭祀の正統性に疑義は生じない。

第二節　神社祭祀伝承の民俗的論理

(一)　神社祭祀伝承の構図

阿蘇神社は、古代には律令制下の地方官社として国の崇敬を受け、中世には荘園領主として独自の動きをとり、近世には熊本藩から所領を安堵されたように、当社の社会的地位と経済的基盤は各時代の政治体制に依存してきた。したがって、政治的、経済的な後ろ盾の社会的性格によって同社の祭祀の志向や構成は変わってきた。

留意すべきは、神社神道の祭祀とは神霊を招いて祈願や感謝を奉告する神事の部分(祭儀)と、祭神の渡御に与って神徳を戴く神賑・奉祝行事の部分(祝祭)から構成されることである。世俗的機能としては、前者が社会秩序の確認であるのに対して後者はその破壊を通した活性化である(薗田 一九九〇 五八~六二、真弓 一九九二 一一九、などを参照)。神事の担い手である神職は、神社の後ろ盾となる社会的権威の意向に沿って祭祀に当ってきたが、そ

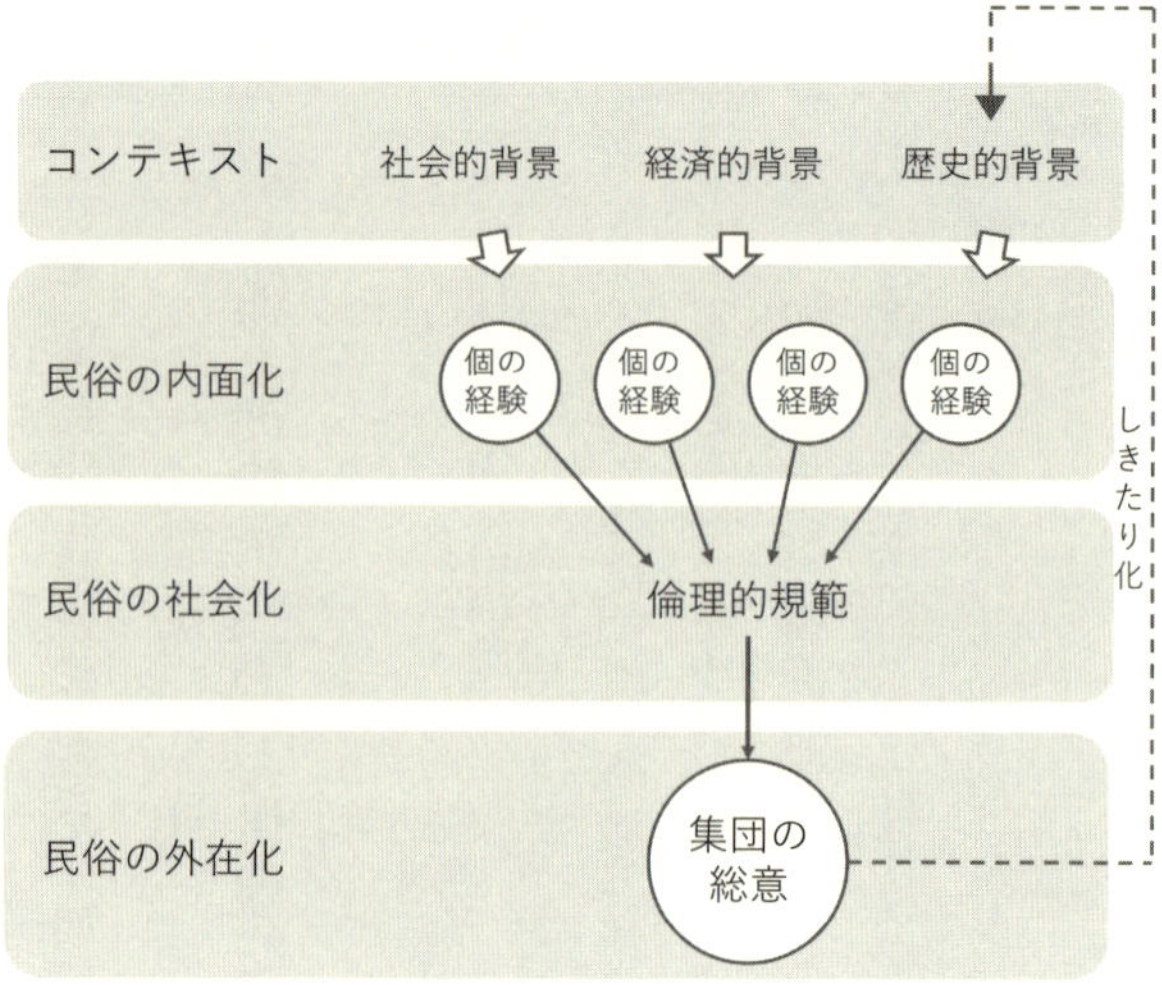

図 8–1　地域社会における伝承の模式図

れに対して神賑・奉祝行事のおもな担い手である氏子崇敬者や見物人は、彼ら／彼女らの日常生活上の社会的関心に沿って祭祀に与ってきた。つまり、神社祭祀に対する神職の志向と地域社会の人びとの志向は必ずしも合致してきたわけではない。両者の志向の接近は戦後の神社を取り巻く社会環境の変化がもたらしたものである。この動向は戦後に国家の後ろ盾を失った全国の旧官国幣社にも敷衍できると考えられるが、地域社会の志向の内実はその地域の個性（歴史、政治、経済、自然環境など）が反映される。

本論第五章と第六章で論じたように、阿蘇谷に暮らす人びとの神社祭祀に対する認識は、神道神学的な思想とも神社の故実とも異なる、彼ら／彼女らの生活のなかで培われた民俗的論理といえる。その論理が地元の人びとのあいだで共有され、伝承として成立する仕組みは図8—1の図式で捉えられる。眼前の事象は、当該社会の社会的・経済的・歴史的背景の影響を受け（コンテキスト）、個々人のあいだで意味付けられ（内面化）、人びとのあいだで意味内容が調整され（社会化）、具体的なかたちとなって姿を現す（外在化）、という段階を経る。個々人は地域社会の社会的・経済的・歴史的背景のなかで多様な経験を積みながら、ともに暮らす人びととの不断の人間関係を通してお互いの経験を付き合わせて総意を形成させていく。総意を形成する際には、法制度や経済合理性の観点から複数ある意見のうちのどれか一つを採択するのではなく、当該社会の暗默の了解事項に基づいてそれらを一つにまとめていく。暗黙の了解事項とは、個々人の経験の共有部分を指し、寄合などでその部分が明らかにされると総意としてまとまる。暗黙の了解事項を踏まえない行動や言動は無視され、そうした態度を取り続ける者に対しては有形無形の制裁が加えられるから、人びとは他者との関係を踏まえて行動する。つまり、ここに序論で論じた伝承の倫理的規範性が認められるのであり、その具体的様相は本論で指摘したように各々の社会的関心の形成を通じて把握される。従来の民俗学的研究ではコンテキスト、民俗の内面化、民俗の外在化の領域について調査研究が進められてきたが、本研究では内面化と外在化のあいだにある民俗の社会化という段階に焦点を当てて、四段階の循環を一連の伝承過程として分析してきたわけである。

さて、宮司には宮司の、社家には社家の、氏子たちには氏子たちの固有の経験があるように、地域社会の歴史には社会的立場や年齢、ジェンダーなど様々な位相のものが混在し、その時々の都合や関心ならびに人間関係に基づいてそれらが調整され、総意が形成される。そして、形成された総意はしきたりと化し、再び彼ら／彼女らの歴史的背景となって今後のあり方を規定していく一つの要因となる。このような循環構造のなかで形成された総意は、様々な社会的・経済的・歴史的背景を負っているものだけに重層的である。したがって、現在の神社祭祀を規定する社会的・経済的・歴史的背景とは、古代・中世・近世・近代といった特定の時代に措定できるものではなく、時代区分を越えた重層的なものとして現われてくる。

つまり、阿蘇神社祭祀が農耕祭祀として語られたり鎮災の祭りとして語られたりなど複数の説明がみられる理由は、こうした民俗的論理に拠るものである。

（二）「伝承の場」で求められる経験知

神社祭祀の担い手たちは過去の体験を参照し、ことあるごとに祭祀を解釈し直し、実際の生活に合わせて伝承させていく。例えば、阿蘇神社の春祭、御田祭、田実祭には大勢の地元の農家が参拝に訪れるため、かつては農具市が立って参道は賑わいをみせたが、こうした様子から地元の人びとはこれらの祭りを農耕の折り目に行われる農耕祭祀として認識してきた。地元の青年は祖父母や親の後ろ姿をみながら祭りを続けているから、伝承とは知識というよりも経験の世界である。

ただし、地元住民の考え方や意識は同時代の外部社会の人びとのそれらと別個に存在しているわけではない。地域社会も神社も人的交流や経済面において外部社会に依存している側面がある。さらには行政の論理も介在し、それに従って活動せざるを得ない現実がある。神社の復興にも様々な思惑が寄せられ、それらは神社の故実や伝統の維持に繋がるように調整されている。

一方、地域社会内部に視点を向けるとジェンダーと年齢（世代）の問題も見逃すことはできない。筆者の調査において何かと世話をしてくれた高齢の女性たちは、祭りのうち女性担当箇所には詳しいが、全体像の説明は不慣れであり、年配男性の方が説明上手であった。したがって、筆者は高齢女性たちから祭りの様子を頻繁に尋ねられ、答えるたびに彼女たちは祭りの意外な一面を知って驚いたり感心したりしていた。このことは青年・壮年男性についても同様であり、彼らは祭りの女性担当箇所や年配者担当箇所についてはよく知らない。だからこそ、筆者が時間をかけて方々を回って調査することに対して周囲から不思議に思われることはなかったし、むしろ好意的な眼差しを向けられることが多かった。阿蘇地域の神社祭祀の言説にはジェンダーと年齢（世代）といった社会関係のバイアスが刷り込まれており、そのことは地元住民も薄々感じていることでもあったから、調査地に対する筆者の研究意義とは、神社祭祀をめぐる解釈の多様性を可視化していくことにあったといえる(6)。

しかし、地元の人びとが今後の祭りのあり方を話し合う際には筆者のいわゆる客観的（学術的）知識が求められることはない。祭りの伝承にとって何より重要なことは知識ではなく経験であり、各々の経験が祭りに反映されることである。筆者が方々で聞き書きし観察して集積した知識は、メンバーシップの具体的経験をもとに倫理的規範を通して昇華される社会的関心とは質的に異なるものなので、祭祀の伝承に対する実質的な役割は果たせないのである。

こうした構図のもと、日々の暮らしのなかで個人の経験を擦り寄せあって共有された社会的関心は神社祭祀というかたちをとって物象化され、そして改めて祭祀の目的を語り合うことで社会的関心が再確認されていく。

(三) 倫理的規範の物象化としての神社祭祀

神社祭祀は、それに関わる人びとの認識と解釈が交錯する場であり、その意義はそれらが倫理的規範によって重層的にまとめられて形成されることにある。

阿蘇神社に対する各人の経験や関心が重層的に現われてくる典型例として同社の楼門が挙げられる。楼門を含む阿蘇神社の国指定重要文化財の六棟は、天保六年(一八三五)から嘉永三年(一八五〇)にかけて熊本藩の寄進によって再建され、平成二十八年の熊本地震によって倒壊、損壊した、近現代の阿蘇地域を象徴する建造物と見なされている。しかし、その象徴性は各時代と立場によって異なっている。

中世の阿蘇神社は荘園領主として勢力を誇っていたが、戦国期に衰退して天文二十三年(一五五四)以来社殿造営が叶わずにいた。したがって幕末の楼門を含む六棟の造営は、当時の阿蘇家と阿蘇神社にとってみれば三〇〇年を経て復興した社殿群であった(『阿蘇家伝』巻六　六〇丁)。造営自体は熊本藩の寄進を受けた近世的権威の象徴であったが、近代に入ると、中世阿蘇社が南朝方に付いた功績から近代の南朝史観のなかで同社の中世的権威が取り戻された。本論第一章でみたように、近代のテキストには中世阿蘇家の活躍が紹介され、惟友宮司も戦後直後の難局を中世の栄枯盛衰の歴史に投影しながら社務に当たっていた。一方、地元住民は楼門に中世の威光を感じるというよりも、稲作と暮らしの無事を見守る氏神様のシンボルとみなした。つまり、農家にとってみれば、楼門とは自分たちの文化そのものであって、自分たちの身代わりとなって倒壊したのであるから、その復旧こそ地域社会の復興であると捉えている。このように、楼門の造営や復興の意義は阿蘇地域の社会関係の歴史が重層的に反映されているのである。

各章では、人びとの不断の人間関係のなかから落としどころを探し、その根拠となる過去の出来事を想起し、歴史意識を共有していく様相をみてきた。グローバル化、インターネット社会といった人間関係の広がりを受けた現在、より人類に普遍的な価値観を地域の自然や歴史から探していくことになろう。それが自然災害への祈りであったり持続可能な自然環境の利活用であったりする。そして、人びとの行動原理は神話を通して説明されていく。したがって、社会的関心の基盤となる人と人との社会経済的関係は、あたかも自然と神との関係の物語として、悠久の時代から続くようなものとして私たちの眼前に立ち現れてくる。阿蘇神社祭祀は各時代の社会的関心にしたがって開拓神、農耕神、火山神へと物象化し、社会的コンテキストに応じて複合的に表象されてきたのである。

各時代において神社を支えた自然環境と社会環境の歴史について、人びとは具体的経験を通して共通の関心を形成し、それが社会規範となって行動を規制していくが、このとき社会規範は神話や祭祀の本義という言説で流布し、共通の関心を祈念する祭祀が催行されていくのである。

おわりに――社会規範から神観念へ

結論では、本論で描いた地域社会と地方大社との関係性を整理し、人びとの繋がりは時代によって変わっていくこと、それぞれの社会生活上の関心が開拓・治水、農業振興、防災へと移り変わってきたとともに、それら共通の関心が各時代の個々人の行動を一定の方向に促す社会規範として作用していたこと、さらにその規範意識は阿蘇神社祭神に仮託され開拓神、農耕神、火山神の御神徳として物象化されてきたことを指摘した。こうして近現代の地方大社の動向をみていくことで、人びとの不断の人間関係に基づきながら身の回りの自然環境と社会環境の総体が「歴史」や「伝統」として意味づけられ、それが社会規範として作用して再び人びとの行動と言動を方向づけることを論じた。

日本社会に暮らす私たちは一律で同じ位相で暮らしているわけではない。時代により、また様々な立場の人びとが関わり合いながら生活している。豊かで安心できる暮らしを送るため、人びとはその都度円滑な人間関係を築くための態度をとり、それは神社祭祀という場において典型的に表出されている。この構図は阿蘇だけではなく、他の地域でも同じことが指摘できよう。地域によって人間関係に影響を与えた主な要件が政治体制の変化であったり産業構造の変化であったりするであろうが、神社祭祀にもその影響が直接的にみられることであろう。

所与の自然環境や社会環境のもとで当事者たちが周囲の人びととの関係に気遣いながら物事を決め、それがあたかも神々と自然との交渉の結果として定められているかのような物語が作られることによって、その選択結果に歴史的正統性が与えられていく。したがって、神社祭祀とは万古不易の伝統や信仰の何ものかが顕在化する場というよりも、あくまで世のあり方を神々と自然との交渉の物語に仮託して表現する局地的かつ時代的展開の場である。社会の変遷とともに祭祀のあり方も変化していくから、神社祭祀とは各時代の人びとの社会的関心を表出し続ける場である。本書は、自然環境や社会環境のもと、当事者が周囲の人間関係に基づきながら物事を決め、行動してきた近現代一五〇年間の阿蘇地域の歴史について、神社を通して描いたのである。

以上、本書は民俗誌という民俗学的方法に倫理的規範という新たな視点を導入して神社祭祀を分析することによって、その変遷と創発性の具体相を記述し、従来の神社祭祀研究では十分に検討されてこなかった社会生活上の関心と神社祭祀との関係史から社会規範の内容と神観念の変遷を論じたのであった。

註

序論　民俗学と神道

（1）なお、祭祀分類は場所を基準にするか目的を基準にするかによって多少の違いがみられ、皇室祭祀と神宮祭祀をまとめて朝廷祭祀としたり、敢えて国家祭祀を立項しなかったりする例もあるが、いずれも民間祭祀を立項していることは共通している。

（2）修士課程神道学専攻の民俗学・宗教学関連開講科目には、折口信夫の「理論神道学特殊研究」、堀一郎の「宗教史特殊研究」、岸本英夫の「宗教学特殊研究」があった。博士課程後期の開学は昭和三十三年（一九五八）のことで、このとき折口はすでに他界していたが、柳田は後期課程でも引き続き「神道理論」を担当した（國學院大學校史資料課編　一九九四　一一六九）。

（3）神道指令とは、昭和二十年十二月十五日連合国軍最高司令官総司令部発日本政府宛覚書「国家神道、神社神道に対する政府の保証、支援、保全、監督並に弘布の廃止に関する件」（原文：ABOLITION OF GOVERNMENTAL SPONSORSHIP, SUPPORT, PERPETUATION, CONTROL AND DISSEMINATION OF STATE SHINTO (KOKKA SHINTO, JINJA SHINTO)）の通称である。これに基づき戦前の神社関連法令を廃止する旨の法令が次々と出された。一方、戦前の宗教関係法令の廃止にともない新たに「宗教法人令」が発布され（昭和二十年十二月二十八日勅令第七一八号、勅令第七一九号）、神社明細帳記載中の神社は各々宗教法人として看做されることになった（昭和二十一年二月二日勅令第七〇号）。

（4）『日本文化研究所紀要』に掲載された坪井（郷田）洋文、伊藤幹治の諸論文は、のちに『イモと日本人　民俗文化論の課題』（坪井　一九七九）や『稲作儀礼の研究　日琉同祖論の再検討』（伊藤　一九七四）として結実した。両書は純然たる神道研究の書ではないが、神道学者と民俗学者が接触する研究環境のなかから生み出されたものである。

（5）なお、河野は國學院大學教授であり、昭和十年（一九三五）四月から同十七年（一九四二）二月まで國學院大學学長を務めたが、昭和二十一年三月までには國學院大学の職を辞任し、二十三年には公職追放指定を受ける。昭和二十七年六月に同大名誉教授および大学院講師に復帰する。また、宮地直一、小野祖教なども辞任もしくは教職追放となり、関連著書も没収処分となっていた（國

學院大學校史資料課編 一九九四 一〇二六〜一〇二七、神社新報社編 二〇一六 五五〜五七〕。

(6) 「天子非即神論」とは、昭和天皇が天皇の神性を否定した通称「人間宣言」(昭和二十一年一月一日詔書)を受け、「天子」や「現御神《あきつみかみ》」等の古代の用例からこれを追認した学説〔折口 一九九六a(一九四七)二四八〜二五五〕。「神道宗教化論」とは、理論化・体系化した「宗教」としての神道の課題を指摘した学説〔折口 一九九六c(一九四七)二八六〜三〇三〕。

(7) 当時國學院大學の学生であった伊藤幹治は、折口と門下生は濃密な師弟関係を結び、「折口学説の師弟継承が不文律になっていた」と回想する〔伊藤 二〇一一 三六〕。そして、柳田は講義中、その学内状況を暗に批判し、「学問というものは、師弟関係の道徳的拘束からはなれて、事実を自由に観察すること」の必要性を力説したという〔同 三六〕。

また、当時國學院大學理事の千家尊宣《せんげたかのぶ》は、折口の発言を受けて神職養成の将来を危惧し、学内に神道研修部(現、神道研修事務部)を設置したという〔千家 一九六八 二〇二〜二〇七〕。

(8) 一例として、岡田莊司は折口が「大嘗祭の本義」で指摘した「真床覆衾《まどこおふすま》」の説を根拠がないとして退けている〔岡田 一九九〇〕。

(9) なお、平井は桜井徳太郎の次の解説を参照している。「要するに民俗神道は、教理や教説ではなくて、日本民族の伝統(伝承)生活のなかで展開するカミ(民俗神、民間信仰神)祭りであり、それを通して顕現する信仰だといえよう。したがって、この神祭りは皇室祭祀や中央の名社・霊社の祭儀においてもみられないことはないけれど、より多くは地方の地域神社、地域住民が主体となって運営する民間小祠の祭祀儀礼に典型的にあらわれ、また地域共同体の歳時行事や人生(通過)儀礼に具象化している。」〔桜井 一九七九 二二〕

(10) 民俗学では「村落」、「ムラ」、「村」、「集落」といった数種類もの用語が使われている。本書では福田の定義等を参考にしながら便宜上次の意味で使用している〔福田 一九八二 三二一〜三四四、二〇〇六 三一〜一七〕。

村落―人びとが互いに面識関係があり、生活と生産のさまざまな互助関係を形成し、さらに地域として共同することで各家の生活・生産の条件を維持発展させる地域社会を指す抽象的用語。

ムラ―生活維持のため自律的に形成し、民俗を生成・伝承させてきた社会集団を指す用語であり、そこに住む人びとが日常生活のなかで自らの生活圏を指す民俗語彙。

村―日本歴史上、各時代の統治者が設定した支配単位または行政単位。

集落―家屋が集合分布していて空間的に他と区別されて一つの地域になっているという形態を把握する用語。

もちろん、実態としては上記四つの用語すべてに当てはまる場合もある。

（11）個人に着目する研究には二種類あって、一つは人の生き方（行動と言動）自体を記述し分析する立場と〔門田・室井編 二〇一四など〕、もう一つは個人を民俗の容器と看做してその内面にある民俗の析出を試みる立場がある〔徳丸 二〇一三 一五～三二など〕。前者の研究方法は観察を重視し、現象の多面的把握を通して伝承の諸条件を提示するのに対して、後者の場合は聞き書きを通して話者の主観の理解に注力するといった傾向がある。

（12）その一例を挙げてみよう。福田は関東地方と近畿地方の村落祭祀組織の違いを番と衆という用語で端的に表わし、構成員選出基準（＝規制のあり方）の違いをイエと個人に求めた。そして、この番と衆の原理は村落景観や儀礼のあり方の違いとなって表われていることを指摘し、最後にこの村落制度の違いを両地方における村落の歴史的展開過程に求めている〔福田 一九九七〕。特に番の原理の方は南関東の二村落の分析から、近世前期の田畑の均等分割によってフラットな社会関係が形成され、それが組や地親類として現在まで続いて民俗のあり方を規制していることを明らかにしている〔福田 二〇〇二 一五七～三〇一〕。これら一連の研究は民俗形成過程に関する社会構造的ないし歴史的アプローチとして注目すべき論を提示している。

しかし、民俗を支える規制力とは何かという点からみた場合、すべてを社会構造に還元して説明するのみで、社会構造を作り上げていく人びとの具体的な活動内容とその動機を不問のままにしている。

（13）和歌森著『日本民俗学概説』は民俗学最初の概説書といわれ、民俗学の目的を民俗史学と定義し、村落の型によって民俗事象の歴史的変遷を把握する方法を提示した〔和歌森 一九八一（一九四七）〕。しかし、この見解は関敬吾ら民俗学研究所内の批判もあって〔民間伝承の会編 一九四八 三七、関 一九四九a 一五～二一、一九四九b 三九～四八など〕、その後の『日本民俗学』、『新版日本民俗学』の概説書では日本人の心性の把握を民俗学の目的に掲げて重出立証法を重点的に解説するなど、当時の民俗学界の落としどころの見解を著して柳田以後の民俗学の体系化に寄与した〔和歌森 一九五三、一九七〇〕。岩本通弥は民俗学界の現状を批判するなかで和歌森に触れている。それによると、和歌森の一連の研究は、①民俗学の目的を「日本人のエトノス（民族性）やフォルクストゥーム（民族体）」の解明に置き、②伝承を「集団性・類型性・規範性・反復性」をもつものとして捉えることで「民俗」とは変わりにくいものであるとの認識を後進に与え、③そのため新しい習俗の発生は都市からのノイズとして排除し、結果として「村落の民俗」の研究が中心となり、④さらに「民俗」を実年代に位置づけるため時代区分に応じて類型化することで「民俗」を「型」として把握させていった。以上四点によって、今日の民俗学は民俗の変遷を描けず、また都市研究を遅らせている状況に陥っているというものである〔岩本 二〇〇六 二五〜九八〕。

(14) 和歌森の文中に「しきたり」との表現があるが、この語についての説明はない。ただ注意すべきは、伝承を支える倫理的規範性とは、小嶋博巳が指摘するように人びとのあいだでは「言い伝え」、「しきたり」という民俗語彙で具体的に表わされていることである〔小嶋 一九九三 一一〜一四〕。

(15) 民俗を「型」として捉える認識は資料採集・資料分類という点で一般的であった。例えば、民俗学の方法といわれた重出立証法は類型(「型」)の比較によって成り立つ方法で、それは「同種の伝承と考えられる数多くの資料が集まったら、それを若干の類型に分け、それぞれ要素に分析」し、「本質的要素」と「変化要素」を抽出して伝承の変遷過程を把握する方法であった〔民俗学研究所編 一九五一 四八五〜四八七〕。このように伝承は「型」として収集され分類されてきた。ここで「型」を広い意味で定義するならば、構成因子に分解されうる客観的認識可能な民俗事象ということができるだろう。

(16) 和歌森の考える信仰とは、生産活動や社会を維持していく上での障害や不安に対し、絶対的なもの(カミ)に接して安心を得ようとする態度のことを指す。これに対して、この態度がカミに対してのみならず、日常生活上の社会関係(カミではなく自己以外の人間と対峙している状態を和歌森は日常と呼んでいる)にも及ぶものが倫理的規範である。また、注意すべきは、和歌森が着目したのは生産活動や社会を共に維持していくための態度であったから、ここでいう信仰の範疇に祭りや年中行事等を含めたものの、喜怒哀楽といった個人の心のあり様については取り上げていないことである〔和歌森 一九八一(一九四七) 一三三〜一七七〕。

(17) なお、調査項目は調査年度ごとで若干の追加訂正が施されているが、以上の構成は変わっていない〔比嘉編 一九三四、一九三五、守随編 一九三六〕。

(18) 和歌森著『日本民俗学』では重出立証法を民俗学の方法と説明しているため、調査方法についても本文中で引用した内容とは違う解説をしている。

「社会学が伝承そのもののあり方を、あくまでその村の社会現象、社会機能の表現として突きとめるのに対して、民俗学では、そのやうな伝承を導き出して今日に至らしめたプロセス、ことにその心理的な背景に注意を向けるのである。例へば親分子分関係について(中略)、社会学ではその相互間の経済的関係、ジッテ(sitte)となつてゐるさまざまの慣行を、その村落社会の全体的構造との関連において究明しようとする。民俗学ではその親分子分関係を成り立たしめてゐる背後の心的契機に注意を向けるために、むしろ、ほかの村々の親分子分関係の類例について資料を集めて比較研究し、どれが本質的なる親分子分関係であるかを詮索するのである。その意味で、社会学者はきはめてインテンシヴな調査を心がけざるを得ないが、民俗学者はその制度の究明のために、一つの村にいつまでも時間をかけて調べるよりは、エクステンシヴに飛び離れた場所を転々と歩きまはつて類例を集めにかかるといふ方法の相違がある。」（傍線筆者）

〔和歌森 一九五三 八四～八五〕

(19) 例えば次のような文言はそれに該当するであろう。

『あとがき』好きの私は、民族誌として刊行された書籍を手に取るとまずはあとがきに目をやるようにしている。長々と並んだ謝辞から著者の人間関係が見えてくるのが興味深いというのもあるが、それ以上に、あとがきには著者が印象深いと考える調査事例やエピソードが丸腰で——理論的な武装を伴わずに——語られることが多いからである」〔門田 二〇一三 三七七〕

(20) 『延喜式』神名帳には阿蘇郡に三座が記され、健磐竜《たけいはたつの》命神社（名神大）、阿蘇比咩神社（小）が現在の阿蘇市一の宮町宮地に鎮座する阿蘇神社に比定され、国造《くにつくり》神社が現在の同市一の宮町手野に鎮座する国造《こくぞう》神社に比定される。

(21) 卒業論文を改稿したものが拙稿「祭祀空間の再構成——祭祀の場所の移動を通して」（『日本民俗学』二三七、二〇〇四年）〔柏木 二〇〇四 六七～八三〕である。内容は構造機能分析による村落空間の分析であり、当時はまだ話者の家に滞在しながらの調査をしておらず、社会規範に対する認識がなかったため、本書の記述の仕方とは大きく異なる内容である。その後、滞在型の調査を踏まえて、ムラの人間関係について事例分析した論文に拙稿「水資源をめぐるムラの経験と規範」（『国立歴史民俗博物館研究報告』一二三、二〇〇五年）〔柏木 二〇〇五 一〇三～一一七〕がある。これは社会規範を考えるうえでは重要な内容であり、博士論文にも改稿のうえ収録しているが、研究テーマ（事例）は神社祭祀ではないので本書に収めていない。

第一章 阿蘇はどのように描かれてきたか？

(1) 『世界遺産暫定一覧表追加資産に係る提案書——資産名称「阿蘇——火山との共生とその文化的景観」』（熊本県・阿蘇市・南小国町・小国町・産山村・高森町・南阿蘇村・西原村）一頁（https://www.pref.kumamoto.jp/uploaded/attachment/100679.pdfからダウンロードで入手可能、最終閲覧日：二〇二五年二月一日）。世界遺産登録の取り組みについては、熊本県庁ホームページ「阿蘇カルデラ」の世界文化遺産登録に向けた取組みについて」を参照のこと（https://www.pref.kumamoto.jp/soshiki/22/367.html 最終閲覧日：二〇二五年二月一日）。

なお、世界遺産への登録には、世界遺産条約締約国が事前に当該資産を「暫定一覧表」に記載し、それを世界遺産委員会へ提出しておく必要がある。平成二十年（二〇〇八）九月二十六日、文化庁は我が国の「世界遺産暫定一覧表」に追加記載すべき資産選定の結果を発表し、「阿蘇――火山との共生とその文化的景観」は一覧表記載には至らず、一覧表候補（カテゴリーⅠa）とされた。

（2）阿蘇市ホームページ中、「阿蘇市の概要」には、当市の将来像について次の記述がみられる。「阿蘇市は、世界最大級のカルデラを有する雄大な阿蘇の自然景観、伸びやかに広がる田園風景、阿蘇神社などの歴史遺産や暮らしに根付いた文化・伝承等、数々の優れた資源に恵まれた地域です。」（https://www.city.aso.kumamoto.jp/municipal/profile/outline/ 最終閲覧日：二〇二五年二月一日）。

（3）阿蘇谷は、阿蘇カルデラの北側の火口原を指す呼称で、阿蘇市のうち旧一の宮町と旧阿蘇町の地域に広がっている平地である。五七〇〇ヘクタールのうち、その大半は水田で占められている。

（4）『神道大系 神社編五〇 阿蘇・英彦山』（神道大系編纂会編、一九八七年）に所収。

（5）東京大学史料編纂所所蔵（同所データベースで閲覧可能）。同書第七巻跋文に「明治八年五月　従五位阿蘇惟敦」と記されている。これは、明治七年十二月二十四日太政官達において、府県に対し、明治八年五月までに対象者の「祖先以来之系譜事蹟」の詳細を取り調べ、正副二本を正院歴史課に提出するよう指示があったためであろう。

（6）『肥後国志』は宝永三年（一七〇六）または同五年（一七〇八）に井澤蟠龍《ばんりょう》が藩公に献上したもの。現在原本は不明になっており、抄本に『肥後地志略』（一七〇九年）がある。抄本には祭典の記事がみられないことから、惟教が参照したのは、成瀬久敬著『新編肥後国志草稿』（一七二八年）か、それを森本一瑞《いちずい》が増補した『肥後国志略』（一七七二年）、さらにそれを底本として水島貫之《つらゆき》が増補した『肥後国志』（熊本活版舎、一八八四～一八八五年）のいずれかと思われる。

（7）なお、編者橋本浩は阿蘇郡会議員や南小国村村長を務めた人物である。

（8）なお、編者今村武彦は当時高森尋常高等小学校訓導を務めていた。

（9）蔵原惟昶（一八七四～一九三三）は東京専門学校卒業後、エール大学、ケンブリッジ大学に学び、帰国後は伊藤博文の秘書を務め、帰郷後、村会議員、郡会議員、県会議員を務めた。以上は〔阿蘇町町史編さん委員会編 二〇〇四b 一五四～一五五〕および蔵原英雄氏（惟昶氏三男）のご教示による。

（10）それ以前にも阿蘇神社の御田祭は、記録作成等の措置を講ずべき無形の民俗文化財「阿蘇の御田植」に選択されている（昭和四十五年（一九七〇）六月八日選択）。

第二章　「祭り」とは何か?

（1）わが国の文化財保護制度において民俗が保護・活用の対象となった始まりは、昭和二十五年（一九五〇）の文化財保護法（昭和二十五年法律第二百十四号）制定時で、このとき有形文化財のひとつとして民俗資料が定められた。昭和二十九年（一九五四）の同法改正時に独立した分野として位置づけられ、昭和五十年（一九七五）の同法改正時には民俗文化財と改称され、重要有形民俗文化財および重要無形民俗文化財の指定制度が発足した。

　民俗文化財の定義は同法第二条第一項第三号「衣食住、生業、信仰、年中行事等に関する風俗慣習、民俗芸能、民俗技術及びこれらに用いられる衣服、器具、家屋その他の物件で我が国民の生活の推移の理解のため欠くことのできないもの」である。行政用語としての「民俗文化財」と民俗学の学術用語としての「民俗」概念とでは意味にずれがあることに注意したい。「民俗」は形象として明確に現れない心意や思考や感覚なども含む、解釈に幅のある概念である。

（2）なお、阿蘇市教育委員会『令和二年「阿蘇の農耕祭事」記録集』の「例言」5でも指摘しているように〔阿蘇市教育委員会 二〇二二 例言〕、従来の報告書や書籍、パンフレットなどにおいて個々の祭りの名称は「神事」「行事」「祭」などと記され一定していない。同書では「現在一般的に呼称されている名称」で記されており、それらは筆者の調査でもよく耳にし、調査ノートに書き留めている名称でもある。よって本書の記述も以上の表記原則に則ることにする。

（3）阿蘇神社の祭事の主な記録については次の史料が知られている。記録内容の該当時代別に列記する。

中世―「年中祭式之次第」
　「阿蘇社年中神事次第写」
　「阿蘇社四季神事諸役次第」
　「阿蘇社神事注文写」
　「阿蘇大宮司惟忠阿蘇御田出仕次第写」
　「下野狩日記」
　「下野狩旧記抜書」
　「下野狩集説秘録」
　「下野狩由来記」
近世―『肥後国志』
　「蘇渓温故」
　「蘇谷志料」
近世後期〜明治初年―「阿蘇宮年中行事」
　「阿蘇宮祭日之覚」
　「祭式古例調書控」

（4）大宮司とは中世と近世における阿蘇神社神職集団と阿蘇家家臣団を束ねる長の称号である。近代以降は宮司と称している。また、阿蘇神社とは現在の社号であり、中世には阿蘇社、近世には阿蘇宮と称した。

（5）中世の阿蘇神社の祭事は基本的に社家が執り行い、大宮司は神職というよりも家臣団の頭領としての性格が強かった。

（6）近世の祭事の特徴については、中世との比較を通して分析した松本恵の論考が詳しい〔松本 二〇一三 八九〜一四二〕。

(7) 明治四年五月十四日太政官布告第二三四「神社は国家の宗祀につき、神宮の下神社の世襲神職を廃し精選補任の件」によって神職の世襲が廃止されたほか、神職が藩から受けていた家禄も、明治四年七月四日太政官第三二五「官国幣社以下神官家禄、元高に順じ、禄制の通り下賜」によって従来の二割五分に減らされ、収入基盤を失った社家の多くはこのとき神職を離れた。さらに、明治六年二月二十二日太政官布告第六七号「明治五年二月布告第五十八号郷村社祠官祠掌給料民費課出を廃し、人民の信仰に任せ給与の件」も神人・巫の転職を後押しした。
なお、明治四年の神職世襲制度廃止から同十年までの阿蘇神社神職組織の動向については、湯川洋史が同社資料を用いて詳細に分析している〔湯川 二〇二四 二一〜四〇〕。それによると、明治五年から十年までの神職数は八〜一二人（宮司一、権宮司一、禰宜二、権禰宜三、主典五）で推移し、その間、任免官が繰り返され、祭典時の臨時雇いも含めれば旧社家のうち一四家が何らかの職に就いていたという。

(8) 昭和六十一年（一九八六）に取り壊されるまで阿蘇神社境内にあった。

(9) また、阿蘇郡は霜害に悩まされてきた地域であって、天保十〜十一年（一八三九〜一八四〇）には阿蘇郡の惣庄屋が相談しあい、北陸地方に四人ほど派遣して現地で寒冷地農法を学ばせ、越中で譲り受けた種籾を湯浦村・西湯浦村・今町村で試作にあたらせている。こうした試みも藩による褒賞の対象となっていた〔吉村 二〇〇一 八五〜九四、阿蘇町町史編さん委員会編 二〇〇四a 三五〇〜三五二〕。

第三章　阿蘇神社の近代

(1) また、当時は阿蘇谷のほか阿蘇郡全体にわたって一揆が頻発したが、南郷谷の一揆は郷備金の取り扱いに対する民衆の不満が原因であるとの指摘がある〔今村 二〇〇三 六三〜一一〇〕。

(2) 坂梨手永と内牧手永は阿蘇谷を東西二分するかたちで置かれ、昭和二十九年（一九五四）に成立した旧一の宮町・旧阿蘇町の行政区域とほぼ重なる。筆者が阿蘇市湯浦の話者から聞いた話では、坂梨手永を上手永、内牧手永を下手永と呼んでいたという。

(3) ここでいう御家人とは熊本藩における身分呼称であり、細川家に仕える家臣のうち一領一疋《いちりょういっぴき》・地侍のことを指す。彼らは無給・無扶持であって、士席身分の家中とは区別される。もとは阿蘇・大友・加藤氏に仕えた牢人衆で、細川氏入国後（寛永九年（一六三二））、領内の主要押口に配備された。地侍の上役が一領一疋である〔吉村 二〇〇一〕。

(4) この時期の地主と永小作人との関係は一方的な搾取的関係ではなかったらしいが、近代に入ると御赦免開の田畑は地主の所有物となったため、永小作人は永小作権が保障されなくなって不利な立場に置かれるようになった

〔戸水　一九〇一〕。

(5)　例えば明和二年（一七六五）には阿蘇山からの土石流によって黒川が氾濫し、竹原村の小村道尻村が埋没している〔阿蘇町町史編さん委員会編　二〇〇四 a　四〇八〕。その他は第七章を参照のこと。

(6)　戦前までは士族の家では結婚の際に相手方の身分を多少気にしたといわれている。筆者の調査中、士族の家系であることを誇りに感じる話者（おもに昭和以前の生まれ）に何度か出会った。また、庄屋の家がある小区域を「ショウヤムラ」と呼称するムラもあり、ショウヤムラのイエの者は戦前は祭礼の神輿を担がなかったとの伝承もある。身分意識は現在もこのようなかたちで残っている。

(7)　筆者は宮原村（南宮原村）、湯浦村、西湯浦村、小園村（以上二小区）、手野村（三小区）に当たる集落で民俗調査を行ってきたが、大正期生まれの話者の話によれば、各集落とも明治ごろの戸数は表3―2の一揆参加人数と同程度であった。

(8)　その二日前の三月十一日には県庁から阿蘇郡内の戸長に次の達が出されている。

当今其郡内各村人民蜂起候処、県庁へ通路通路被相絶、直ニ福岡表出張内務省官員へ工藤森吉ヲ以テ為願出候趣聞届候ニ付、至急陸軍へ出兵之儀協議可致之処、即今高瀬・山鹿地方賊徒鎮静不至候間、直ニ出兵之運ニ難相成、仍テ征討総督宮ヨリノ告諭書下渡シ、并ビニ熊本藩知事細川護久ヨリ右工藤森吉へ説諭之趣モ有之候条、右之二稜ヲ以テ人民方向不誤精々説諭可致、且詰所諸帳簿等ハ取片付、紛失ノ憂無之様手配致置可申、此旨相達候事。

明治十年三月十一日　　熊本県

阿蘇郡区戸長中

（傍線筆者）

〔郷土文化研究所編　一九五八　一九二～一九三〕

(9)　宮川千尋の職名は『社務日記』三月十四日の記事では「村社祠掌」と書かれているが、本務は阿蘇神社権禰宜である。おそらく千尋は宮地四ヶ村の村社を兼務していたのであろう。

(10)　神職と神官の呼称は近代神社制度のもとでは次のように区別される。明治四年五月十四日太政官布告第二百三十五号（「官社以下定額及神官職制規則」）によって神社の社格と職員の職制が定められ、社格を有する神社の神勤職員は「神官」と称された。その後、明治二十年三月十八日閣令第四号（「官国幣社ノ神官ヲ廃シ更ニ神職ヲ置ク」）をもって神宮（伊勢神宮）以外の神社では「神官」の称が改められて「神職」となった。つまり本章が扱っている明治十年時点での制度的呼称は「神官」になるが、煩雑さを避けるため本書では全体を通して「神職」の語に統一している。

また、明治五年八月八日太政官布告第二百二十号（「神官総テ教導職ニ補ス」）によって、神官は教導職を兼ねることになった。教導職には大教正から権訓導まで一四等級があった。

(11) 明治後期には例大祭御田祭において宝物開帳が行われ、牡丹造短刀、蛍丸、蜀江錦、綸旨、下野狩図などが縦覧された〔『肥後一ノ宮官幣中社阿蘇神社由来記附祭典及講社趣旨書』六頁〕、（図3―3～4参照）。

(12) かつて筆者が手野に暮らす大正三年（一九一四）生まれの話者から聞いた話では、彼女の曽祖父（生年不詳）は薩軍が手野にやってきたときに仲間になるよう誘われたが、耳が遠くて返事をしなかったところ殴られたという。

(13) 法雲寺は比叡山延暦寺末西覚院の法流で葦北郡田浦にあり、神仏分離によって経営が困難になったため、阿蘇山と繋がりがあった縁で明治九年十一月に黒川村に移転した。住職の野坂帰水は病気のため勤めを果たすことができなかったので、同じく天台系の高良山から厨亮俊を招いて地元の葬式や法要に携わってもらうことにした。明治十三年（一八八〇）には村民の願いによって西巌殿《さいがんでん》寺《じ》に改称した。

西巌殿寺とは、阿蘇修験の惣寺号で特定の寺を指すわけではなく山上本堂をそう呼んでいた。神亀三年（七二六）、来朝した最栄読師が阿蘇山火口で阿蘇明神の姿を感得し、火口の西の巖に十一面観音を祀ったとの伝承に基づく寺号である。中世の阿蘇山上には三七坊五二庵（三六坊五二庵ともいわれる）があったといわれ、戦乱による荒廃後、近世になって麓に再興された（以来山上の坊庵跡は古坊中、麓の再興地区を麓坊中または単に坊中と呼ばれるようになる）。明治に入り修験道が廃止されると明治四年に山上本堂（西巌殿寺）を麓に遷したが、管理者もなく無住の状態であったため、阿蘇山と縁のあった法雲寺が移転してきたという次第である〔郷土文化研究所編 一九五八 一九九～、熊本県教育委員会 一九八〇 一四〇～一五九〕。

(14) 高良山は神仏習合の山であったが、廃仏毀釈後、山中の高良玉垂宮《こうらたまたれぐう》は高良神社となる（明治四年国幣中社列格、大正四年国幣大社昇格）。蓮台院は明治十一年に御井寺《みいでら》として麓に再興した。

(15) 西南戦争が終結した翌月の明治十年十月、征討総督有栖川宮熾仁親王は阿蘇神社を参拝した。このとき賜った大額は長らく楼門に掲げられ、その後、平成二十八年（二〇一六）の震災まで拝殿に安置されていた。現在は阿蘇市一の宮町インフォメーションセンターに展示されている。

(16) 農民一揆の首謀者は懲役刑を受け、地元では長い間タブー視されていたという。ところが昭和五十年（一九七五）、阿蘇町黒流（旧黒流村）にて慰霊のための八地蔵菩薩が今町神社横の私有地に建立された。碑には犠牲者八人の名とともに、「民主主義の草分け」との由来が刻まれており〔水野 二〇〇〇 一四二～一四五〕、戦後の民主主義への価値観が人口に膾炙したことによって、地域の歴史表象や一揆首謀者への社会的評価は変わった。

第四章「大宮司家」の伝統と近現代

(1) 神社界では官国幣社の宮司職も華族が就任する例は珍しくなく、近代の社会階層秩序のなかでいわゆる国家神道は維持されていた。

華族はその歴史的経緯から二つに大別でき、ひとつは、明治二年（一八六九）の華族設置（明治二年六月十七日行政官達第五四二）の際に列せられた公卿（公家）一四二家、諸侯（武家）二八五家、その後まもなく列格した奈良華族（興福寺門跡、院家、学侶であった公卿の子弟）二六家、僧家六家、神職一五家などの伝統貴族系と、もうひとつは明治維新の際の勲功が認められ、明治十七年（一八八四）の華族令（明治十七年七月七日宮内省達無号）によって公・侯・伯・子・男の授爵によって新たに列格した新華族系である。とりわけ前者の伝統華族は歴史的に古く遡及できる由緒をもつ。

ちなみに旧華族神職家は次の一五家。阿蘇家（阿蘇神社、阿蘇国造）、到津《いとうづ》家（宇佐神宮）、小野家（日御碕神社）、金子家（物部神社）、河辺《かわべ》家（神宮大宮司職）、紀《き》家（日前神宮・国懸神宮、紀伊国造）、北島家（出雲大社、出雲国造）、沢田家（内宮禰宜職荒木田家）、千家《せんげ》家（出雲大社、出雲国造）、千秋《せんしゅう》家（熱田神宮）、高千穂家（英彦山神宮）、津守家（住吉大社）、西高辻《にしたかつじ》家（太宰府天満宮）、松木家（外宮禰宜職渡会家）、宮成《みやなり》家（宇佐神宮）。その他、諸侯や功臣末裔との理由で華族に列格した神職家もある。

(2) 門田岳久はアンソニー・ギデンスの論を手掛かりとして、これら一群の行為を自己再帰性として注目している〔門田 二〇一四 二二六〜二五九〕。実証的研究としては、歴史調べと家譜への記述行為を論じた研究や〔武井 二〇〇三 一〜三三、二〇〇七 八八〜一一七〕、老舗と呼ばれる商家の伝統をめぐる言説の研究などがある〔塚原 二〇一四〕。塚原によれば、柳川の老舗では、周囲からの期待と羨望の目を受けて自らの歴史を作り上げる一方、周囲が期待する歴史に規制される関係でもあるという〔塚原 二〇一四〕。つまり、周囲からの眼差しを意識し、自己の行動と言動を方向づけることは、周囲が語る歴史なり伝統なりが、一種の社会規範（倫理的規範）として作用し伝承を支えている証左である。

(3) 付言すると、『阿蘇に生きる』〔阿蘇 一九八八〕は惟友氏没後に編集された遺稿追悼集で、発行者名は妻（阿蘇裕子）になっている。また、著書によって名前、年月日、その他事実関係の記述に違いが見られたため、本章では『官報』、『華族名簿』〔華族会館 一八八七〜一九四三〕、『現代華族譜要』〔維新史料編纂会編 一九二九〕、『華族大観』〔西邑木一編 一九三九〕、『日本人名大事典』〔（著者名なし）一九七九〕、『平成新修旧華族家系大成』〔霞会館華族家系大成編輯委員会編 一九九六〕、『紫溟新報』、『神社新報』などを参照して信憑性の高い情報を採った。阿蘇惟之氏への聞き書きについては、同時期に西日本新聞社の記者による彼へのインタビュー記事をまとめた書籍が刊行されており〔島村史 二〇一〇〕、事実関係の確認のために参照したが、本章の記述は筆者による聞き書き内容に基づいている。

（4）第二章註（4）参照。また、阿蘇家は長らく宇治姓を称していたが、一九世紀初めに神社伝奏を吉田家から鷹司家に戻した際に阿蘇姓に復した。

（5）明治十九年生まれ、阿蘇郡長陽村出身。宮川家は元禄三年（一六九〇）、二太夫宮川宗篤の嫡男宗易の子宗則が西野宮祠官となり、中世阿蘇社の下田権大宮司職のイエ筋を継承した〔宮川宗徳大人傳記刊行会 一九六四、宮脇 二〇一八〕。

（6）このときの様子を地元住民が私家版として記録に残しており、村崎真智子著『阿蘇神社祭祀の研究』に転載されている〔村崎 一九九三 四七六～四七七〕。

（7）『官報』によると、学習院卒業後すぐに京都帝大に入学したわけではなく、はじめは東京帝国大学文科大学文学科に入学している（同期に芥川龍之介）〔『官報』大正二年十月十八日〕。大正九年に京都帝国大学文学部文学科国文学専攻を卒業〔『官報』大正九年七月二十日〕。

（8）このことから惟友氏は細川護熙《もりひろ》氏と再従兄弟の関係で、学生時代、護立氏と応接間で懇談しているときによく近づいてきて懐いていたという。

（9）神道の研究教育機関である皇典講究所（國學院大學の前身）の設立は明治十五年（一八八二）であったから、同十六年（一八八三）宮司着任の惟孝は本格的な近代教育を受けていない。一方、惟孝の弟惟教（明治五年生まれ）は、國學院に学んだ後、フランスのソルボンヌ大学に留学し、帰国後は長崎県皇典講究所理事や長崎控訴院のフランス語通訳を務め、樺太神社初代宮司に就くなど当時のエリートであった（第一章第三節参照）。惟教の次女小林智恵子の自伝によれば、彼は甥の惟紀と気が合ったらしく、惟教が若くして病に臥したときには惟紀はその最期を看取ったという〔小林 一九九二 五八〕。士族出身ゆえに阿蘇家から結婚に難色を示された惟教の妻は、夫との死別後まもなく亡くなってしまったが、残された娘に対する阿蘇家の対応などが惟紀の反発する華族社会の冷ややかさの一面であったと思われる。

（10）華族の家庭トラブルについてはこの時期頻繁に新聞紙上を賑わしており、阿蘇家内で不幸な出来事があったとしても、それは特殊な例とまではいえない。実際、華族神職のS家では情死事件が発生しているという〔千田 二〇〇二 二〇〇～二〇一〕。

（11）惟友氏のエッセイでは昭和二十六年に氏子青年会結成との記載があるが〔阿蘇 一九八三 二一〇、阿蘇 一九八八 二五九〕、『神社新報』には昭和二十八年七月二十九日に発会式が開催されたとの記事がある〔『神社新報』昭和二十八年八月二十四日一面〕。

（12）昭和六年十二月十四日旧国宝指定「太刀 銘来国俊《らいくにとし》／永仁五年三月一日」、昭和二十年（一九四五）十二月四日GHQへの供出後所在不明となる。

（13）このときの様子については村崎真智子による詳細な記

録がある〔村崎 一九九三 四六二～四九三〕。

(14) 重要文化財「阿蘇神社」(平成十九年六月十八日指定)。

第五章　平成のムラと神職の三〇年

(1) 神道でいうところの教化とは、祭祀によって神意を蒙ることを社会的に実践すること、つまり、「まつりの精神の社会的展開」であるという〔庄本・渋川 一九八八 二一～二三〕。

(2) 本章で取り上げる宮川家は慶長六年に社家に復帰したときを初代としている。宮川氏の話によると、戦国末期に北宮祝がいなくなったので、長男が第三章第三節で紹介した近世庄屋を務めたイエ、次男が国造神社の宮川家になったという。また、社家に限らず一般農家の方にイエの歴史について聞いて回っていくと、先祖がムラに住み着いたのは近世初期であるとの話を聞くことが度々あった。この時期は阿蘇谷村落の社会構造の一大転換期であったと思われる。

(3) もう一人は内村泰彰権禰宜で、彼の母方の祖父は禰宜を務めた宮川正也氏である。この宮川家は神官の家系である。

(4)『続日本後紀』巻十七、承和十四年七月四日の条「丁卯。修二造攝津國大依羅社。肥後國阿蘇郡國造神社一爲二官社一焉。」

(5) 筆者が平成十二年(二〇〇〇)ごろに阿蘇市西湯浦で聞き書きしたところによると、八月三十一日は二百十日の前祭りといって、各戸一人ずつ参加して阿蘇神社と国造神社に参拝に行き、その夜からムラの各組一晩ずつ西湯浦八幡宮の籠り屋に籠るという。隣ムラの湯浦でも八月二十四日に悪風除けのため各戸一人ずつ参加して阿蘇神社、風宮、霜宮に参拝するという。実際、筆者は平成十三年八月二十四日の朝、湯浦区長が防災行政無線を通して本日は集団参拝の日である旨、連絡していたのを耳にしている。

(6) 本論第二章参照。これらの祭祀のモノグラフとして村崎真智子の著作と〔村崎 一九九三〕、彼女の調査から約三〇年後の状況を記録した阿蘇市教育委員会による調査報告がある〔阿蘇市教育委員会 二〇二二〕。極めて詳細かつ貴重な記録であるのでぜひ参照してほしい。

(7) 古城小学校は平成二十八年四月一日に閉校した。

(8)「神社本庁憲章」第十一条。

(9)「宗教法人『神社本庁』庁規」第七十八条、第九十条、および「役職員進退に関する規程」参照〔神社本庁総務部編 二〇〇二 一三～一四、二一一～二一四〕。

(10) 阿蘇神社蔵「年中祭式之次第」。

(11) 下野狩とは中世阿蘇社の春の年中行事で、勢子が阿蘇谷中の獲物を追っていき、最後に大宮司が射るという大掛かりな行事だった。その内容については「下野狩日記」「下野狩旧記抜書」「下野狩集説秘録」「下野狩由来記」、国造神社との関わりについては「阿蘇宮記」、「蘇渓温故」を参照『阿蘇下野狩史料集』〔飯沼 二〇一二〕および『神

道大系』〔神道大系編纂会編　一九八七〕所収)。

(12)　風穴とは風宮近くにある洞穴である。風祭では阿蘇谷に吹く悪風を風穴に閉じ込めると伝えられている。筆者が風穴についてムラ内を訪ね歩いたところでは、ムラ人の多くは上御倉古墳・下御倉古墳あるいは風宮自体であると答えていたが、大正生まれの三名ほどが風宮近くの別の洞穴のことを指していた。そこは神社地として登記されている。

(13)　また、当家所蔵の系図(末尾に「右について記録を調べ誤りのないものと認めます　昭和五十六年四月十九日　一の宮町文化財保護委員長宮川進」と記載)によると、当家は北宮祝宮川経栄の子、刑部を初代とする。また当家には近世の水神札の版木や鑑札などが残されており、少なくとも近世中期以降、神職組織の末端に位置付けられ、阿蘇郡内の人びとに対する祈禱などを担っていたと思われる。鑑札は二枚あって次のように書かれている。

表面「北宮付
　山部権左衛門
一阿蘇郡坂梨手永中
一同郡内牧手永中
一久住手永中」
裏面「一合志郡之内
　大津手永中
萬延元年十一月改
阿蘇宮
　社家頭」

表面「北宮
　宮川佐内
南郷高森手永中
同布田手永中」
裏面「阿蘇宮
　社家頭(印)」

系図では刑部—甚左衛門—左内—権三郎と続いているが、記載の没年代から推測すると「甚左衛門」とは鑑札一枚目の「権左衛門」のことかと思われる。なお現在、山部家は手野から転出されている。

第六章　「氏子」の論理

(1)　この報告に対しては、伊奈に保管されている『協議簿』を調べた結果、寄合開催日と宮本の滞在日程とが合致しないこと、区有文書の存在を宮本に教えた人物と区長の名前に不明な点があること、対馬村落には近世以来の身分制度が残存しており出席者全員が意見を述べ合うことなど考え難いこと、などの疑問が提示され、さらにこの報告の投稿先の雑誌『民話』の読者層や時代状況を鑑みるに、これは安保闘争時の政治思想運動の渦中に執筆されたもので、宮本の作為だったとする見解がある〔杉本　二〇〇〇　五三～一〇〇〕。確かに宮本の報告を何の検証もなしに引用することは注意を要する。しかし、この報告が事実かどうかを検証する学的手続きとしては、たとえ時代背景が異なっているにせよ、実際に寄合を観察してその様相を確認することは必要であろう。

（2）阿蘇市は旧一の宮町・旧阿蘇町・旧波野村が合併して平成十七年（二〇〇五）二月十一日に成立した。事例は平成十七年以前のものなので、以下旧町村名で記述する。

（3）この数値は旧一の宮町役場資料「行政区別人口統計表」から抜粋した。この資料は住民基本台帳から作成されたものなので、表6―1の隣保組加入戸数と数値が異なる。

（4）大正十三年（一九二四）十二月九日指定。平成十二年（二〇〇〇）九月六日解除。

（5）ちなみに、その前年の平成二年（一九九〇）には九州地方一帯を襲った豪雨により、幹周り五メートル以上もある水神木が倒木して国造神社拝殿が損傷し、参道にも土石流が流れて境内は荒れてしまった。そこで水神木を売却して復旧費用に充て、残金は特別会計金として管理することにした。ただし、翌年平成三年の大杉の養生処置や一般会計の慢性的な赤字の補填で残金は年々減っている。

当時の総代によれば、水神木を売却するにあたってムラ人から文句は出なかったというが、過去の出来事なのでその経緯について詳しいことは分からない。

（6）保存事業は平成十三年度から十四年度にかけて年度を跨いで行われたため、総代のなかには部落の規定で交代する者もいたが、そうした者も引き続いて期成会のメンバーに留まることになった。

（7）なお、手野の氏子は各戸五〇〇〇円以上を寄付した。

（8）筆者が会議を見学するなかで、突如議論が紛糾して話の内容が分からなくなることが度々あった。

（9）これらの地区は、昭和二十九年（一九五四）の一の宮町成立以前の旧町村地域である。現在は各々で財産区（地方自治法に定める特別地方公共団体の一種）を設置して旧町村が有していた山林等の財産を管理している。手野は古城地区に入る。

（10）霜宮の総代が書き留めたメモによれば、氏子地域の三部落を除く九六部落八六一八戸に対し、二八六〇枚のお札を頒布。

なお、かつては初穂料ではなく直接薪を奉納してもらっていたという。その後、薪代としてお金を集めることにしていたが、近年ではお札を受けない人が増えたり、各地区に集金しに行っても留守で何度も足を運んだり、文句を言われたりすることも度々あり、従来のように阿蘇谷中から薪代を集金することが難しくなってきた。そして、令和五年（二〇二三）からお札の頒布を止め、薪代は氏子三地区で負担することになった。

第七章　現代における「自然崇拝」

（1）この言葉は寺田寅彦が関東大震災後に書いた随筆の内容を受けて広まったとされる〔寺田 二〇一一（一九三四）〕。旧一の宮町が発行した、平成二年七月二日大水害の記録誌の後書きもこの標語に触れている〔熊本日日新聞情報文化センター編 一九九五 六八〕。奇しくもその後阿蘇地域では災害が繰り返し発生した。

（2）『九州北部豪雨阿蘇市災害記録誌』〔熊日情報文化センター編 二〇一三〕および平成二十四年八月三日政令第二百八号「平成二十四年六月八日から七月二十三日までの間の豪雨及び暴風雨による災害についての激甚災害並びにこれに対し適用すべき措置の指定に関する政令」。

（3）長目塚古墳を含む中通古墳群は昭和三十四年（一九五九）十二月八日に熊本県の史跡に指定された。出土品は平成三十一年（二〇一九）三月二十六日に県の重要文化財（考古資料）に指定されている。長目塚古墳の破壊の経緯については、緒方徹「阿蘇神社所蔵資料にみる長目塚古墳発掘調査の舞台裏」〔緒方 二〇一四 九一〜九七〕を参照のこと。

（4）内村氏が言うには、人は感情で動くので事前に根回しして会議に臨んでも実際にそのように話が進むかどうかわからないとのことで、御田祭の催行の可否は前向きな意見を発するタイミング次第であったといえる。このような会議中のやりとりは前章でも同様のことがみてとれる。

（5）熊本地震で拝殿は被災しており令和三年六月までは仮拝殿を設置して神事を行っていた。

（6）『紫溟新報』明治十九年（一八八六）七月三十日付に阿蘇神社社務所よりコレラ予防のため例祭延期の広告が掲載されている。

（7）一方、地震発生確率については、今後三〇〇年以内でほぼ〇パーセントとしている〔阿蘇神社 二〇一三 a 四五〕。

（8）御札所の移設復旧工事は同年九月に完了した。

（9）「災害復旧工事の着工について（お知らせ）」（阿蘇神社ホームページ内のプレスリリース、二〇一六年十月二十七日付）および筆者による担当神職への聞き取り。

（10）工事の概要については阿蘇神社発行の報告書を参照のこと〔公益財団法人文化財建造物保存技術協会編 二〇二〇〕。なお、本章の記述は毎月同社HPで公表されるプレスリリースに基づいている。

（11）「寄附金控除の対象となる寄附金又は法人の各事業年度の所得の金額の計算上損金の額に算入する寄附金を指定する件」（平成二十八年五月十三日財務省告示第百五十八号）、「熊本地震により滅失・損壊をした公益的な施設等の復旧のために公共・公益法人等が募集する寄附金の指定」（財務省ホームページ https://www.mof.go.jp/tax_policy/2808kh-shiteikifukin.htm 最終閲覧日：二〇二五年二月一日）、「指定寄附金制度に係る申請の手引（宗教法人が自ら所轄庁に申請して募集する場合）」（文化庁文化部宗務課、二〇一六年九月九日付）。

（12）阿蘇テレワークセンターとは、旧郵政省の「地域・生活情報通信基盤高度化事業」によって設置された高度な情報通信基盤施設であり、プロバイダ・ホームページ制作・システム開発・マルチメディア制作の事業を行っている。平成十年（一九九八）から運用し、阿蘇神社のほか地元の企業・公共団体のホームページ作成を請け負っている。

（13）第四章註（12）参照。なお、阿蘇家と阿蘇神社ではそれぞれ蛍丸と備前長光の押形を所有している。

（14）「第2次阿蘇市総合計画（基本構想・前期基本計画）」（阿蘇市総務部財政課企画係、二〇一七年）には、重点テーマである基本計画の重点政策「復旧・復興プロジェクト」政策1「発展」のなかの実施施策3「つなぐ」の主な取り組みとして「阿蘇神社等の指定文化財及び地域コミュニティ施設の復旧支援」が挙げられている（三四・三九頁）。さらに『阿蘇中部3町村合併にかかる阿蘇市建設計画　緑いきづく火の神の里――豊かな自然と笑顔あふれる国際環境観光都市を目指して』（阿蘇市、二〇〇四年（二〇二〇年変更））には、「魅力ある観光資源の開発」として「阿蘇の歴史・文化の代表的資産である阿蘇神社については、周辺の商店街の整備と併せ、魅力ある地区を形成するため、阿蘇神社周辺の開発整備を進めます」とあり（二七頁）、主要事業として「阿蘇神社、国造神社周辺整備事業」が挙げられている（二八頁）。

（15）平成三十年の文化財保護法改正により、都道府県による「文化財保存活用大綱」、市町村が作成する「文化財保存活用地域計画」、国指定等文化財の所有者等が作成する「保存活用計画」の文化庁長官による認定、市町村による文化財保存活用支援団体の指定等が制度化された。

（16）「文化財保護法に基づく文化財保存活用大綱・文化財保存活用地域計画・保存活用計画の策定等に関する指針」（文化庁、二〇一九年三月四日）二頁。

（17）昭和九年（一九三四）十二月四日指定、昭和六十一年（一九八六）九月十日、「阿蘇くじゅう国立公園」に名称変更。

（18）世界農業遺産とは、国際連合食料農業機関が平成十四年（二〇〇二）に立ち上げたＧlobally Important Agricultural Heritage Systems（略称ＧＩＡＨＳ）というプロジェクトで、「次世代に受け継がれるべき重要な伝統的農業や生物多様性、伝統知識、農業景観等の全体を、農業システムとして認定し、その保全と持続的な活用を図るもの」である〔阿蘇地域世界農業遺産推進協会 二〇二四 五〕。

（19）ユネスコ世界ジオパークとは、「国際的に価値ある地質遺産を保護し、そうした地質遺産がもたらした自然環境や地域の文化への理解を深め、科学研究や教育、地域振興等に活用することにより、自然と人間との共生及び持続可能な開発を実現することを目的とした事業」である（文部科学省ホームページ「ユネスコ世界ジオパーク」https://www.mext.go.jp/unesco/005/004.htm 最終閲覧日：二〇二五年二月一日）。ユネスコの支援のもと平成十六年に設立された世界ジオネットワークが審査・認定していたが、平成二十七年十一月、ユネスコの正式事業になった。

（20）文化的景観とは、「地域における人々の生活又は生業及び当該地域の風土により形成された景観地で我が国民の生活又は生業の理解のため欠くことのできないもの」（文化財保護法第二条第一項第五号）である。さらに、景観法上（平成十六年法律第百十号）の景観計画区域内あるいは景観地区内にあって、自治体が保存措置を講じている文化的景観のうち、特に重要なものとして選定されたのが重要文化的景観である（同法第百三十四条）。

（21）具体的には、「歴史・文化資産を活かした復興まちづくりに関する基本的考え方」（二〇一二年、国土交通省都市局）を参照。このようなことから、現在の自治体では文化財の活用を担当する組織や機関は、教育委員会ではなく首長部局に置かれることが多い。

（22）阿蘇地域世界農業遺産推進協会「世界農業遺産〝阿蘇〟オフィシャルサイト」の「世界農業遺産としての価値」（https://www.giahs-aso.jp/value/culture_agriculture/ 最終閲覧日：二〇二五年二月一日）。

（23）阿蘇ユネスコジオパークホームページ（http://aso-geopark.jp/geosites/geosite11.html 最終閲覧日：二〇二五年二月一日）。

（24）『阿蘇の文化的景観　保存活用計画　阿蘇市版』（阿蘇市・南小国町、小国町、産山村、高森町、南阿蘇村、西原村、二〇二〇年）一二頁。

（25）「阿蘇エコツーリズム推進全体構想」（阿蘇ジオパーク推進協議会、二〇一九年七月十一日）一八〜一九頁。

（26）前掲（25）、二頁。

結論　神社祭祀はどのように伝承されてゆくか

（1）ただし、筆者は災害以前の調査において、この神話を阿蘇谷における農耕生活の始原の物語として聞いており、災害発生の謂れとして聞いた記憶はない。つまり、平常時には主要産業である稲作の始原を、非常時には地勢の始原を説く物語として状況に応じて開闢神話が語られていたといえる。また、身近に死者が発生した災害直後の被災地では神話自体が語られず、人心が落ち着いた後に語られる。筆者が現地で感じるに、災害直後の被災地において災害発生理由を神話と絡めて語ることは不謹慎で場違いなことである。つまり、神話の内容と語る場は社会的コンテキストに依存しており、それこそ序論で指摘した倫理的規範が影響している。したがって、稲作の始原から地勢の始原へという神話の主題の転換は、人びとが置かれた状況次第で容易に生じるものである。

（2）『阿蘇特定地域開発白書』によると、阿蘇地域は地形的に外界と遮断され、火山灰土壌の土地、高冷多雨、各種災害の多い土地であって、治山治水事業も放任されて濫伐と過伐が繰り返される荒涼の土地であったという〔熊本県　一九六二　六〜一〇〕。そこで開発計画の基本方針は、「地域内における国土保全と土地の高度利用による生産の増強と安定を図ることに置く」としたが、計画策定中の昭和二十八年六月に熊本大水害が発生したこともあって、「国土保全事業については、特に災害復旧事業との関連を考慮して行うもの」とされた〔経済審議庁 一九五九（一九五四）一〕。

（3）原告指定代理人（福岡法務局訟務部長）の後日談によれば、「昔から阿蘇一帯は、政党の対立というか、政治的にも難しいところで、それが阿蘇の観光をめぐって、うごめき、地方公共団体（阿蘇町）と国、県とのデリケートな関係となり、又、観光業者の利害関係が対立しあい、それに古来からの宗教的な対立関係なども加わり、もろもろの複雑な要因が、互いにからみ合って」いたという〔広木 一九六五 八二〕。

（4）筆者の調査では阿蘇参りの話をほとんど聞いていないが、その理由として考えられることは、彼らが阿蘇参りを体験していない世代であることに加え、阿蘇山が観光の対象として認識され始めていたことによるものと考えられる。

（5）阿蘇山上の上宮に対して阿蘇神社は下宮とする。

（6）解釈の多様性の提示は現場を混乱させるものではなく、前項で論じた総意形成の判断基準の多様性を確保する。筆者が長年にわたって調査を継続できた理由はここにあると考えている。

参考文献

畔上直樹　二〇〇九『「村の鎮守」と戦前日本――「国家神道」の地域社会史』有志社
阿蘇惟友　一九六九『雨夜花』阿蘇神社
――　一九八三『阿蘇に祷る』阿蘇神社
――　一九八六『阿蘇の詩』阿蘇神社
――　一九八八『阿蘇に生きる』阿蘇裕子
阿蘇惟教　一九一二『阿蘇乃面影』
阿蘇惟之編　二〇〇七『阿蘇神社』学生社
阿蘇市教育委員会　二〇二二『令和2年「阿蘇の農耕祭事」記録集』
阿蘇市教育委員会生涯学習課・阿蘇神社　二〇〇六『阿蘇市文化財調査報告第一集　阿蘇市指定有形文化財　阿蘇神社建造物調査報告書　一の神殿・二の神殿・三の神殿・楼門・神幸門・還御門』
阿蘇品保夫　一九九九『一の宮町史②　阿蘇社と大宮司』一の宮町
――　二〇〇七「中世の大文書群――阿蘇文書の伝来と構成」阿蘇惟之編『阿蘇神社』学生社
阿蘇神社編　二〇二四『阿蘇神社　熊本地震からの復旧に見るその姿』熊本日日新聞社
阿蘇地域世界農業遺産推進協会　二〇二四『阿蘇地域世界農業遺産認定10周年記念誌』
阿蘇町町史編さん委員会編　二〇〇四a『阿蘇町史』第一巻
――　二〇〇四b『阿蘇町史』第二巻
渥美公秀　二〇一四『災害ボランティア――新しい社会へのグループ・ダイナミックス』弘文堂
阿南透　二〇一八「高度経済成長期における都市祭礼の衰退と復活」『国立歴史民俗博物館研究報告』二〇七
有賀喜左衞門　一九六九（一九五四）「民俗学における村落研究の理論」『有賀喜左衞門著作集』第八巻、未來社
池浦秀隆　二〇〇七「阿蘇社から阿蘇宮へ」阿蘇惟之編『阿蘇神社』学生社
石垣悟　二〇〇〇「「むら」からムラへ――秋田県羽後町の事例から」『日本民俗学』二二一
維新史料編纂会編　一九二九『現代華族譜要』日本史籍協会
市田雅崇　二〇〇一「〈歴史の共有〉と宗教儀礼――気多神社平国祭の事例から」『日本民俗学』二二八
――　二〇〇八「民俗宗教空間の歴史性――気多神社の官国幣社昇格運動と気多神の物語の変容」『哲学』一一九、三田哲学会

一の宮町　一九九五『平成2年7月2日一の宮町大水害の記録』一の宮町
一の宮町教育委員会編　一九八四『阿蘇の農耕祭事』
伊藤幹治　一九七四『稲作儀礼の研究　日琉同祖論の再検討』而立書房
――　二〇一一『柳田国男と梅棹忠夫――自前の学問を求めて』岩波書店
井上順孝・阪本是丸編著　一九八七『日本型政教関係の誕生』第一書房
今村武彦編　一九一五『高森町郷土誌』
今村直樹　二〇〇三「肥後藩の『遺産』相続争い――肥後の民衆と郷備金」猪飼隆明ほか著『熊本歴史叢書5　近代細川藩の終焉と明治の熊本』熊本日日新聞社
今村直樹　二〇一五「農民一揆後の「付ケ火」と近代移行期の地域秩序――熊本県阿蘇郡を事例に」『史林』九七―六
岩本通弥　一九九八「民俗学における『家族』研究の現在」『日本民俗学』二一三
――　二〇〇六「戦後民俗学の認識論的変質と基層文化論――柳田葬制論の解釈を事例として」『国立歴史民俗博物館研究報告』一三二
内野吾郎　一九七六「日本文化学としての新国学の方法序説」『國學院大學日本文化研究所紀要』三七
NPO法人阿蘇ミュージアム編　二〇一九『火の山・阿蘇阿蘇火山博物館図録』阿蘇火山博物館
大江志乃夫　一九五九「第二章第二節　農民闘争の発展と指導」『明治国家の成立――天皇制成立史研究』ミネルヴァ書房
岡田莊司　一九九〇『大嘗の祭り』学生社
緒方徹　二〇一四「阿蘇神社所蔵資料にみる長目塚古墳発掘調査の舞台裏」杉井健編『長目塚古墳の研究　有明海・八代海沿岸地域における古墳時代首長墓の展開と在地墓制の相関関係の研究』（二〇一〇年度～二〇一三年度科学研究費補助金基盤研究（B）研究成果報告書）熊本大学文学部
小田部雄次　二〇〇六『華族――近代日本貴族の虚像と実像』中央公論新社（中公新書）
小野祖教　一九六四「神道の定義と神学」『神道宗教』三七
小野祖教・萩原俊夫・平井直房・岡田米夫　一九六四「〈共同討議〉神社神道の現状と将来」『神道宗教』三六
小野武夫　一九三六『日本村落史概説』岩波書店
――　一九六八「肥後阿蘇谷の農民暴動」『維新農村社会史論』刀江書院
折口信夫　一九九六a（一九四七）「天子非即神論」『折口信夫全集』二〇、中央公論社
――　一九九六b（一九四七）「民族教より人類教へ」『折口信夫全集』二〇、中央公論社
――　一九九六c（一九四七）「神道宗教化の意義」『折口信夫全集』二〇、中央公論社
柏木亨介　二〇〇四「祭祀空間の再構成――祭祀の場所の移

動を通して」『日本民俗学』二三七
―― 二〇〇五「水資源をめぐるムラの経験と規範」『国立歴史民俗博物館研究報告』一二三
霞会館華族家系大成編輯委員会編　一九九六『平成新修旧華族家系大成』霞会館
華族会館　一八八七～一九四三『華族名簿』華族会館
加藤幸治　二〇二一『民俗学　ヴァナキュラー編　人と出会い、問いを立てる』武蔵野美術大学出版局
門田岳久　二〇一三『巡礼ツーリズムの民族誌――消費される宗教経験』森話社
―― 二〇一四「自分自身について語ること」門田岳久・室井康成編『〈人〉に向きあう民俗学』森話社
門田岳久・室井康成編　二〇一四『〈人〉に向きあう民俗学』森話社
上米良利晴編　一九八一『熊本県神社誌』青潮社
川島武宜　一九五八『村々入会の解体過程』（牧野の法社会学的研究第四報第五分冊）東京大学法学部川島研究室
喜多村理子　一九九九『神社合祀とムラ社会』岩田書院
郷土文化研究所編　一九五八『熊本県史料集成第一三集　西南役と熊本』日本談義社
熊日出版編　二〇二一『明日へつなぐいのちとくらし　平成28年熊本地震「阿蘇市震災記録誌」』阿蘇市
熊日情報文化センター編　二〇一三『九州北部豪雨阿蘇市災害記録誌』阿蘇市
熊本県　一九六二『阿蘇特定地域開発白書――経緯と今後の開発の方向』
熊本県教育委員会　一九七七『熊本県文化財調査報告第二五集　熊本県の条里』
熊本県教育会阿蘇郡支会編　一九一五『阿蘇小誌』
―― 一九二六『阿蘇郡誌』
熊本大学教育学部日本史研究室編　一九九九『熊本大学教育学部日本史研究室調査報告書第2号　山野に生きる人々の営みと歴史――熊本県阿蘇郡阿蘇町大字湯浦地区の現地調査』
熊本大学教育学部日本史研究室編　二〇〇一『熊本大学教育学部日本史研究室調査報告書第3号　地名から探るムラの営みと歴史――熊本県阿蘇郡阿蘇町大字西小園地区の現地調査』
熊本大学・熊本県立美術館編　二〇〇六『阿蘇家文書修復完成記念　阿蘇の文化遺産』熊本大学
熊本日日新聞情報文化センター編　一九九五『一の宮町大水害の記録　平成2年7月2日』一の宮町
蔵原小太郎編　一九七八（一九一二）『阿蘇郷土誌』（復刻版）阿蘇郷土の会
黒﨑浩行　二〇一九『神道文化の現代的役割――地域再生・メディア・災害復興』弘文堂
黒田乃生　二〇一二「阿蘇山の国立公園指定の経緯と観光登山の変遷」『ランドスケープ研究』五（オンライン論文集）
経済審議庁　一九五九（一九五四）『阿蘇特定地域総合開発

計画書　昭和29年6月11日閣議決定』（国立国会図書館蔵「蝋山政道旧蔵審議会関係資料」三三に所収）
小池淳一　二〇〇二「伝承」小松和彦・関一敏編『新しい民俗学へ――野の学問のためのレッスン26』せりか書房
公益財団法人文化財建造物保存技術協会編　二〇二〇『重要文化財　阿蘇神社一の神殿ほか五棟保存修理工事（災害復旧）報告書（一の神殿、二の神殿、三の神殿、神幸門、還御門編）』阿蘇神社
孝本貢　一九七三「神社合祀――国家神道化政策の展開」田丸徳善・村岡空・宮田登編『日本人の宗教Ⅲ　近代との邂逅』佼成出版社
國學院　一九〇二「院友の動静」『國學院雑誌』八―一一
國學院大學校史資料課編　一九九四『國學院大學百年史』学校法人國學院大學
国立歴史民俗博物館編　二〇〇三『国立歴史民俗博物館研究報告九八集　特定研究　神社祭祀と村落祭祀に関する調査研究』
小嶋博巳　一九九三「ひとつの『伝承』論――イイツタエ・シキタリという文化の正当化について」『日本民俗学』一九三
小長谷英代　二〇一六「『ヴァナキュラー』――民俗学の超領域的視点」『日本民俗学』二八五
小林智恵子　一九九二『光があった』いのちとことば社
桜井徳太郎　一九七九「総説――柳田国男の神道論をめぐって」『講座日本の民俗宗教一　神道民俗学』弘文堂
櫻井治男　一九九二『蘇るムラの神々』大明堂
桜田勝徳　一九八〇（一九三四）「漁村民俗誌」『桜田勝徳著作集』第一巻、名著出版
――　一九八〇（一九四八）「漁村」『桜田勝徳著作集』第二巻、名著出版
――　一九八一（一九四七）「漁村民俗の研究に就いて」『桜田勝徳著作集』第五巻、名著出版
――　一九八一ａ（一九五八）「村とはなにか」『桜田勝徳著作集』第五巻、名著出版
――　一九八一ｂ（一九五八）「現代における民俗変貌への対処の立場から」『桜田勝徳著作集』第五巻、名著出版
佐藤征子　一九九八「序章　阿蘇の神々と祭祀」『一の宮町史⑪　神々と祭の姿』一の宮町
――　一九九八『一の宮町史⑪　神々と祭の姿』一の宮町
――　二〇〇七「阿蘇の神話と伝説」阿蘇惟之編『阿蘇神社』学生社
市東真一　二〇二二『祭礼における権威創造の民俗誌――旦那衆・町嶌・若連』御茶の水書房
島村恭則　二〇一八「民俗学とは何か――多様な姿と一貫する視点」『現代民俗学のフィールド』吉川弘文館
島村史孝　二〇一〇『阿蘇神社第91代宮司阿蘇惟之聞き書き　火の国水の国』西日本新聞社
守随一　一九三六『郷土生活研究採集手帖（昭和十一年度）』（比嘉春潮・大間知篤三・柳田國男・守随一編『山村海

村民俗の研究』名著出版、一九八四年、所収）
庄本光政・渋川謙一　一九八八『改訂・神道教化概説』神社新報社
神社新報社編　一九七一『神道指令と戦後の神道』神社新報社
――　一九八六『増補改訂　近代神社神道史』神社新報社
――　一九九二『年輪を重ねて――明治生まれの神職は語る』神社新報社
――　二〇一六『戦後神道界の群像』神社新報社
神社本庁総務部編　二〇〇二『神社本廳規程類集』神社新報社
新谷尚紀　二〇一七『氏神さまと鎮守さま　神社の民俗史』講談社
神道大系編纂会編　一九八七『神道大系　神社編五〇　阿蘇・英彦山』神道大系編纂会
神道文化会編輯　一九六〇『高千穂・阿蘇　総合学術調査報告』神道文化会
杉本尚雄　一九五九『中世の神社と社領』吉川弘文館
杉本仁　二〇〇〇「寄合民主主義に疑義あり――宮本常一『対馬にて』をめぐって」柳田国男研究会編『柳田国男研究年報3　柳田国男・民俗の記述』岩田書院
鈴木通大　一九九八「神社があるムラと神社がないムラ――神社合祀後における神社復祀の実態について」松崎憲三編『近代庶民生活の展開――くにの政策と民俗』三一書房
関敬吾　一九四九a「民俗学方法の問題（上）――和歌森氏の所論に関連して」『民間伝承』一三巻六号
――　一九四九b「民俗学方法の問題（下）――和歌森氏の所論に関連して」『民間伝承』一三巻七号
関沢まゆみ　二〇〇〇『宮座と老人の民俗』吉川弘文館
――　二〇〇一「村落研究と民俗学」『日本民俗学』二二七
――　二〇〇五『宮座と墓制の歴史民俗』吉川弘文館
千家尊宣　一九六八『神道出雲百話――皇室をめぐる日本の心』日本教文社
薗田稔　一九九〇『祭りの現象学』弘文堂
高倉浩樹・滝澤克彦編　二〇一四『無形民俗文化財が被災するということ――東日本大震災と宮城県沿岸部地域社会の民俗誌』新泉社
高倉浩樹・山口睦編　二〇一八『震災後の地域文化と被災者の民俗誌――フィールド災害人文学の構築』新泉社
高桑守史　一九九四『日本漁民社会論考　民俗学的研究』未來社
高取正男　一九七五『日本的思考の原型』講談社
高橋統一　一九七八『宮座の構造と変化――祭祀長老制の社会人類学的研究』未來社
タキエ・スギヤマ・リブラ　二〇〇〇『近代日本の上流階級――華族のエスノグラフィー』（竹内洋・海部優子・井上義和訳）、世界思想社
武井基晃　二〇〇三「史縁集団の伝承論――文字記録の読解

と活用を中心に」『日本民俗学』一二三五
―― 二〇〇七「伝承行為としての歴史観の修正とその必要性――沖縄本島におけるムラ・ヤードゥイ両集落の関係を事例に」『日本民俗学』一二五一
千田稔 二〇〇二『明治・大正・昭和 華族事件録』新人物往来社
塚原伸治 二〇一四『老舗の伝統と〈近代〉――家業経営のエスノグラフィー』吉川弘文館
坪井洋文 一九七九『イモと日本人 民俗文化論の課題』未來社
―― 一九八九（一九八三）「神道的神と民俗的神――定住民と漂白民の神空間」『神道的神と民俗的神』未來社
寺田寅彦 二〇一一（一九三四）『天災と国防』講談社学術文庫
徳丸亞木 二〇一三「口頭伝承の動体的把握についての試論」『現代民俗学研究』五
戸水寛人 一九〇一「阿蘇の永小作」『法理論叢』第一〇編、有斐閣書房（藤原正人編『明治前期産業発達史資料』補巻八三、明治文献資料刊行会、一九七二年、所収）
直江廣治 一九六六『屋敷神の研究――日本信仰伝承論』吉川弘文館
中里亮平 二〇一〇「祭礼におけるもめごとの処理とルール――彼はなぜ殴られたのか」『現代民俗学研究』二
―― 二〇一九「民俗芸能研究と祭礼研究――角館のお祭りの事例から」『民俗芸能研究 特別企画――無形文化遺産特集』六六
中西正幸 二〇一一「神社の祭り――祭祀学」阪本是丸・石井研士編『プレステップ神道学』（初版）弘文堂
中野紀和 二〇〇三「民俗学におけるライフヒストリーの課題と意義――祭礼研究との関連から」『日本民俗学』二三四
―― 二〇〇七『小倉祇園太鼓の都市人類学――記憶・場所・身体』古今書院
西角井正慶 一九五七『祭祀概論』神社新報社
―― 一九七五「折口信夫」『神道宗教』四一
西邑木一編 一九三九『華族大観』華族大観刊行会
沼部春友 二〇一八「序文」沼部春友・茂木貞純編『神道祭祀の伝統と祭式』戎光祥出版
萩原龍夫 一九六二『中世祭祀組織の研究』吉川弘文館
橋本浩編 一九二三『小国郷土誌』
橋本裕之・林勲男編 二〇一六『災害文化の継承と創造』臨川書店
花島政三郎 一九六五「部落自治の運営と宮座――滋賀県永源寺町佐目部落の事例」『日本民俗学会報』四一
原田敏明 一九七五『村の祭祀』中央公論社
比嘉春潮編 一九三四『郷土生活研究採集手帖（昭和九年度）』（比嘉春潮・大間知篤三・柳田國男・守随一編『山村海村民俗の研究』名著出版、一九八四年、所収）
―― 一九三五『郷土生活研究採集手帖（昭和十年度）』（比嘉春潮・大間知篤三・柳田國男・守随一編『山村海村民

俗の研究』名著出版、一九八四年、所収）
肥後和男　一九三八「近江に於ける宮座の研究」『東京文理科大学文科紀要』一六
——　一九四一『宮座の研究』弘文堂書房
平井直房　一九九〇「神道と民俗」日本民俗研究大系編集委員会編『日本民俗研究大系十　国学と民俗学』国学院大学
平山和彦　一九九二（一九六六）「村寄合における議決法」『伝承と慣習の論理』吉川弘文館
——　一九九二『伝承と慣習の論理』吉川弘文館
広木重喜　一九六五『阿蘇火山騒動記』（私家版、熊本県立図書館蔵）
福田アジオ　一九八二『日本村落の民俗的構造』弘文堂
——　一九八四『日本民俗学方法序説』弘文堂
——　一九九七『番と衆　日本社会の東と西』吉川弘文館
——　二〇〇二『近世村落と現代民俗』吉川弘文館
古家信平　二〇〇〇「民俗誌」『日本民俗大辞典』（下）吉川弘文館
——編　二〇一八『現代民俗学のフィールド』吉川弘文館
文化庁編　二〇二四『宗教年鑑　令和6年』
文化庁文化財保護部　一九八二「阿蘇の農耕祭事」『月刊文化財』二月号
松平誠　一九九〇『都市祝祭の社会学』有斐閣
松本恵　二〇一三「近世阿蘇宮祭祀の歴史的特質」吉村豊雄・春田直紀編『阿蘇カルデラの地域社会と宗教』清文堂出版
真弓常忠　一九九二『神道祭祀——神をまつることの意味』朱鷺書房
水谷類・渡部圭一編　二〇一八『オビシャ文書の世界——関東の村の祭りと記録』岩田書院
水野公寿編著　一九七八『西南戦争期における農民一揆　史料と研究』葦書房
水野公寿　二〇〇〇『一の宮町史④　西南戦争と阿蘇』一の宮町
宮川宗徳大人傳記刊行会　一九六四『宮川宗徳——その傳記と遺稿』
三宅守常　二〇一五『三条教則と教育勅語』弘文堂
宮田登　一九七五『ミロク信仰の研究　新訂版』未來社
宮本常一　一九七一（一九六〇）「対馬にて」『宮本常一著作集一〇　忘れられた日本人』未來社
宮脇定久　二〇一八『宮川宗徳大人伝記』宮川宗徳大人顕彰会出版部
民間伝承の会編　一九四八「民俗学研究所報　研究例会」『民間伝承』一二—一
民俗学研究所編　一九五一『民俗学辞典』東京堂出版
村上重良　一九七〇『国家神道』岩波書店
村上忠喜　二〇一〇「ユネスコ無形文化遺産と民俗文化財——京都祇園祭の山鉾行事登録に向けての取り組み」『政策科学』一七—二
村崎真智子　一九九三『阿蘇神社祭祀の研究』法政大学出版

局
――　二〇〇〇『阿蘇家伝』の研究（1）」『日本私学研究所紀要』三五―二
――　二〇〇一「『阿蘇家伝』の研究（2）」『日本私学研究所紀要』三六―二
――　二〇〇二a「『阿蘇家伝』の研究（3）」『日本私学研究所紀要』三七―二
――　二〇〇二b「近世の阿蘇神話伝説の類型化・画一化」『国語国文学研究』三七
――　二〇〇三「近世の阿蘇神話伝説の正典化」『国語国文学研究』三八
――　二〇〇二c「『阿蘇家伝』の諸本」『熊本史学』八〇・八一
茂木栄　二〇〇八「柳田國男の神道研究」『明治聖徳記念学会紀要』四五（復刊）
茂木貞純　一九八六「折口信夫の戦後神道論」『國學院雑誌』八七―一一
森岡清美　一九八七『近代の集落神社と国家統制』吉川弘文館
矢島妙子　二〇一五『「よさこい系」祭りの都市民俗学』岩田書院
安井眞奈美　二〇〇二「村（ムラ）」小松和彦・関一敏編『新しい民俗学へ――野の学問のためのレッスン26』せりか書房
柳川啓一　一九八七『祭りと儀礼の宗教学』筑摩書房
柳田國男　一九三五「採集事業の一画期」大間知篤三編『山村生活調査第一回報告書』（比嘉春潮・大間知篤三・柳田國男・守随一編『山村海村民俗の研究』所収）
――　一九九八（一九三四）「民間伝承論」『柳田國男全集』第八巻、筑摩書房
――　一九九八（一九四二）「日本の祭」『柳田國男全集』第一三巻、筑摩書房
――　一九九八（一九四三）「神道と民俗学」『柳田國男全集』第一四巻、筑摩書房
――　一九九八（一九四六）「先祖の話」『柳田國男全集』第一五巻、筑摩書房
――　一九九九（一九四六）「祭日考」『柳田國男全集』第一六巻、筑摩書房
――　一九九九a（一九四七）「山宮考」『柳田國男全集』第一六巻、筑摩書房
――　一九九九b（一九四七）「氏神と氏子」『柳田國男全集』第一六巻、筑摩書房
――　二〇〇四（一九四八）「神社と信仰に就て」『柳田國男全集』第三一巻、筑摩書房
――編　一九七五（一九三八）『山村生活の研究』国書刊行会
山口麻太郎　一九三九a「民俗資料と村の性格」『民間伝承』四巻九号
――　一九三九b「再び民俗資料と村の性格に就いて」『民間伝承』五―二

――　一九四九「民間伝承の地域性について」『民間伝承』一三―一〇
山口弥一郎　一九四七『農村社会生活の行方』農民社
山本十郎　一九六九『阿蘇魂』阿蘇魂刊行会
湯川洋史　二〇二四「神職世襲制度廃止後の神社組織の変化―阿蘇神社「神社記録」から」『國學院雑誌』一二五―五
湯川洋司　一九九八「伝承母体論とムラの現在」『日本民俗学』二一六
由谷裕哉　二〇一八a「柳田國男「神道私見」における神社観の再検討」『神道宗教』二五〇・二五一
――　二〇一八b「柳田國男『神道と民俗学』における神社祭祀論の再検討」『民俗学論叢』三三
――　二〇二〇「戦時下における原田敏明の氏神祭祀論と柳田國男の頭屋制論」『民俗学論叢』三五、相模民俗学会
――　二〇二二「柳田國男『山宮考』における山宮と氏神の捉え方――伊勢と富士山に注目して」『宗教民俗研究』三二
――編　二〇二〇『神社合祀再考』岩田書院
吉村亜弥子　二〇一〇「北アメリカで民俗学を学ぶ」『日本民俗学』二六三
吉村豊雄　二〇〇一『一の宮町史③　藩制下の村と在町』一の宮町
米地実　一九七七『村落祭祀と国家統制』御茶の水書房
和歌森太郎　一九五三『日本民俗学』弘文堂
――　一九七〇『新版日本民俗学』清水弘文堂
――　一九八〇（一九四七）「民俗学から見た古代社会」『和歌森太郎著作集』第四巻、弘文堂
――　一九八〇（一九五〇）「中世協同体の研究」『和歌森太郎著作集』第一巻、弘文堂
――　一九八〇（一九五五）「美保神社の研究」『和歌森太郎著作集』第三巻、弘文堂
――　一九八一（一九四七）「日本民俗学概説」『和歌森太郎著作集』第九巻、弘文堂
――　一九八一a（一九四八）「民俗学の歴史哲学」『和歌森太郎著作集』第一〇巻、弘文堂
――　一九八一b（一九四八）「村の寄合と座順」『和歌森太郎著作集』第一〇巻、弘文堂
――　一九八一（一九五〇）「村の伝承的社会倫理――『封建遺制』の問題に関連して」『和歌森太郎著作集』第一〇巻、弘文堂
渡部圭一　二〇〇九「頭役祭祀の集権的構成――近江湖南の集落神社の一例」『京都民俗』二六
――　二〇一八「コンテクストにおける文書の民族誌」古家信平編『現代民俗学のフィールド』吉川弘文館
（著者名なし）　一九七九『日本人名大事典』平凡社

参考資料

史料全般（時代順）

『隋書倭国伝』（『新訂　魏志倭人伝・後漢書倭伝・宋書倭国伝・隋書倭国伝——中国正史日本伝（1）』一九五一年、岩波文庫）
『日本書紀』（黒板勝美・國史大系編修會編『新訂増補　國史大系』第一巻、一九六六年、吉川弘文館）
『日本後紀』（黒板勝美・國史大系編修會編『新訂増補　國史大系』第三巻、一九六六年、吉川弘文館）
『續日本後紀』（黒板勝美・國史大系編修會編『新訂増補　國史大系』第三巻、一九六六年、吉川弘文館）
『文德實録』（黒板勝美・國史大系編修會編『新訂増補　國史大系』第三巻、一九六六年、吉川弘文館）
『三代實録』（黒板勝美・國史大系編修會編『新訂増補　國史大系』第四巻、一九六六年、吉川弘文館）
『延喜式』（黒板勝美・國史大系編修會編『新訂増補　國史大系』第二六巻上、一九七二年、吉川弘文館）
『先代旧事本紀』（黒板勝美・國史大系編修會編『新訂増補　國史大系』第七巻、一九六六年、吉川弘文館）
『日本紀略』（黒板勝美・國史大系編修會編『新訂増補　國史大系』第一〇巻、一九六五年、吉川弘文館）
『釋日本紀』（黒板勝美・國史大系編修會編『新訂増補　國史大系』第八巻、一九六五年、吉川弘文館）

阿蘇神社関係史料

・全体に関するもの

「阿蘇家文書」（『大日本古文書　家わけ第十三　阿蘇文書之一』東京帝国大学史料編纂所、一九三二年に所収）
「阿蘇神社文書」（『大日本古文書　家わけ第十三　阿蘇文書之一』東京帝国大学史料編纂所、一九三二年に所収）
「阿蘇文書写」（『大日本古文書　家わけ第十三　阿蘇文書之二』東京帝国大学史料編纂所、一九三三年に所収）
『社務日誌』（『社務日記』）（阿蘇神社所蔵）

・由緒関係

『阿蘇家伝』（享和元年（一八〇一〜））（阿蘇家所蔵、『阿蘇家譜』として東京大学史料編纂所所蔵）
『阿蘇家譜』（東京大学史料編纂所所蔵）
「阿蘇宮記」（井澤蟠龍著、元禄三年（一六九〇））（熊本県立図書館所蔵「上妻文庫」所収、『神道大系　神社編五〇　阿蘇・英彦山』所収）
「阿蘇宮社家供僧由来」（『阿蘇家伝』巻三、『神道大系　神社

編五〇 阿蘇・英彦山』（神道大系編纂会、一九八七年）に所収）
「阿蘇宮由来略」（『阿蘇家伝』巻三、『神道大系 神社編五〇 阿蘇・英彦山』（神道大系編纂会、一九八七年）に所収）
「阿蘇社日記」（『阿蘇家伝』巻三、『神道大系 神社編五〇 阿蘇・英彦山』（神道大系編纂会、一九八七年）に所収）
「阿蘇大明神流記」（『阿蘇家伝』巻三、『神道大系 神社編五〇 阿蘇・英彦山』（神道大系編纂会、一九八七年）に所収）
「略記」（『阿蘇家伝』巻三、『神道大系 神社編五〇 阿蘇・英彦山』（神道大系編纂会、一九八七年）に所収）

・祭祀関係（時代順）

「年中祭式之次第」（室町期以前カ）（阿蘇神社所蔵、『阿蘇の農耕祭事』、村崎真智子『阿蘇神社祭祀の研究』所収）
「阿蘇社年中神事次第写」（南北朝～室町期カ）（「阿蘇文書写」一九・三四、『日本祭礼行事集成』第五巻（平凡社、一九七二年）、『神道大系 神社編五〇 阿蘇・英彦山』（神道大系編纂会、一九八七年）に所収）
「阿蘇社四季神事諸役次第」（室町期カ）（「阿蘇家文書」三三三）
「阿蘇社神事注文写」（室町期カ）（「阿蘇文書写」二〇、『神道大系 神社編五〇 阿蘇・英彦山』（神道大系編纂会、一九八七年）に所収）
「阿蘇大宮司惟忠阿蘇御田出仕次第写」（元和六年（一六二〇））（「阿蘇家文書」二七一、『神道大系 神社編五〇 阿蘇・英彦山』（神道大系編纂会、一九八七年）に所収）
「下野狩日記」（慶長十二年（一六〇七））（永青文庫所蔵、飯沼賢司編『阿蘇下野狩史料集』（思文閣出版、二〇一二年）に所収）
「下野狩旧記抜書」（正徳二年（一七一二））（永青文庫所蔵、飯沼賢司編『阿蘇下野狩史料集』（思文閣出版、二〇一二年）に所収）
「下野狩集説秘録」（延徳三～承応三年（一四九一～一六五四））（阿蘇家所蔵、『神道大系 神社編五〇 阿蘇・英彦山』（神道大系編纂会、一九八七年）に所収）
「下野狩由来記」（文化四年（一八〇七））（阿蘇家所蔵、村崎真智子『阿蘇神社祭祀の研究』、飯沼賢司編『阿蘇下野狩史料集』（思文閣出版、二〇一二年）に所収）
「風宮社演書」（天保七～明治二十九年（一八三六～一八九六））（一の宮町史資料目録文書編番号三六一）（家入家所蔵）
「阿蘇宮祭日之覚」（明治初年カ）（阿蘇神社所蔵、村崎真智子『阿蘇神社祭祀の研究』所収）
「阿蘇宮年中行事」（明治三年（一八七〇））（阿蘇神社所蔵、『日本祭礼行事集成』第五巻（平凡社、一九七二年）所収）
「祭式古例調書控」（明治二十五年（一八九二））（阿蘇神社所蔵、村崎真智子『阿蘇神社祭祀の研究』所収）

・復旧工事関係パンフレット（阿蘇神社ホームページ内、
http://asojinja.or.jp）

「重要文化財阿蘇神社一の神殿ほか5棟保存修理（災害復旧）」（二〇二〇年）
「阿蘇神社災害復旧事業のご報告」（二〇二一年）

「重要文化財阿蘇神社一の神殿ほか5棟保存修理（災害復旧）」（二〇二三年）
「阿蘇神社災害復旧事業のご報告」（二〇二三年）

・その他

『肥後一ノ宮官幣中社阿蘇神社由来記附祭典及講社趣旨書』（官幣中社阿蘇神社附属講社本部、一九一一年）（筆者所蔵）
『重要文化財　阿蘇神社保存活用計画　本編』（二〇二三年）
『重要文化財　阿蘇神社保存活用計画　資料編』（二〇二三年）

地誌関係（時代順）

『肥後地志略』（井澤蟠龍著、宝永六年（一七〇九））（『肥後国地誌集』（青潮社、一九八〇年）に所収）
『新編肥後国志草稿』（成瀬久敬著、享保十三年（一七二八））
「阿蘇布理」（高本紫溟著、宝暦六～明和四年（一七五六～一七六七）頃カ）（『肥後文献叢書』第二巻（隆文館、一九〇九年）に所収）
『肥後国志略』（森本一瑞増補、明和九年（一七七二））（国立公文書館所蔵）
「蘇渓温故」（慶応二年（一八六六）カ）（熊本県立図書館「上妻文庫」所収、『神道大系　神社編五〇　阿蘇・英彦山』（神道大系編纂会、一九八七年）に所収）
「蘇谷志料」（「蘇渓温故」のなかに引用）
『肥後国志』（水島貫之増補、明治十七～十八年（一八八四～一八八五）、熊本活版舎）

官公庁関係

「阿蘇エコツーリズム推進全体構想」（阿蘇ジオパーク推進協議会、二〇一九年）
『阿蘇の文化的景観　保存活用計画　阿蘇市版』（阿蘇市・南小国町、小国町、産山村、高森町、南阿蘇村、西原村、二〇二〇年）
『阿蘇くじゅう観光圏整備計画（平成三十～三十四年度）』（熊本県阿蘇市、阿蘇郡南小国町・小国町・産山村・高森町・南阿蘇村・西原村、上益城郡山都町、大分県竹田市、宮崎県西臼杵郡高千穂町、二〇一八年）
『阿蘇中部3町村合併にかかる阿蘇市建設計画　緑いきづく火の神の里——豊かな自然と笑顔あふれる国際環境観光都市を目指して』（阿蘇市、二〇〇四年（二〇二〇年変更））
『官報』（国立印刷局）
「行政区別人口統計表」（旧一の宮町役場住民課保管資料）
「指定寄附金制度に係る申請の手引（宗教法人が自ら所轄庁に申請して募集する場合）」（文化庁文化部宗務課、二〇一六年九月九日付）
『世界遺産暫定一覧表追加資産に係る提案書——資産名称「阿蘇——火山との共生とその文化的景観」』（熊本県・阿蘇市・南小国町・小国町・産山村・高森町・南阿蘇村・西原村、二〇〇七年）（熊本県庁ホームページ「「阿蘇カルデラ」の世界文化遺産国内暫定一覧表への提案について」、https://www.pref.kumamoto.jp/uploaded/

attachment/100679.pdf 最終閲覧日：二〇二五年二月一日）
「第２次阿蘇市総合計画（基本構想・前期基本計画）」（阿蘇市総務部財政課企画係、二〇一七年）
『判例時報』三九九号（「「火の山騒動」の第一審判決　熊本地裁昭和三十三年（ワ）三二二号、昭和三十九年十二月二十三日判決」）
「文化財保護法に基づく文化財保存活用大綱・文化財保存活用地域計画・保存活用計画の策定等に関する指針」（文化庁、二〇一九年三月四日）
「めざそう！　世界遺産　熊本の文化遺産を世界遺産に」（熊本県文化課世界遺産登録推進班、二〇〇九年頃作成）
「めざそう！　阿蘇世界文化遺産」（熊本県企画振興部地域・文化振興局文化企画・世界遺産推進課、二〇一五年頃作成）
「歴史・文化資産を活かした復興まちづくりに関する基本的考え方」（二〇二二年、国土交通省都市局）

ホームページ

・阿蘇神社プレスリリース（http://asojinja.or.jp）
二〇一六年十月二十七日付「災害復旧工事の着工について（お知らせ）」
二〇一八年十二月一日付「斎館修復工事の完了について【指定寄付《ママ》金対象事業】」
二〇一八年十二月八日付「【お知らせ】参道鳥居の解体工事について」
二〇一九年二月二十三日付「拝殿再建のための用材調達について【指定寄附金対象事業】」
二〇一九年三月二十日付「指定寄附金募集終了のご挨拶」
二〇二〇年十二月九日付「参道南北鳥居の竣工について」
二〇二一年七月十三日付「（お知らせ）【指定寄附金事業】平成28年熊本地震で全壊した拝殿の再建工事が完了しました」
・官公庁など
「阿蘇市の概要」（阿蘇市ホームページ、https://www.city.aso.kumamoto.jp/municipal/profile/outline/ 最終閲覧日：二〇二五年二月一日）
阿蘇ユネスコジオパークホームページ（http://aso-geopark.jp/geosites/geosite11.html 最終閲覧日：二〇二五年二月一日）
「「阿蘇カルデラ」の世界文化遺産登録に向けた取組みについて」（熊本県庁ホームページ、https://www.pref.kumamoto.jp/soshiki/22/367.html 最終閲覧日：二〇二五年二月一日）
「熊本地震により滅失・損壊をした公益的な施設等の復旧のために公共・公益法人等が募集する寄附金の指定」（財務省ホームページ、https://www.mof.go.jp/tax_policy/2808kh-shiteikifukin.htm 最終閲覧日：二〇二五年二月一日）
「世界農業遺産としての価値」（阿蘇地域世界農業遺産推進協会「世界農業遺産〝阿蘇〟オフィシャルサイト」、https://www.giahs-aso.jp/value/culture_agriculture/ 最終閲覧日：二〇二五年二月一日）

「ユネスコ世界ジオパーク」（文部科学省ホームページ、https://www.mext.go.jp/unesco/005/004.htm 最終閲覧日：二〇二五年二月一日）

新聞記事

・『九州新聞』
大正八年（一九一九）五月二十九日五面「今尚鳴動降灰を續けて活動熄まぬ阿蘇山」
昭和八年（一九三三）三月七日朝刊五面「爆発後の大阿蘇本格的な見学 又とない絶好の機会」
昭和八年（一九三三）三月七日朝刊五面「一爆発ごとにどっと上る大歓声」
・『熊本日日新聞』
昭和二十二年（一九四七）七月二十三日二面「阿蘇地方に豪雨」
昭和二十二年（一九四七）八月二十六日二面「川床高くなり氾濫　阿蘇のヨナ豫想外の被害」
昭和二十四年（一九四九）七月七日二面「豪雨禍　湖と化す阿蘇郡古城村ヨナの堆積で新川タン生」
昭和二十六年（一九五一）一月二十四日朝刊四面「阿蘇山ヨナ白書　急を要する災害對策」
昭和二十九年（一九五四）六月二十六日朝刊二面「きょう大水害一周年」
昭和三十年（一九五五）七月二十七日朝刊五面「阿蘇・人気を取戻す ファン沸かせた夏の爆発「火の山」の面目発揮 馬に揺られる見物客も」
昭和三十年（一九五五）七月二十九日朝刊五面「阿蘇火口に降りる」
昭和三十三年（一九五八）六月二十八日朝刊五面「はやくも登山バス 阿蘇山上の復旧進む」
昭和三十七年（一九六二）八月二十日朝刊六面「くまもとの川 黒川〝水害常習犯〟いまは昔 改修でおとなしい川に」
昭和五十四年（一九七九）九月七日朝刊一四面「甘かった立ち入り規制　「火口観光」に新たな波紋」
平成二十八年（二〇一六）十月九日朝刊一面「阿蘇中岳爆発的噴火　噴煙1万メートル超 入山規制」
平成二十八年（二〇一六）十月九日朝刊一面「新生面」
平成三十年（二〇一八）五月三十一日十五面「中岳火口　山岳信仰の聖地に」
・『紫溟新報』
明治十九年（一八八六）七月三十日四面「廣告　コレラ病豫防の為例祭延期」
・『神社新報』
昭和二十一年（一九四六）七月八日二面「官僚臭を一洗し楽しみと魅力を」
昭和二十二年（一九四七）二月三日一面「青年神職の所信（一）紙上座談会」
昭和二十二年（一九四七）四月二十一日一面　櫻井貞光「青年神職の所信（10）紙上座談会」
昭和二十二年（一九四七）九月二十二日二面　畑宗一「神職

の憂悶」
昭和二十三年（一九四八）九月六日四面　牧田茂「神を拝むことば」
昭和二十五年（一九五〇）七月十日二面「〝動く社會〟に對する神道者の觀方を」
昭和二十六年（一九五一）十二月十日四面　山田勝利「神道の展開と其の理念について（上）」
昭和二十七年（一九五二）一月七日四・五面　牧田茂「龍神の話――民俗学のノートから」
昭和二十七年（一九五二）十月六日三面「宗教界の電波合戦」
昭和二十八年（一九五三）一月五日四面　能田多代子「北と南のお正月風景　女の正月」
昭和二十八年（一九五三）一月五日四面　宮良当壮「北と南のお正月風景　沖縄の春」
昭和二十八年（一九五三）四月十三日一面「国大・博士課程問題の示唆　国文学系はパスしたが神道関係はお流れ教授陣の薄弱指摘さる」
昭和二十八年（一九五三）六月十五日一面「国大教授陣を強化　顧問に渋沢敬三氏を迎ふ」
昭和二十八年（一九五三）八月二十四日一面「阿蘇神社の氏子青年会生る」
昭和二十八年（一九五三）八月三十一日四面「阿蘇神社例大祭」
昭和二十九年（一九五四）一月四日七面　河野省三「静かにうまらに――新春時代管見」
昭和三十年（一九五五）一月二十四日二面　岡田米夫「若木論壇　神道の一辺倒を避けるために」
昭和三十年（一九五五）六月十三日三面　蒲生俊仁「二十世紀後半に立ちて神道を思ふ」
昭和三十一年（一九五六）一月七日四面「青年学究の新春座談会　開け神道学の隘路――共同研究所の設立も要望」
昭和三十一年（一九五六）一月七日八面　梅田義彦「東方の青」
昭和三十一年（一九五六）十一月二十四日四面　葦津珍彦「小林健三氏著〝現代神道の研究〟を読む」
昭和三十二年（一九五七）一月十九日二面「民俗資料の保存文化財保護委が五ヶ年計画で」
昭和三十三年（一九五八）十月四日二面　岩本徳一「若木論壇　頭痛鉢巻」
昭和三十五年（一九六〇）八月二十日四面　祝宮静「「まつり」研究の組織的編成――全国やま・ほこ研究大会の印象と反省」
昭和三十八年（一九六三）一月五日八面　祝宮静「お正月さまを祭る」
昭和三十八年（一九六三）五月四日四面　好崎安訓「やまびこ」
昭和三十八年（一九六三）六月二十二日四面「祭式学樹立の為めに」
昭和三十九年（一九六四）十一月二十八日四面　小林健三「十字路に立つ神道――『神道とは何か』をめぐって」

昭和五十年（一九七五）七月二十一日四面　嵯峨井建「「天皇と神道の分離論」批判——折口発言を論ず」

平成八年（一九九六）八月十九日二面　佐野和史「主張「民俗神道」といふ概念」

あとがき

本書は次の既発表論文を加筆修正し、新たに結論を加えてまとめたものである。

序論　「戦後神道研究における民俗学の位置──民俗学的神道研究の展望」『國學院雑誌』一一三巻一一号（二〇一二年）

第一章　「和歌森太郎の伝承論における社会規範概念」『史境』五九号（二〇〇九年）

第一章　「阿蘇という時空間の設定──神話から郷土誌へ」由谷裕哉・時枝務編著『郷土史と近代日本』（角川学芸出版、二〇一〇年）

第二章　「地方大社における農耕祭祀伝承の民俗学的問題──熊本県阿蘇谷地方のモノグラフと中・近世史料を通して」『韓日文化共同研究論文集第1輯　特集：韓日文化共同研究の課題』（韓國中央大學校大學院日語日文學科BK21、二〇〇七年）

「祭事を支える人びとの志向性──重要無形民俗文化財「阿蘇の農耕祭事」をめぐって」由谷裕哉編著『郷土再考──新たな郷土研究を目指して』（角川学芸出版、二〇一二年）

第三章　「身分意識の高揚と民俗社会──西南戦争下の阿蘇谷の打ち毀し」浪川健治・古家信平責任編集『別冊環23　江戸─明治　連続する歴史』（藤原書店、二〇一八年）

第四章　「戦後社会における旧華族神職家の継承──阿蘇神社宮司三代の事例」『日本民俗学』三〇七号（二〇二一年）

第五章　「ムラの規範と意味づけ──神職成長過程における対社会関係分析」『民俗学論叢』二〇号（二〇〇五年）

第六章　「寄合における総意形成の仕組み──個人的思考から社会集団的発想への展開」『日本民俗学』二五四

号（二〇〇八年）

第七章　「災害復興と地域振興のなかの神社——阿蘇の自然災害を事例に」『神道宗教』二六四・二六五号（二〇二一年）

結論　書き下ろし

はしがきと序論でも少し触れているが、私のフィールドワークと研究活動の余談については『日本民俗学』三二一号（二〇二五年二月）掲載のフィールドワーク論のなかで詳しく紹介している。

本書刊行までにはたくさんの方々のご協力を賜っている。とりわけ、山部チマ氏、山岡タミコ氏、宮川経幸禰宜、池浦秀隆権禰宜には、見学や聞き書きでいつも便宜を図っていただき、おかげで多くの方々と出会うことができ、行事にも加わることができた。そして、筆者が疑問に思ったことや感じたことについて、親しみを込めて丁寧に応じてくださるやりとりは、大学システムとは別のかたちの知の構築方法である。

一方、私にとって大学とは知を相対化し、研究方法を洗練させていく場である。学部では共同調査に誘ってくれた春田直紀先生、大学院では自由闊達な議論の場を設けてくださった古家信平先生、大学院を修了してからは共同研究に誘ってくれた由谷裕哉先生や藤田大誠先生、現在は専門職・研究職に就いて活躍中の同窓たち、今も続く彼らとの交流のおかげで研究を進めることができている。

出版に際しては、スケール感の大きな社会史を扱う藤原書店から上梓することが叶った。本書出版の意義を汲み取っていただいた藤原良雄社長と、編集担当の山﨑優子氏に心より感謝申し上げる。

また、私に研究の場を与えてくださった國學院大學の教職員にも深く感謝申し上げたい。本書の刊行にあたっては「國學院大學出版助成（乙）」の助成を受けた。

令和七年二月

著　者

図表一覧

か 行

さ 行

た 行

な 行

は 行

わ 行

⑤資料名

（本文中に記載の主なもの）

か　行

さ　行

た　行

な　行

や　行

ら　行

わ　行

④地名・地区名

阿蘇市内の大字名には（　）で旧町名を付した。
なお、阿蘇市の成立は平成17年2月11日。

あ　行

さ　行

た　行

な　行

は　行

ま　行

③人名・家名

た行

な行

は行

ま行

や行

ら行

わ行

②神社・祭神・祭事名

ま 行

や 行

ら 行

た 行

な 行

は 行

さ　行

索　引

①一般事項

著者紹介

柏木亨介（かしわぎ・きょうすけ）

1976年東京都生。2008年筑波大学大学院人文社会科学研究科修了。博士（文学）。國學院大學神道文化学部准教授。専攻は民俗学・文化人類学。
主要論文「戦後神道研究における民俗学の位置」（『國學院雑誌』123巻12号）、「戦後社会における旧華族神職家の継承」（『日本民俗学』307）等。

阿蘇神社《あそじんじゃ》の夜明《よあ》け前《まえ》
——神々《かみがみ》とともに生《い》きる社会《しゃかい》のエスノグラフィー

2025年2月28日　初版第1刷発行©

著　者　柏　木　亨　介
発行者　藤　原　良　雄
発行所　株式会社　藤　原　書　店

〒162-0041　東京都新宿区早稲田鶴巻町523
電　話　03（5272）0301
FAX　03（5272）0450
振　替　00160-4-17013
info@fujiwara-shoten.co.jp

印刷・製本　精文堂印刷

落丁本・乱丁本はお取替えいたします
定価はカバーに表示してあります
Printed in Japan
ISBN978-4-86578-452-7

欧州の視点で描く島原の乱前夜

黒い十字架

松原久子

全欧州を荒廃に陥れた「宗教戦争」は、十七世紀日本に何をもたらしたか？　新旧キリスト教の日本への覇権争いが、人々の純粋な魂を翻弄した江戸初期の島原。鎖国迫る中、キリシタン大名の娘の真実を求める行動力が、原城の天守閣を焼き払う。欧米で大論争を巻き起こしてきた作家が送る、息もつかせぬ歴史小説。

四六上製　二九六頁　**二四〇〇円**
（二〇〇八年一一月刊）◇978-4-89434-665-9

明治維新一五〇年記念に贈る、新しい日本史

別冊『環』㉓
江戸―明治 連続する歴史

浪川健治・古家信平編

序「連続する「時間」と「空間」からの日本史」
浪川健治・古家信平

Ⅰ **考える――学問と知識人**
デビッド・ハウエル／武井基晃／吉村雅美／ショーン・ハンスン／岩本和恵／北原かな子／楠木賢道

Ⅱ **暮らす――地域と暮らし**
古家信平／宮内貴久／清水克志／平野哲也／及川高／萩原左人／塚原伸治

Ⅲ **変わる――社会と人間**
浪川健治／根本みなみ／山下須美礼／柏木亨介／中里亮平／神谷智昭

（付）関連年表、各部にコラム

菊大判　三三六頁　**三八〇〇円**
（二〇一七年一一月刊）◇978-4-86578-155-7

なぜ〝象徴天皇〟であるべきか

象徴でなかった天皇

（明治史にみる統治と戦争の原理）

岩井忠熊・広岩近広

なぜ明治天皇は〝元首にして大元帥〟にされたか。日本軍は、天皇の威光伝説を掲げ大陸に侵攻した。特攻で九死に一生をえた歴史学者と、元事件記者のジャーナリストが、明治が布いた戦争原理を追究、平和憲法を守るため、明治史の教訓に学ぶ。

四六並製　三〇四頁　**三三〇〇円**
（二〇一九年三月刊）◇978-4-86578-217-2

「日露戦争は世界戦争だった」

日露戦争の世界史

崔 文衡
朴菖熙訳

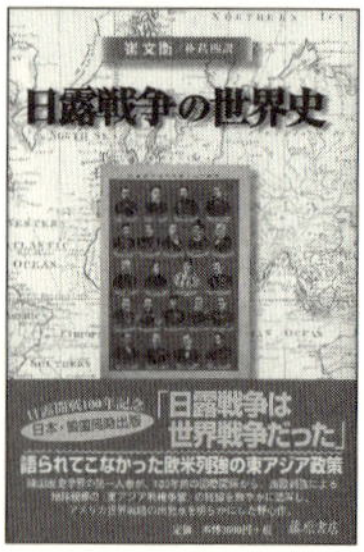

「日露戦争」の意味は、日露関係だけでは捉え得ない。自国の植民地化の経緯を冷徹なまでに客観的に捉えんとする韓国歴史学界の第一人者が、各国の膨大な資料と積年の研究により、日露戦争から韓国併合に至る列強の角逐の全体像を初めて明らかにする。

四六上製　四四〇頁　**三六〇〇円**
（二〇〇四年五月刊）
品切◇978-4-89434-391-7

東西の歴史学の巨人との対話

民俗学と歴史学

〈網野善彦、アラン・コルバンとの対話〉

赤坂憲雄

歴史学の枠組みを常に問い直し、人々の生に迫ろうとしてきた網野善彦とコルバン。民俗学から「東北学」へと歩みを進めるなかで、一人ひとりの人間の実践と歴史との接点に眼を向けてきた著者と、東西の巨人との間に奇跡的に成立した、「歴史学」と「民俗学」の相互越境を目指す対話の記録。

四六上製　二四〇頁　**二八〇〇円**
（二〇〇七年一月刊）
◇978-4-89434-554-6

柳田国男は世界でどう受け止められているか

世界の中の柳田国男

R・A・モース＋赤坂憲雄編
菅原克也監訳　伊藤由紀・中井真木訳

歴史学・文学・思想など多様な切り口から柳田国男に迫った、海外における第一線の研究を精選。〈近代〉に直面した日本の社会変動をつぶさに書き留めた柳田の業績とその創始した民俗学の二十一世紀における意義を、世界の目を通してとらえ直す画期的論集。

Ａ５上製　三三六頁　**四六〇〇円**
（二〇一二年一一月刊）
◇978-4-89434-882-0

「歴史学」が明かしえない、「記憶」の継承

歴史と記憶

〈場所・身体・時間〉

赤坂憲雄・玉野井麻利子・三砂ちづる

P・ノラ『記憶の場』等に発する「歴史／記憶」論争に対し、「記憶」の語り手／聞き手の奇跡的な関係性とその継承を担保する〝場〟に注目し、単なる国民史の補完とは対極にある「記憶」の独自なあり方を提示する野心作。民俗学、人類学、疫学という異分野の三者が一堂に会した画期的対話。

四六上製　二〇八頁　**二〇〇〇円**
（二〇〇八年四月刊）
◇978-4-89434-618-5

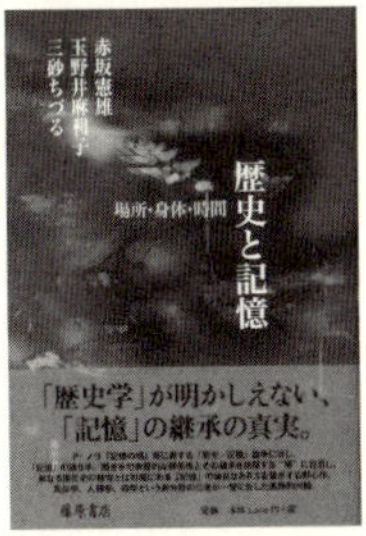

〈地方〉は記憶をいかに取り戻せるか？

幻の野蒜《のびる》築港

〈明治初頭、東北開発の夢〉

西脇千瀬

明治初期、宮城県・石巻湾岸の漁村、野蒜を湧かせた、国際貿易港計画とその挫折。忘却あるいは喪失された往時の実情を、新聞史料から丁寧に再構築し、開発と近代化の渦中を生きた人びとを活写。東日本大震災以降いっそう露わになった、〈地方〉の疲弊に対して、喪われた「土地の記憶」の回復がもたらす可能性を問う。

第７回「河上肇賞」本賞受賞
四六上製　二五六頁　**二八〇〇円**
（二〇一二年一一月刊）
◇978-4-89434-892-9

古事記は面白い！

「作品」として読む古事記講義

山田 永

謎を次々に読み解く、最も明解な入門書。古事記のテクストそれ自体に徹底的に忠実になることで初めて見えてくる「作品」としての無類の面白さ。これまでの古事記研究は、古事記全体を個々の神話に分解し、解釈することが主流だった。しかしそれは「古事記で（何かを）読む」ことであって、「古事記（そのもの）を読む」ことではない。

Ａ５上製 二八八頁 三二〇〇円
（二〇〇五年二月刊）
◇978-4-89434-437-2

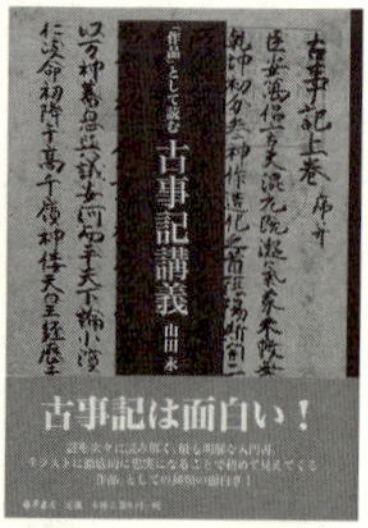

日本史研究の新たな領野！

モノが語る日本対外交易史 七―一六世紀

Ch・フォン・ヴェアシュア
鈴木靖民＝解説 河内春人訳

七―一六世紀に及ぶ日本の対外関係の全体像を初めて通史的に捉えた画期的著作。「モノを通じた東アジアの交流」と「モノづくり日本」の原点を鮮やかに描き出す。

四六上製 四〇八頁 四八〇〇円
（二〇一一年七月刊）
◇978-4-89434-813-4

ACROSS THE PERILOUS SEA
Charlotte Von VERSCHUER

「共食」を通じて築かれた社会関係とは

「共食」の社会史

原田信男

同じ時に、同じ場所で、同じものを食べる「共食」――それは、まさに人類固有の文化である。神との食、死者を祀る食、労働（農耕、収穫）とともにあった食、法と契約や身分秩序の確認のための食、異文化との交渉の場での食、そして近代へ。「孤（個）食」が社会問題化し、コロナ禍の中で「会食」のあり方が問われている今、日本において、「共食」を通じて結ばれてきた様々な〝絆〟とその変遷を辿る。

四六上製 四三二頁 三六〇〇円
（二〇二〇年一一月刊）
◇978-4-86578-297-4

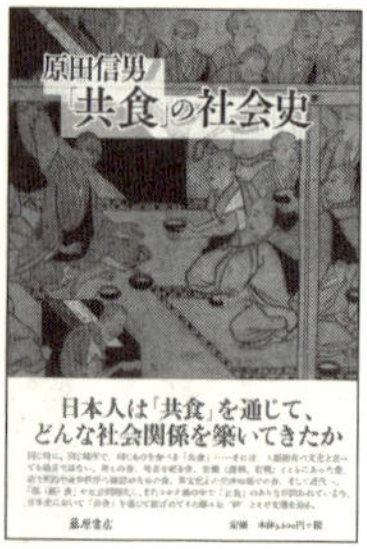

細川幽斎歿四百年記念

細川三代 〔幽斎・三斎・忠利〕

春名 徹

織田信長、豊臣秀吉、そして徳川時代に至る激動の戦乱期に、抜群の政治感覚にしたがって、来るべき権力者を見定めて主君とし、遂には徳川政権において五十四万石の地位を手中にした細川家。権威と価値観が激変する約百年をしなやかに生き抜いた、細川幽斎、三斎、忠利の草創期三代の軌跡を描く、圧倒的な歴史絵巻。

四六上製 五三六頁 三六〇〇円
（二〇一〇年一〇月刊）
◇978-4-89434-764-9

古代から未来へ、東アジア世界と連動

古代の日本と東アジアの新研究

上田正昭

古代から中世、近現代へと「天皇制」はいかに成立し変遷してきたか。高句麗・百済・新羅などからの古代日本文化への影響は。「神道」のまことの姿とは何か。〝上田古代史〟は常に東アジア全体を視野におさめ、日本のありようを提示する。未来像へとつながる古代像を描きだす著者の、最新かつ最高の成果！

四六上製　三二八頁　**三六〇〇円**
（二〇一五年一〇月刊）◇978-4-86578-044-4

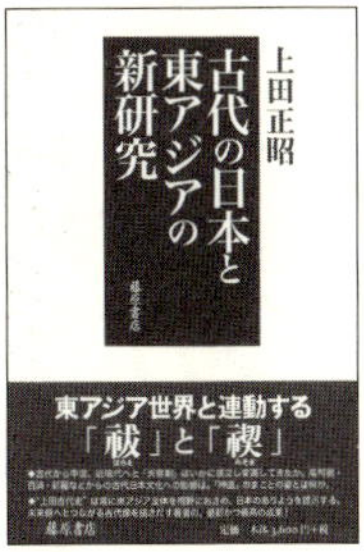

〝上田史学〟の内実。書下ろし遺作

古代史研究七十年の背景

上田正昭

二〇一六年春に逝去した東アジア史学の泰斗が、渾身の力で生前に準備した、最後の書き下ろし。常に朝鮮半島、中国など東アジア全体において日本古代史の実像を捉え、差別に抗する歴史観を構築してきた自らの人生の足どりを、研究生活七十年を経て、つぶさにたどり直す。

B6変上製　一六〇頁　**一八〇〇円**
（二〇一六年五月刊）◇978-4-86578-075-8

大幅増補した決定版

増補新版

新・古代出雲史

『出雲国風土記』再考

関　和彦　写真・久田博幸

気鋭の古代史家の緻密な論証と写真家の豊富な映像が新たな「出雲像」を浮き彫りにし、古代史再考に一石を投じた旧版刊行から五年。巨大風力発電建設の危機に直面する出雲楯縫の地をめぐる、古代出雲史の空白を埋める最新の論考を加え、今ふたたび神々の原郷へ、古代びとの魂にふれる旅に発つ。

菊大並製　二五六頁　**二九〇〇円**
（二〇〇一年一月／二〇〇六年三月刊）
品切◇978-4-89434-506-5

「出雲」発の人びとの移動の歴史を足で辿る

出雲を原郷とする人たち

岡本雅享

神話の地・出雲から遠く離れた列島各地に「出雲」という地名や神社が数多く存在するのはなぜか？　全国の「出雲」を訪ね歩くとともに、神話・伝承・考古学・郷土史を博捜し、「海の道」をメインに各地へ伸びた出雲文化の広がりを解き明かす。

四六判　三五二頁　**二八〇〇円**
（二〇一六年一一月刊）◇978-4-86578-098-7
地図・写真多数

「群衆の暴力」に迫る

人喰いの村

A・コルバン
石井洋二郎・石井啓子訳

十九世紀フランスの片田舎。定期市の群衆に突然とらえられた一人の青年貴族が二時間にわたる拷問を受けたあげく、村の広場で火あぶりにされた…。感性の歴史家がこの「人喰いの村」の事件を「集合的感性の変遷」という主題をたてて精密に読みとく異色作。

四六上製　二七二頁　二八〇〇円
（一九九七年五月刊）
◇978-4-89434-069-5

LE VILLAGE DES CANNIBALES
Alain CORBIN

世界初の成果

感性の歴史

L・フェーヴル、G・デュビイ、A・コルバン
小倉孝誠編
大久保康明・小倉孝誠・坂口哲啓訳

アナール派の三巨人が「感性の歴史」の方法と対象を示す、世界初の成果。「歴史学と心理学」「感性と歴史」「社会史と心性史」「感性の歴史の系譜」「魔術」「恐怖」「死」「電気と文化」「涙」「恋愛と文学」等。

四六上製　三三六頁　三六〇〇円
（一九九七年六月刊）
◇978-4-89434-070-1

音と人間社会の歴史

音の風景

A・コルバン
小倉孝誠訳

鐘の音が形づくる聴覚空間と共同体のアイデンティティーを描く、初の音と人間社会の歴史。十九世紀の一万件にものぼる「鐘をめぐる事件」の史料から、今や失われてしまった感性の文化を見事に浮き彫りにした大作。

A5上製　四六四頁　七二〇〇円
（一九九七年九月刊）
品切◇978-4-89434-075-6

LES CLOCHES DE LA TERRE
Alain CORBIN

「社会史」への挑戦状

記録を残さなかった男の歴史

（ある木靴職人の世界1798-1876）

A・コルバン
渡辺響子訳

一切の痕跡を残さず死んでいった普通の人に個人性は与えられるか。古い戸籍の中から無作為に選ばれた、記録を残さなかった男の人生と、彼を取り巻く十九世紀フランス農村の日常生活世界を現代に甦らせた、歴史叙述の革命。

四六上製　四三二頁　三六〇〇円
（一九九九年九月刊）
◇978-4-89434-148-7

LE MONDE RETROUVÉ DE LOUIS-FRANÇOIS PINAGOT
Alain CORBIN

西洋史を貫くプラトニック・ラヴ幻想

処女崇拝の系譜

A・コルバン
山田登世子・小倉孝誠訳

現実的存在としての女性に対して、聖性を担わされてきた「夢の乙女」たち。「娼婦」「男らしさ」の歴史を鮮やかに描いてきたコルバンが、神話や文学作品に象徴的に現れる「乙女」たちの姿をあとづけ、「乙女」たちに託された男性の幻想の系譜を炙り出す。

カラー口絵八頁

四六変上製　二二四頁　二二〇〇円（二〇一八年六月刊）◇978-4-86578-177-9

LES FILLES DE RÊVE　Alain CORBIN

史料のないものの歴史を描き出した話題作

静寂と沈黙の歴史（ルネサンスから現代まで）

A・コルバン
小倉孝誠・中川真知子訳
小倉孝誠＝解説

静寂や沈黙は、痕跡が残らず、文書に記録されることも少ない。歴史家にとって把握するのが困難な対象だったこれらの近代ヨーロッパにおける布置を描き出し、現代社会で失われつつある静寂と沈黙の豊かさを再発見する。

カラー口絵八頁

四六変上製　二二四頁　二六〇〇円（二〇一八年一一月刊）◇978-4-86578-199-1

HISTOIRE DU SILENCE　Alain CORBIN

「物語」のように読める通史の決定版

キリスト教の歴史（現代をよりよく理解するために）

A・コルバン編
浜名優美監訳　藤本拓也・渡辺優訳

イエスは実在したのか？　教会はいつ誕生したのか？　「正統」と「異端」とは何か？　キリスト教はどのように広がり、時代と共にどう変容したのか？……コルバンが約六〇名の第一級の専門家の協力を得て、キリスト教の全史を一般向けに編集した決定版通史。

A5上製　五三六頁　四八〇〇円（二〇一〇年五月刊）◇978-4-89434-742-7

HISTOIRE DU CHRISTIANISME sous la direction de Alain CORBIN

現代人の性愛の根源

世界で一番美しい愛の歴史

ル＝ゴフ、コルバンほか
小倉孝誠・後平隆・後平澪子訳

九人の気鋭の歴史家と作家が、各時代の多様な資料を読み解き、初めて明かす人々の恋愛関係・夫婦関係・性風俗の赤裸々な実態。人類誕生以来の歴史から、現代人の性愛の根源に迫る。

四六上製　二七二頁　二八〇〇円（二〇〇四年一二月刊）◇978-4-89434-425-9

LA PLUS BELLE HISTOIRE DE L'AMOUR　Jacques LE GOFF & Alain CORBIN et al.

今世紀最高の歴史家、不朽の名著の決定版

地中海〈普及版〉

LA MÉDITERRANÉE ET LE MONDE MÉDITERRANÉEN À L'ÉPOQUE DE PHILIPPE II
Fernand BRAUDEL

フェルナン・ブローデル　浜名優美訳

国民国家概念にとらわれる一国史的発想と西洋中心史観を無効にし、世界史と地域研究のパラダイムを転換した、人文社会科学の金字塔。近代世界システムの誕生期を活写した『地中海』から浮かび上がる次なる世界システムへの転換期＝現代世界の真の姿！

●第 32 回日本翻訳文化賞、第 31 回日本翻訳出版文化賞

大活字で読みやすい決定版。各巻末に、第一線の社会科学者たちによる「『地中海』と私」、訳者による「気になる言葉――翻訳ノート」を付し、〈藤原セレクション〉版では割愛された索引、原資料などの付録も完全収録。　　全五分冊　菊並製　**各巻 3800 円　計 19000 円**

I　環境の役割　656 頁（2004 年 1 月刊）◇978-4-89434-373-3
・付「『地中海』と私」　L・フェーヴル／I・ウォーラーステイン／山内昌之／石井米雄

II　集団の運命と全体の動き　1　520 頁（2004 年 2 月刊）◇978-4-89434-377-1
・付「『地中海』と私」　黒田壽郎／川田順造

III　集団の運命と全体の動き　2　448 頁（2004 年 3 月刊）◇978-4-89434-379-5
・付「『地中海』と私」　網野善彦／榊原英資

IV　出来事、政治、人間　1　504 頁（2004 年 4 月刊）◇978-4-89434-387-0
・付「『地中海』と私」　中西輝政／川勝平太

V　出来事、政治、人間　2　488 頁（2004 年 5 月刊）◇978-4-89434-392-4
・付「『地中海』と私」　ブローデル夫人
原資料（手稿資料／地図資料／印刷された資料／図版一覧／写真版一覧）
索引（人名・地名／事項）

〈藤原セレクション〉版（全 10 巻）　（1999 年 1 月～ 11 月刊）B６変並製

① 192 頁	1200 円	◇978-4-89434-119-7		⑥ 192 頁	1800 円	◇978-4-89434-136-4
② 256 頁	1800 円	◇978-4-89434-120-3		⑦ 240 頁	1800 円	◇978-4-89434-139-5
③ 240 頁	1800 円	◇978-4-89434-122-7		⑧ 256 頁	1800 円	◇978-4-89434-142-5
④ 296 頁	1800 円	◇978-4-89434-126-5		⑨ 256 頁	1800 円	◇978-4-89434-147-0
⑤ 242 頁	1800 円	◇978-4-89434-133-3		⑩ 240 頁	1800 円	◇978-4-89434-150-0

ハードカバー版（全５分冊）　Ａ５上製

I	環境の役割	600 頁	**8600 円**	（1991 年 11 月刊）	◇978-4-938661-37-3
II	集団の運命と全体の動き 1	480 頁	**6800 円**	（1992 年 6 月刊）	◇978-4-938661-51-9
III	集団の運命と全体の動き 2	416 頁	**6700 円**	（1993 年 10 月刊）	◇978-4-938661-80-9
IV	出来事、政治、人間 1	456 頁	**6800 円**	（1994 年 6 月刊）	◇978-4-938661-95-3
V	出来事、政治、人間 2	456 頁	**6800 円**	（1995 年 3 月刊）	◇978-4-89434-011-4

※ハードカバー版、〈藤原セレクション〉版各巻の在庫は、小社営業部までお問い合わせ下さい。